叢書 現代社会のフロンティア 25

ポスト〈カワイイ〉の文化社会学

女子たちの「新たな楽しみ」を探る

吉光正絵・池田太臣・西原麻里 編著
Yoshimitsu Masae　Ikeda Taishin　Nishihara Mari

ミネルヴァ書房

はしがき

「かわいい」の氾濫

「かわいい」は現在、日本社会中／世界中に広がっている。「かわいい文化」は、〝日本の女の子〟たちの共有する文化であった。現代においてはもはや、「かわいい」はこのような世界から抜け出して、様々なところに広がっている。「かわいい」は氾濫しているのである。

増淵宗一は、一九九四年の著作の中ですでに、この〝「かわいい」の氾濫〟状況を指摘している。増淵によれば、「かわいい」という言葉は「第二次世界大戦後に限れば、最初は子どもや女性の間でもっぱら用いられていた」という（増淵 一九九四：一二）。しかし、「次第に『かわいい』という事態とは無縁の男性や中年層、熟年層の大人たちまでもが便利・無難な言葉として使うようになった」と指摘している（増淵 一九九四：一二）。

また、古賀令子は、ファッション誌にかつてないほど「かわいい」という言葉が多用されるようになった年を二〇〇五年とした（古賀 二〇〇九：一二四）。「かわいい」という言葉が「あらゆる価値観を支配する」ような、「巨大な『かわいい』モードの帝国」が築かれていたわけである（古賀 二〇〇九：一二四）。

さらに「かわいい」は、日本社会のみならず、世界的にも広がりを見せる。四方田犬彦が、日本の「かわいい文化」に関心を持つようになったきっかけは、イタリアのボローニャで「セーラー服の５人組の少女」に出会ったことであった（四方田 二〇〇六：八～一〇）。この「セーラー服の5人組の少女」とは、日本のアニメ『美少女戦士セーラームーン』の登場人物である。日本の「かわいい」を代表するキャラクターであると言っていいだろう。この衝撃的な出会いの後、四方田は「世界のいたるところ」で、この5人の少女たちと出会うことになる（四方田 二〇〇六：九）。櫻井孝昌は、二〇〇九年に、「『世界カワイイ革命』とでもいうべき現象」が世界中で起こっていると指摘した（櫻井 二〇〇九）。この二〇〇九年は、外務省が、若者ファッションの分野で「カリスマ」とも呼ばれる女性三人を、ポップカルチャー発信使、通称「カワイイ大使」に任命した年でもある。

このように、日本の「かわいい」は、その源流であるとみなされる少女と少女文化を超えて、日本の至る所に、そして世界中に広がっているのである。

脱かわいいか、新しい成熟か

以上説明してきたように、すでに「かわいい」は〝日本の女の子〟だけのものではなくなった。この状況をどのように見るべきだろうか。

増淵は「われわれは、このかわいい文化からいつ決別できるだろうか」と問うている（増淵 一九九四：二一二）。それは、「ポストかわいい文化・社会」、つまり〝脱かわいい〟の可能性を考えることである。増淵にとっては、〝「かわいい」の氾濫〟は、それほど好ましい事態ではない。なぜならば、「かわいい」は未成熟さと結び付いているからである。「かわいい」が氾濫する社会は、文化的に未成熟な社会ということになる。

増淵はこのように、「かわいい」を求める指向と〝人格的な未成熟さ〟を無媒介に結び付けているように見える。しかし、現在の〝「かわいい」の氾濫〟ぶりを見れば、両者を無媒介に結び付けることは難しい。

また、女性が様々な領域に参加するようになるにつれて、逆に「かわいい」に代表される〝女性的なセンス〟が重要になってくることもあるだろう。外界と女性との「かわいい」関係は、構築的な関係である。比較的女性が関わることが少なかった領域に女性が関わりはじめると、違和感やとまどいを覚えるだろう。その際、違和感に意味付けを与えたり、女性にとっての心地よさを作り出すための手掛かりが必要だったりする。その解釈の枠組みが、おそらく「かわいい」なのである。

つまり、社会がより多様性を求める時（つまり成熟を目指す時）に必要となる感性（の一つ）が「かわいい」だともいえる。従来の「男性的」とされていた領域に、もっと別のセンスや価値観を持ち込み、オルタナティブを提示するということである。また逆に、男性的なセンスや価値の必要性も、あらためて自覚されるに違いない。そのことによって、男性も女性も、ある程度心地よくその領域に関われるようになると考えられる。

工藤保則も、「カワイイ」と社会の成熟とを結び付けて論じている。詳しい説明は省くが、工藤によれば、「かわいい」と区別される「カワイイ」は、重厚長大な「おとこおとな」文化への単なるアンチテーゼではなく、それを乗り越えたものであるという。「カワイイ」とは、「ある種の洗練や成熟からもたらされる感性」であり、「軽みを基調とした親しみやすさ」である（工藤 二〇一五：六三～六四）。だから「カワイイ」は、「おとこおとな」の成熟とはまた別の成熟を示しているのである。

ポスト〈カワイイ〉の時代――「かわいい」の周辺でせめぎあうアイデンティティ

〝「かわいい」の氾濫〟状況をどのように評価するかは、現時点ではまだ難しいように思われる。しかしわれわれは、こうして「かわいい」が社会的意義を認められ、普及している状態を比較的ポジティブに捉えている。

本書の題名となっている〝ポスト〈カワイイ〉〟は、したがって〝脱かわいい〟という意味ではない。「かわいい」が十分に認められるようになった後の時代という意味である。実はそれは、増淵も〝脱かわいい〟とは別の可能性として示唆していたものである（増淵 一九九四：二一九）。

古賀は、われわれのいうところの〝ポスト〈カワイイ〉〟の問題を以下のように指摘している。「かわいい」はあまりにも外延が広がりすぎ、輪郭がぼやけてしまった。それゆえ、既存の権威やヒエラルヒーを転覆させるような鋭さを失ってしまった（古賀 二〇〇九：二一五）。「かわいい」自体もまた、変容を迫られているのである。

本書の狙いは、こうした〝ポスト〈カワイイ〉〟の時代に、女性文化をあらためて問うところにある。〝ポスト〈カワイイ〉〟の時代の女性文化の現在的状況を、様々な文化的領域から描いてみることが、本書の目的である。つまり〝「かわいい」の周辺でせめぎあう女性たちのアイデンティティ〟のありようを描くことが全体的なテーマである。(1)

「かわいい」は、もともとの共有範囲を超え、様々な領域に広がっていった。それは、女性たちの文化的・社会的活動範囲の拡大とも結び付いていると考えられる。その際、「かわいい」は、それぞれの領域と女性たちとを繋ぐための「橋」であった。もっと言えば、彼女たちが生きやすくするための戦略の総称とも言えるのである。

ただ、女性たちが架ける「橋」は、「かわいい」である必要はない。もっと別の言葉でも構わない。大切なことは、それぞれの場所で生成している異なった体験や解釈のあり方を拾い上げ、示すことである。たとえて言うならば、黒かったりガンメタルだったりする世界に、〝異なる色〟を持ち込むことに価値があるのである。その色は「ピンク」ではある必要性はない。

さて、〝ポスト〈カワイイ〉〟の「かわいい」がカタカナになっているのはなぜか。詳しくは第1章で述べるが、今回は、女性視点からの「かわいい」のみを念頭においている。残念ながら、男性視点からの「かわいい」は扱っていない。そのため「かわいい」と一般的に言うには憚られるという理由から「カワイイ」とした。

本書の内容

本書では、逆説的に言うならば、「かわいい」という言葉にこだわらず、しかし「カワイイ」にこだわってみた。つまり、自分自身のアイデンティティと外界とを繋ぐ「橋」をどのように構築しているか（あるいは、見直しているか）にである。

まず第1章では、様々な領域での〈カワイイ〉の展開が描かれる。海外からも注目される〈カワイイ〉ファッションやキャラクター、美術やデザインの領域、ファッションの領域で起きた〈カワイイ〉概念の大転換、そしてオタク女子にとっての〈カワイイ〉などである。様々な領域での〈カワイイ〉を描くことによって、〈カワイイ〉が普遍化する状況、つまりポスト〈カワイイ〉の状況を概略的に描いている。

第2章で西原麻里は、〈プリンセス〉（ないし〈姫〉）概念に注目して、ポスト〈カワイイ〉時代の女性の理想像を明らかにしようとする。〈プリンセス〉といえば、「若く美しい」存在であり、いつしか「王子さま」に選ばれることを夢見ているような存在を想起しがちである。しかしながら、西原が提示しているように、〈プリンセス〉はもはや女性たちにとってそのような存在ではない。

第3章で秦美香子は、女児向けゲーム雑誌『ぴこぷり』に注目して、女児（未就学もしくは小学校低学年の女子）のゲームとの関わりを考察する。秦は、しばしば受動的にみられやすい幼いゲームファンの投稿の中に、二次創作的な遊びと主体性を（もちろん、その限定性を知悉しつつ）見出している。

第4章は、近年目立ってきた音楽の消費形態である「ロックフェス」に焦点を当てている。海外の文化であったロックフェスのローカライズの過程で、永田夏来は、〈女らしさ〉が重要な役割を果たしたとみる。フェスに関する男性的な語りに対して、永田は女性的な体験と語りを対置し、日本的なローカライズのあり方を説明する。

第5章も〝女性とロック〟がテーマである。荒木菜穂はまず、男性文化としてのロックとそれにコミットしつつ対抗する女性というジェンダー構造を明らかにする。そして、「男性文化」を好む女性の経験の中に「『自身の欲望』と『ジェンダー構造への違和感』の調整の可能性」を探ろうとする。荒木は、自身の体験も踏まえたうえで、オルタナティブとしての女性の文化が、支配文化への抵抗という意義を持つことを指摘する。

第6章は、しばらく前に耳目を引いた「歴女」をテーマとしている。須川亜紀子はまず、七〇年代からの〝女性による歴史ツーリズム〟の歴史を概観する。そのうえで、歴女によるコンテンツツーリズムの特徴を〝ポップスピリチュアリズム〟(=大衆化したスピリチュアリズム)に求める。と同時に、そのコンテンツツーリズムがヘゲモニックな歴史観を相対化し、また新しい体験の可能性を切り開いている様子を描き出している。

第7章は、比較的最近の現象と言える〝都市のハロウィン〟に注目した論考である。松谷創一郎は、この自然発生的なイベントを、自身のフィールドワークのデータを踏まえて考察する。松谷によれば、このイベントに参加する人々の最大の目的は、コスプレにあるという。若者たちが「キャラ」を使い分けながら生きている現代、コスプレによって普段と違う「キャラ」を楽しむイベントは、若者たちのライフスタイルに適合的であったことが示される。

都市とコスプレという二つの語から、「メイド喫茶」の存在が連想される。第8章は、まさにそのメイド喫茶がテーマである。この章は、メイド喫茶で働くメイドたちへのインタビューをもとにした論考である。池田太臣は、メイド喫茶という場が、メイドたちにとって、一定のやりがいとオタク的自己の承認された感覚を得る場として機能していることを指摘する。

前の二章のテーマが都市の現象であるならば、第9章は〝島で暮らす女性〟、すなわち「島ガール」をテーマとしている。独自のインタビュー調査をもとに、吉光正絵は、「島ガール」の現状を報告する。

吉光は、島ガールたちが、都市部で受けた教育や培った職業キャリア、都市生活で身につけた消費文化のリテラシーやセンスなど活かして、島の活性化において重要な役割を果たしている様子を紹介している。

以上が各章の簡単な説明であるが、章の合間にところどころコラムを置いている。これらのコラムは、九つの論考にはない視点から書かれている。たとえば、海外の女性文化の様子であったり、研究者以外の書き手の報告であったりである。これらのコラムも、あわせて楽しんでいただければ幸いである。

池田太臣

注

(1) 〝〟内の表現は、アイドルグループ・欅坂46の衣装デザインを手掛ける尾内貴美香の言葉に触発されたものである。

参考文献

工藤保則、二〇一五、『カワイイ社会・学　成熟の先をデザインする』関西学院大学出版会。

古賀令子、二〇〇九、『「かわいい」の帝国』青土社。

櫻井孝昌、二〇〇九、『世界カワイイ革命――なぜ彼女たちは「日本人になりたい」と叫ぶのか』ＰＨＰ研究所。

増淵宗一、一九九四、『かわいい症候群』日本放送出版協会。

四方田犬彦、二〇〇六、『「かわいい」論』筑摩書房。

「欅坂46　新制服衣装で踏み出す、次のステージ」『装苑』二〇一六年九月号：三〇～三一。

ポスト〈カワイイ〉の文化社会学——女子たちの「新たな楽しみ」を探る　目次

はしがき……吉光正絵　西原麻里　i

第1章　〈カワイイ〉の銀河系……i

1　〈カワイイ〉の氾濫……i
〈カワイイ〉言葉　万能語化する〈カワイイ〉

2　グローバル化した〈カワイイ〉……4
ポップ・スターとＫＡＷＡＩＩ　カワイイ大使の活躍

3　〈カワイイ〉ファッションの台頭……9
女子高生と『Cawaii!』　ギャル系ショップ店員と『S Cawaii!』　ブスかわいいと『CUTiE』少女　自己人形化する少女たちと『ゴシック&ロリータバイブル』　〈カワイイ〉ファッションの対抗性

4　〈カワイイ〉の源流探し……17
〈カワイイ〉の聖地としての原宿　〈カワイイ〉の聖書としての『Olive』
〈カワイイ〉のルーツとしての内藤ルネ　〈カワイイ〉の伝達者としてのサンリオ

5　美術とデザインにおける〈カワイイ〉……27
かわいい美術　カワイイデザイン

目　次

6 〈カワイイ〉概念の大転換――実用的な〈カワイイ〉…… 30
〈カワイイ〉と同性同士のメディア空間　「モテ」と「愛され」の到来――『CanCam』がもたらした「モテカワ」　「コスパ」の高い〈カワイイ〉へ
7 〈カワイイ〉を発見するよろこび――女性オタクの〈萌え〉へのまなざし…… 36
〈萌え〉と〈カワイイ〉　〈萌え〉語りにおけるまなざし――発見すること のよろこび　自分だけの〈カワイイ〉を大事にすること
8 ポスト〈カワイイ〉の時代…… 42

第2章 プリンセスになること、プリンセスであること……西原麻里… 51
――女性誌から読み解く現代の〝理想〟の姿――
1 〈プリンセス〉とは何者か…… 51
女性の〝理想〟としての〈プリンセス〉　ポピュラー文化と〈プリンセス〉の文脈
2 消費、イデオロギー、キャラクター／キャラ…… 54
雑誌と読者の世代　消費としての〈プリンセス〉　イデオロギーとしての〈プリンセス〉　キャラクター／キャラとしての〈プリンセス〉
3 プリンセスになること――努力型プリンセスである三〇代・四〇代女性…… 61

本物〝志向〟のプリンセス　社会貢献活動による〝特別〟さ　恋愛も結婚も自己実現も手に入れること
4　プリンセスであること
——生まれながらのプリンセスである一〇代後半・二〇代前半女性……65
キッチュなプリンセス　「カワイイ」に共感する女同士の絆　生まれながらのプリンセス
5　プリンセスはクイーンになれるか——はざまの世代・アラサー女性……71
コギャルもエビちゃんも〈プリンセス〉ではない　〈プリンセス〉の変化の兆し
コラム1　海外で働く日本人女性たちの取材から見えてきたもの……濱田真里……78
コラム2　世界で婚活をして分かったこと……中村綾花……80
第3章　女児とゲームの創造／想像的関わり……秦　美香子……83
——「女の子のためだけのゲーム雑誌」『ぴこぷり』に見る——
1　女子とゲームについて考えるということ……83
ゲームの「性差」　ジェンダーの視点からのゲーム研究

2　女児向け雑誌とゲームの結び付き……86
女児向け雑誌　女子向けゲーム　日本の女子向けゲーム
3　女児向けゲーム雑誌『ぴこぷり』……93
雑誌の概要　オリジナルキャラクターの設定　付録　参加する楽しみ
『ぴこぷり』の読者投稿欄
4　プレイヤー＝ゲーム世界で遊ぶ読者……103
想像力を働かせる読者　読者投稿欄という場　創造／想像する読者

第4章　越境する夏フェス女子……永田夏来……109
——音楽とインターネットをめぐるインテグラルなアクション——
1　カリスマの伝説から長靴でのパーティーへ……109
フェスティバルから夏フェスへ　ロックフェスへ——日本でのローカライズ
2　ロックフェスのローカライズと〈男らしさ〉〈女らしさ〉……111
フジロック開催がもたらしたもの　「観る」↕「いる」
3　夏フェス女子の背景と経験……115
フェスに行く女子は文化資本が高い　文化資本とフェス経験　調査概要
フジロックの敷居の高さ——ブッキングと戦争のアナロジー　夏フェス

ファッションの登場　緩いフェスの過ごしやすさ――かわいさと〈場所のエクスペリエンス〉　「緩め」のフェスとフジロック　「観る」と「いる」の越境　「観る」と「いる」のゆらぎ

4　インテグラルなアクション
――コンサートと夏フェス、映画とディズニーランド……132
夏フェスが出現する場　ポストカワイイを可視化するインテグラルなアクション

コラム3　女子のアイドル語りの変遷……西森路代……135

コラム4　社会運動を楽しむ台湾の女性たち……陳　怡禎……138

第5章　女子の日常とロックのアンビバレントな関係……荒木菜穂……141

1　「好きだけど、複雑」な気持ちから……141

2　ロック文化におけるジェンダー……143
解放の象徴、若者のアイデンティティとしてのロック　ロックと男性中心的文化――フェミニズム的批判　女性のエンパワーメントとしてのロック文化　女子とロック文化とジェンダー

目　次

3　「フェミ的女性」たちにとってのロック文化……151
エンパワーとオルタナティブな文化　批判的精神と発信　ジェンダー構造との距離の調整――個人的営みとして　「私自身の経験」から
4　「男性中心的文化」への女子の視線の可能性――フェミニズムの観点から……163
コラム5　六〇年代『コスモポリタン』、八〇年代「女の時代」、九〇年代 Chick Culture〈女子文化〉からポストフェミニズムを語る……吉岡愛子……167
――ヘレン・ガーリー・ブラウンと林真理子の再評価――
第6章　歴女と歴史コンテンツツーリズム……須川亜紀子……171
――日本史を旅する女性たちと〝ポップ〟スピリチュアリズム――
1　歴史と女性ファン――趣味のクロスジェンダー化……171
「歴女」の登場　「歴女」の経済効果
2　旅と女性――メディア先導型ツーリズムからコンテンツツーリズムへ……174
一九七〇年代――ディスカバー・ジャパン・キャンペーンとアンノン族
一九八〇年代――NHK大河ドラマと日本テレビ「年末時代劇スペシャル」
一九九〇年代――『炎の蜃気楼』とミラージュツアー　二〇〇〇年代以降

――『戦国BASARA』『薄桜鬼』を中心に　「歴女」の目――既存の歴史観への異論と敗者への眼施
3　「歴女」現象と〝ポップ〟スピリチュアリズム……187
「歴女」現象、パワースポットブームから見る集合的無意識
4　「歴女」の社会文化的意味とは……191
コラム6　『毎日新聞』「現代女子論」を取材して……反橋希美……199
第7章　都市のハロウィンを生み出した日本社会……松谷創一郎……201
――需要される偶有的なコミュニケーション――
1　盛り上がる都市のハロウィン……201
2　ハロウィンの歴史……202
一九八〇年代　一九九〇年代
3　都市のハロウィン……205
渋谷ハロウィン概況　参加者、コスプレ、コミュニケーション
4　ハロウィンの背景……209

オタク文化におけるコスプレ　池袋ハロウィン　フラッシュモブ、コギャル、ワールドカップ　SNSとスマートフォン
5　都市と「キャラ」の関係……220
「仮面」から「キャラ」へ　ハロウィンの未来
コラム7　Japan Expo（2015）に見られた日本文化受容の成熟……上松恵理子……226
コラム8　グローバル化時代における
タイ女性絵師の新しいコミュニケーション形態……パーワン・カーンソンジャイ……229
第8章　オタク女子の「ホーム」……池田太臣……233
——オタク的自己の承認の場としてのメイド喫茶——
1　メイド喫茶で働く意義——問題の所在……233
2　メイド喫茶という場所……234
メイド喫茶とは　派生的サービス　メイド喫茶でのコミュニケーション
3　メイド喫茶の成立と普及の経緯……238

成人向けゲームからコスプレ喫茶へ　メイド喫茶の成立――コスプレ喫茶からメイド喫茶へ　メイドブーム、アキバブーム　メイドのアイドル化
全国的なメイド喫茶の広がり
4 Kカフェおよび大阪日本橋について……245
Kカフェの紹介　日本橋におけるメイド（コスプレ）系サービス店数の推移
5 メイドスタイルへの意味づけ――インタビュー結果から（1）……249
メイドスタイルへのあこがれ　〝萌え〟からの距離
6 メイド喫茶という場所の意味――インタビュー結果から（2）……253
オタク（ファン）的交流の魅力　オタク的自己の承認の場所
7 オタク女子の「ホーム」……256

第9章 島ガールの語られ方と生き方
――自分らしい手作りの島暮らし――……吉光正絵……263
1 〈カワイイ〉女性像による島のイメージ刷新……263
自然系ガールの流行　島ガールの流行　〈カワイイ〉女性たちによる島の情報発信と経済活性化
2 女性が島にもたらす新しい力……269

海洋文化継承の要から消費力の要へ　愉しさを起点とした手作りの島づくり　島にとっての女性の価値と女性にとっての島の価値　島と島ガールの関係

3　五島列島の島ガールたち……274

世界遺産の教会群と椿の島　アートとデザインによる島の活性化　夢の実現と家族の幸せの両立　介護から始まる島暮らしの中で出合ったモノづくりや地域活動　島の自然と文化の発信と次世代への継承　都市で培った能力やセンスをもとにした自分らしい島暮らし

4　島ガールが繋ぐ世界……288

あとがき　295

事項索引

人名索引

第1章　〈カワイイ〉の銀河系

吉光正絵
西原麻里

1　〈カワイイ〉の氾濫

〈カワイイ〉言葉

『pen with New Attitude』の「カワイイJAPAN」特集号では、「いま、日本の『カワイイ』が世界を席巻している。（中略）すべてを一括りにする最強の言葉だ。老若男女みなが使うようになったいま、その柔軟さはニッポン・カルチャーの代名詞にふさわしい」（『pen with New Attitude』、二〇一四：三六）とある（図1-1）。また、二〇一五年一〇月二〇日のAFPの記事では、「『カワイイ』ファッションは『無力さ』の象徴か、自己表現か[1]」というタイトルで、東京コレクションで発表された作品に対する欧米のセレブやポップスターらの共感やフェミニストらの批判について紹介されている。

図1-1　雑誌『pen』の「カワイイ」JAPAN特集号表紙

「かわいい」という言葉は、『大辞泉』によると、「『かわゆい』の音変化。小さいもの、弱いものなどに心引かれる気持ちをいだくさま。物が小さくできていて、愛らしく見えるさま。無邪気で、憎めない。すれてなく、子供っぽい。

かわいそうだ。ふびんである」（『大辞泉』、一九九五：五七七）とある。また、『広辞苑』によると「カワユイの転。『可愛い』は当て字。いたわしい。ふびんだ。かわいそうだ。愛すべきである。深い愛情を感じる。小さくて美しい」（『広辞苑』第六版、二〇〇八：五七七）である。「かわゆい」の意味は、「恥ずかしい、見るに耐えない、かわいそうである、愛すべきである、小さくて美しい」等である（『広辞苑』第六版、二〇〇八：五九九）。

近年では、日本以外の国でも「kawaii」という言葉は使われるようになった。二〇一一年にオックスフォード辞典にも“kawaii”が掲載され、“kawaii”という言葉のインターネット上での検索数が増えている。遠藤薫によれば、Google Trendsで“kawaii”の人気を検索した結果、二〇〇四年から二〇一六年の間に約五倍の増加が認められたとのことだ（遠藤 二〇一六：一）。アメリカの映画研究者のドナルド・リチーは、日本の女性たちが消費の場で「カワイイ」と叫んでいる場合、実際には「cool」とか「neat」等の「気に入ったわ」「これ買うわ」といった意味で利用していること、アルファベット表記自体が「かわいらしさ」や「新しさ」を付与する効果があることを指摘している（リチー 二〇〇五：六四）。このことから、日本国内向けのメディアでアルファベット表記が使われる場合には、新しさや海外からの視線をより強調するため、カナ表記の場合には女性たちの口語的使用を強調するため、という傾向が分かる。それ以上に、このような「かわいい」という表記の多様化自体が、日本における「かわいい」という言葉や価値の重要性を表していると考えられる。

万能語化する〈カワイイ〉　四方田犬彦によれば、「かわいい」の氾濫は、「一九九〇年代のグローバル化というきわめて歴史的な要因に基づいたもの」であり、それ以降は、それぞれが「微妙な文化的差異を携えながら『かわいい』に向き合っている」とのことだ（四方田 二〇〇六：一八七）。一九九〇年代半ばに出版された増淵宗一の『かわいい症候群』によると、「かわいい」という言葉は「感情語、あるいは美的概念としては本道を歩いて来れなかった」が、日本が豊かになるにつれて生まれた「少女大衆層」の存在とともに脚光を浴びた結果、「日本独特の多義的で便利な大衆語」になった（増渕 一九九四：一九八）。増渕は、「かわいい」が万能語、大衆語になった要因として、「子どもの時代が期間的に長い」「女性のパワーが強くなっている時代」「かわいいモノが多くなっている」「情報化社会の送り手と受け手の相乗効果」の四点を挙げている（増渕 一九九四：二〇三〜二〇五）。また、当時の「かわいい文化」が少女だけではなく、広く日本の女性たちの独自の文化になりつつある状況について、「企業中心化社会に対する一種のカウンター・カルチャーとしてパワーを増してきたこと」を意味するのではないかと述べている（増渕 一九九四：二一八）。

以上から、少女たちの言葉だった「かわいい」の万能語化、大衆語化は、グローバル化や情報化、女性の社会進出が進む時代の流れの中で、女性の感性、価値観が尊重される領域が次第に大きくなっていく傾向の現れなのではないかと考えられる。とりわけ一九九〇年代、「かわいい」が、グローバル化した日本文化特有の価値や美意識の表現として語られる場合に見られるようになった〈カワイイ〉や〈KAWAII〉、〈Cawaii〉といった独特な表記は、「かわいい」が美学的、消費市場的に多様化、細分化していく過程自体を示していると考えられる。それは、辞書的な意味での「かわいい」との不連続性の宣言であるのではないかとも考えられる。本章では、「かわいい」に関する表記自体が多様化していく状況を確認しつつ、その社会・文化的な背景について論究する。そのことで、今や日本の女性だけでなく日本という国さえも象徴する言葉として、良くも悪くも、好むと好まざるとにかかわらず、私たちの生活に影響を与えている〈カワイイ〉について考えていく。

2　グローバル化した〈カワイイ〉

ポップ・スターとKAWAII

世界中で流通している日本のKAWAIIの象徴に「原宿ガール」がある。きゃりーぱみゅぱみゅの自伝にも「原宿ガール」という言葉は使われている（図1‐2）。二〇一五年一〇月一五日に発表された資生堂CMの「Be yourself/Dance with Japan」篇で、レディー・ガガが演じる四つのスタイルやルックの中にも「原宿ガール」が入っている。二〇一四年にアヴリル・ラヴィーンが発表した"Hello Kitty"という曲は、「kawaii」を含む日本語の叫びから唐突に始まる。プロモーションビデオは、原宿や渋谷で、紫の髪にショッキングピンクのタイツを履いてロボットのような動きをする日本人ダンサーらをバックに撮影された。日本メディアでは「アヴリルらしくない」、海外メディアでは「人種差別的」と反応は良くなかったが、本人は、日本に対する長年の愛情と理解を表現しただけと一笑に付している(2)。

図1‐2　きゃりーぱみゅぱみゅ自伝『原宿ガール』表紙

このように女性ポップ・スターたちが「原宿ガール」をプロモーション・イメージに用いるようになったのは、グウェン・ステファニーのソロ・アルバム活動の成功以降からだ。ステファニーは、ロックバンドNo Doubtのボーカルで、ゴージャスな金髪にモデル並みの高身長と整ったルックスから世界のファッション・アイコンとして絶大な影響力を持っており親日家としても有名だ。二〇〇四年に発表された『Love. Angel. Music. Baby』の活動

図1-3　グゥエン・ステファニー　アルバム『Love. Angel. Music. Baby』から

図1-4　グゥエン・ステファニー　ライブ DVD 『Harajuku Lovers Live』

では、「Love」「Angel」「Music」「Baby」と名づけられ、超ミニの制服ファッションを着た日本人と日系アメリカ人の女性バック・ダンサー四人から成る「原宿ガールズ」というダンサー・チームが結成された（図1-3）。「Harajuku Lovers Live」と冠したツアー・コンサートも行われている（図1-4）。アルバムに収録されビルボードＨＯＴ一〇〇の一位にも輝いた「Hollaback Girl」のプロモーションビデオは、路上で集合写真をセルフ撮影する自分と原宿ガールズに向けて、ステファニーが「super kawaii」と言う場面から始まる。サンリオからは、不思議の国のアリス風のステファニーと原宿ガールズの四人をキャラクター化したフレグランスも販売された。これらの活動について、「日本のストリート・ファッションのアイデアを採り上げて、彼女たちを現代のゲイシャに仕立てた」「アジア人女性に対する否定的なステレオタイプを強化するミンストレル・ショーだ」という一連の批判があがった。これに対して、原宿ガールズで「Music」を演じていた仲宗根梨乃は、「グゥエンは日本のファッション文化に着想を得たのであり、自分はグループの一員であることを光栄に思っている」

と反論しており、日本からの批判もとくに見られなかった。[3] ちなみに仲宗根は、K-POPブームの中心的存在として活躍し、VISIT KOREAでも活躍した少女時代や、フランスを筆頭に欧米諸国でも人気の高いコンテンポラリーバンドのSHINee等の振付師としても活躍している。

現在でも欧米の女性POPスターが「親日家」をアピールする場合は、「原宿ガール」のファッションやイメージを利用する場合が多い。「親日家」アピールは、本人たちの「純粋な愛情」がある。一方で人口がアメリカの四〇％にすぎないのに市場規模がアメリカを上回ったという推計もあるほど巨大化した日本の音楽コンテンツ市場に食い込むための戦略でもある。[4] 欧米の女性ポップ・スター自身の大きくゴージャスな身体や自立し成功した大人の女性のイメージが、「原宿ガール」や「Hello Kitty」と組み合わされることで、一層際立ちエキゾチックで新奇な魅力を生み出す効果が考慮されていると考えられる。

カワイイ大使の活躍

『Love. Angel. Music. Baby』の活動が始まった二〇〇四年には、嶽本野ばらの小説『下妻物語　ヤンキーちゃんとロリータちゃん』を映画化した『下妻物語』がカンヌ国際映画祭ジュニアフェスティバルのコンペ部門でグランプリを受賞し、フランスでは、邦画としては過去最大規模となる約一〇〇館で上映された。英語のタイトルは「Kamikaze Girl」（図1-5）。背景には、フランスで日本文化愛好家の若者たちの自発的なネットワークが構築され、ジャパンエキスポ等の各種のイベントが盛り上がっていたことがある。[5]

一方アメリカでも、二〇〇四年から『ハイ！ハイ！パフィー・アミユミ』というアニメが、カートゥーンネットワーク（全米九〇〇〇万世帯が加入しているアニメ専門局）で放送され、子供アニメ部門で視聴率一位になるほどの人気になっていた。アニメでPUFFYの曲を流したところ、子供たちからの評判が良かったので番組制作に踏み切ったようだ。杉山知之によれば、このアニメは、日本特有の「戯画化されたセクシャリティ」でPUFFYの二人を描いているので、子供たちの心を掴んだ（杉山二〇〇六：一二二）。この流れを受けて、PUFFYは、二〇〇三年から国土交通省が中心となって取り組んできたビジット・ジャパン・キャンペーンの二〇〇五年度アメリカ親善大使となった。PUFFYの二人がバンギャ風の派手髪とメイクで真っ赤な振袖を着た一連の写真を利用したポスターは、内外で話題になった。

　これらの欧米からの好意的な受け入れは、日本のソフト・パワーとして注目された。ジョセフ・ナイによると、ソフト・パワーとは、軍事などのハード・パワーに対する言葉で、文化による国の魅力と威信の増強を指す。高級文化の交流とともに大衆文化は、政治的に重要な影響を及ぼす価値観に関するイメージやメッセージをそうとは意識されない形で伝えるため、国際政治において重要視されてきた（ナイ二〇〇四：八五～八六）。ソフト・パワーを研究する中村伊知哉らは、〈カワイイ〉を次のように定義している。

図1－5　小説『下妻物語――ヤンキーちゃんとロリータちゃん』表紙

> 「カワイイ」という美意識は、その対象が現実世界で持っている機能や価値よりも、個人的趣味によって好き嫌いを評価する。それは、伝統的な、あるいは高級なアートやデザインなど社会的に権威を持つ「美しさ」を感じることとは方向がちがう。「カワイイと感じる私たちこそがカワイイ」という基準であり、個人同士が結びつく新たなコミュニティを基盤」にしている。古びてしまった近代の権

威や国際資本を動かす財力、上流の暮らしとは無縁の、日本の女子高生コミュニティ。そのポップな感性から生まれた「カワイイ」という美意識が、21世紀初頭には若者特有の意識として世界に広がっているのである。（中村・小野打 二〇〇六、四六～四七）

ここでは、〈カワイイ〉文化によって創出された、国境を越えた個人同士の自発的な結びつきや日本に対する憧れが、日本の権威や魅力を再生させることが期待されていると考えられる。

二〇〇九年には、ロリータ、原宿系古着リメイク、制服等日本の〈カワイイ〉ファッションを象徴するモデルや歌手、女優が、外務省から「カワイイ大使」を委嘱された。二〇一二年には、きゃりーぱみゅぱみゅが「原宿カワイイ大使」に選出され、日本の〈カワイイ〉文化を世界に広めるために活躍している。

これらの大使たちが代表する〈カワイイ〉ファッションや文化は、海外でも広く愛好され、日本の新しいイメージを作り上げることに成功している。その理由について小野原教子は、「欧米文化を受容しながらそれを日本独自の文化として昇華させてきたこと」とともに、「それがもともと政治や国家戦略として強制された不幸な文化ではなく、国境を越えた通信メディアをベースに消費者が自発的に享受する参加型の幸福な文化だったから」と言及している（小野原 二〇一一：三三八～三四二）。

一方で、かわいいメディアの消費の快楽や祝祭の強調による、それらに対立する、労働、歴史、共同体の外側にある他者を排除する危険性についても指摘されてきた（四方田 二〇〇六：一四九）。冒頭に挙げたアヴリル・ラヴィーンやグゥエン・ステファニーらへのバッシングは、このような視点からのものだったと考えられる。また、ラヴィーンやステファニーのバッシングを一笑する姿勢は、他者としてではなく「〈カワイイ共同体〉の中の私たち」としての当事者意識によるものだったと考えられる。

ポップカルチャーを用いた国家イメージ刷新の成功例となったトニー・ブレア政権時のクール・ブリタニアでは、ファッションやポピュラー音楽、現代美術などと連動した、若く新しいイギリスのPRが行われた。華やかなポピュラー文化の祭典の影で、第二次世界対戦の負の遺産や政策遂行のために都合の悪い旧来文化の駆逐も行われた（パウンテン・ロビンズ 二〇〇三：二五九）。日本の〈カワイイ〉を用いた政策やPRでも、現行の政府や大企業にとって都合の悪いことや、〈カワイイ共同体〉や〈カワイイ解釈共同体〉以外の他者の排除の隠蔽が目的とされる危険性がないとは一概には言いがたい。

3　〈カワイイ〉ファッションの台頭

女子高生と『Cawaii!』

〈カワイイ〉＝「日本の女子高生コミュニティ」を端的に象徴する雑誌に『Cawaii!』がある。『Cawaii!』は、主婦の友社の女子大生向け雑誌『Ray』の臨時創刊号として一九九五年七月一日に刊行された。「Cawaii!」の表記は、当時の編集長が、秋山道男の手がけた資生堂・ＩＰＳＡのＰＲ誌名『Cawaii Click!』のスペルを見て、「ラテン」ぽくって気に入っていたことに由来する。編集方針は、「トロピカル、パラダイス、フェスティバル」だ。これは、空前の高校生ブームの中で、「自分に価値がある」ことを自覚していた当時の高校生たちが「毎日をお祭りのように楽しんでいた」ことに由来する（長谷川 二〇一五：三八〜四〇）。『Cawaii!』では、編集部にポケベルで呼び出した女子高生を集め、モデルも全員読者の読者目線にこだわった雑誌づくりをしていた。

『Cawaii!』は、「裕福で上品な人気私立女子高生」や「有名私立女子高生」ではなく、「郊外」に住んでいる女子高生がターゲットだった。「普通の女子高生の日焼けした肌」や「荒れた肌」をありのままに印刷することをコンセプトにしていたため、紙面が汚い、猥雑といった批判があった（長谷川 二〇一五：五二〜五七）。しかし雑誌は売れ、従来のティーン向け雑誌で打ち出されていた「裕福さや上品さ」「人気私立高や有名私立高」といった社会的に上位の階層が持つ威信やライフスタイルへの憧れよりも、等身大のリアルさへの親近感による雑誌づくりの有効性が確証された。また、当時は制服をファッションとして捉え、自分の所属高校以外の制服を着ることも流行っていた。その場合には、高校のランクや伝統よりもデザインや個々人の着崩し方が評価のポイントとなり、それらのテクニックに長けた者が「スーパー高校生」として高校生たちの憧れの対象となった。制服のファッション化は、制服が示す学校歴や文化資本の撹乱に繋がったと考えられる。

女子高生ブームでは、ストリートファッションとともに、ブルセラや援助交際といった女子高生のセクシュアリティや身体感覚も話題になった。二〇〇六年カンヌ国際映画祭のコンペティション部門で上映され、監督賞を受賞した『バベル』でも、日本を舞台にした物語では、東京のタワーマンションに住む裕福な女子高生の虚無感と退廃、身体性に焦点が当てられている。この映画で女子高生役を演じた菊池凛子は、アメリカ映画批評会議賞新人女優賞を受賞し、国際的な知名度と評価を得た。村上龍は、雑誌『Cawaii!』の助力も受けて実施した援助交際をする女子高生の取材から、『ラブ&ポップ』を書いた。村上龍は、「プラダのバッグが欲しいから援助交際で得た金で買って今という時間を楽しむ」女子高生への取材を通じて、それが「閉鎖的な日本の生きたモデル」ならば、「ヒマつぶしの小説以外の文学は、不要となる」と、「文学の有効性」に疑いを持ったと書く（村上 一九九六：二二四）。こうした女子高生たちの日常生活のささいな行動に、大人の男性たちが共感を示して称揚し、日本社会全体の価値観や社会構造のガラパゴス的進化やゆらぎ、閉塞感といった大きな意味や変化の予兆を読み取り、時代を突破する手がかりを摑もうとする姿勢も女子高生ブームに拍車をかけたと考えられる。

ギャル系ショップ店員と『S Cawaii!』　二〇〇〇年に刊行された『S Cawaii!』では、渋谷109のギャル系ショップのカリスマ店員が表紙に登用され、ギャルたちの人生を応援することが目指された。渋谷109との提携は、『Cawaii!』の広告収入が増えなかったために、渋谷109が一九九六年に全館リニューアルした時から記事広告掲載を始めたことに端を発している。なお、ギャルのファッションとは、「ツヨメでチャラくてオラオラで」といった価値観を見た目で示したものだ。「ツヨメ」とは非常識な行為や馬鹿げた行為による社会的逸脱、「チャライ」とは不道徳な異性関係などの性的逸脱、「オラオラ」は、ダークな人脈や法律に触れそうな仕事などの道徳的逸脱を指す。なお、ギャルの威信は「ツヨメでチャライ過去」を持ちつつも早く上がって落ち着き、自分磨きのためのお金や人脈、チャンスを摑んで輝きつつ自分が満足するために男性から利益を得る「裏チャラ」といった上級テクニックを持つことによって強められる（荒井 二〇〇九：一六二～一六三）。

『S Cawaii!』の「S」は「SUPER」「SEXY」「SPECIAL」「卒 GAL」「STRONG」などのギャルが考える「大人系」を示しており、「自立した女性になりたい、強く生きたいと願う読者の願望」を反映し、誌面では、シングルマザーの特集など、世間体を気にしない新しい家族や人生の提案が行われた（荒井 二〇〇九：一六一～一六二）。これらの路線は、「ツヨメでチャライ過去」を上がって落ち着いた元ギャルたちのギャルとしての誇りと上がった後の現実の暮らしの双方を肯定する内容であるため支持された。『S Cawaii!』創刊号の表紙を飾ったカリスマ店員は、「ファッション系の雑誌の人たちからは〈ギャル〉だというだけでバカにされていた。本格的にファッションを勉強してきた人たちの大半は冷たかった」とギャルに対するファッション業界や世間の目の冷たさを語っている（長谷川 二〇一五：一三二）。『S Cawaii!』は、「世の中で否定」されていても、「私たちの雑誌」を求めていたフリーターの読者たちの「人生を応援しよう、背中を押してあげよう」という気持ちで作られていた（長谷川 二〇一五：一七〇）。

「Cawaii!」という言葉は、空前の高校生ブームの中で、高校生という短い期間を「人生の中のお祭り」として聖別する高揚感の中で普及した。「Cawaii!」は、偏差値や知名度や伝統といった学校のランクや生まれつきの美醜よりも、高校生という聖別された期間を、みんなで楽しみ輝こうといった気合いを優先する価値観を象徴していたと考えられる。「Cawaii!」は、ファッション業界や雑誌業界においても、白さよりも黒さ、美しさや上品さよりもリアルさや親近感を優先する価値観を浸透させた。『S Cawaii!』では、制服により聖別され祝福されていた女子高生期の終焉後も、過去の自分を忘れずに、世間の目に縛られずに自分らしく強く輝き続けたいといった、欲望に忠実に生きる姿勢が推奨された。『S Cawaii!』によって、聖別されていた女子高生の時期が終わり、育児や家事、仕事で忙しく暮らしていく中でも、「自分に価値がある」という強い信念を持って自分のために自分らしく強く輝き続けようといった姿勢が一般化したと考えられる。

ブスかわいいと『CUTiE』少女　一九八九年に宝島社の関川誠が編集長となり創刊した『CUTiE』は、音楽とファッションをテーマにしたストリートファッションの提案を中心にスタートした。サブタイトルには「女の子のファッションを男の視線のためにしない」ための「for independent girls」が宣言されている。『CUTiE』は、「ブスでもなんでもその子が楽しいファッションをしたらいいじゃん」という編集方針だったため、表紙やグラビアに媚びを感じさせる笑顔はない。グラビアや記事に共感する読者たちは「ブスかわいいキューティ少女」と呼ばれていた。『CUTiE』では、パンクやゴス、日本のインディーズといったポピュラー音楽と密接に結び付いたサブカルチャーのファッションが、日本の女の子向けにアレンジされて紹介されている。サブカルチャー・ファッションは、制度化された価値観や美的規範からは逸脱とみなされるスタイリングが目指される。女の子の場合でも、パンクでは「怒りや醜さ」、ゴスでは「不機嫌や不健康」、日本のインディーズでは「貧乏や退行」の表現が目指されていた（吉光 二〇一三／吉光 二〇一四）。そのため『CUTiE』では、「ブスかわいい」と呼ばれるスタイルが提唱されたと考えられる。平成バンドブームやラフォーレ原宿に入っていた日本製ブランドとの連動もあって雑誌運営は大成功し、二〇〇〇年八月二日には、「日本が世界を変えるのは、ハイテクでもクルマでもなく、あなたの娘さんの変ちくりんな格好かもしれない」というコピーがついた『日本経済新聞』の三〇段広告が出た（菅付 二〇〇七：一二〇）。

雑誌『宝島』が打ち出してきたファッションは、「管理社会に反発するティーンズファッション」と呼ばれ、愛読者の少女たちは、「宝島少女」と呼ばれていた。「宝島少女」の特徴は、「ニューウェイブのなかでもチープ志向で、日本のインディーズ・レーベル音楽が大好き」「いちばん興味があるのは音楽であり、コンサートでノリまくることに最高の幸せを感じる。ファッションにもこだわりがあるが、お金がないし、『貧しい自分が好き』なので、服は古着屋で買うか自分で作る」である（加藤・石井 一九八六：三二）。関川によれば、宝島社では、伝統的に「外資系ブランドと仲良くない」ことや「実売主義的なたくましさ」「ファッションに対して、日本人の女の子の表紙でやりたい」「いわゆる欧米のモノがいいというところから、ファッション誌を作りたくない」といった日本の若者のリアル・クローズを見据えた編集方針が特徴だ（菅付 二〇〇七：一二一〜一二二）。キューティ少女の「変ちくりんな格好」は、男性目線からの独立の表現であるとともに、日本の音楽やファッション、文化が欧米や大企業から独立することを目指す宝島社の伝統や、そこに共感する若者たちの価値観を土台にしていたことが分かる。

自己人形化する少女たちと『ゴシック&ロリータバイブル』

音楽とファッションをテーマに男性からの視線を気にしないで自分の好きな生き方を提唱する『CUTiE』の路線は、多くの雑誌に引き継がれた。そして、一九九八年に創刊された『KERA』や二〇〇〇年に創刊された『KERA』別冊『ゴシック&ロリータバイブル』は、ゴスロリを生み出した。雑誌『KERA』は、一九九八年にマルイワンが団塊ジュニアをターゲットとした店舗へ改装してＫＥＲＡショップをスタートさせる時に「ゴシック&ロリータ協会」を立ち上げた。関西と関東のファッションブランド間の交流や、漫画家の三原ミツカズ、ヴィジュアル系バンドとの協働、恋月姫の人形との合同展示等の継続的な異業種間協働を重ねるうちに、ショップや外苑前の陸橋にゴシック&ロリータの女性たちが集まり「カルチャー」として自然発生的に広がっていった（ストリートモード研究会 二〇〇六：三九）。ゴシック&ロリータを代表するブランドh. NAOTOデザイナーの廣岡直人は、『KERA』の企画でのヴィジュアル系バンドとの毎月のコラボや、ライヴ以外に着ていく場所もないのに「お洋服を買うために働いている」顧客との交流から服のデザインを決めていると語っている。音楽シーンやストリートで醸成される感覚と、顧客とのコミュニケーションがデザイン源となっている（廣岡 二〇一一：五二〜五三）。以上から、ゴシック&ロリータに関連する多種多様な業界のプロフェッショナルたちと、顧客らの服を介した濃密なコミュニケーションから、ゴシック&ロリータの細分化した独特のスタイルや美学が緻密に構築されていったことが分かる。

また、『ゴシック&ロリータバイブル』には型紙がついており、自分で服を縫うことができた。吉光がゴシック&ロリータショップ主催のお茶会で実施した調査結果では、参加者の中には、自作のスカートや小物を身につけネット通販のブランドを立ち上げている者が多数あった。服飾系の専門学校に通って、将来は服飾ブランドのデザイナーや経営者になりたいという声も聞かれた。ゴシック&ロリータ雑誌に掲載されているプロフィール欄の内容分析の結果でも、同様の傾向が見られた（吉光 二〇〇三）。また、「ゴシックとは単なるファッションではなく、精神」、「ロリータはファッションではなく生き方」、「少女たちの戦闘服」など、服を着る場合の過剰な気合いや覚悟が語られることが多い（吉光 二〇一四）。小谷真理は、「ふりふりヒラヒラのロリ服」が持つ「少女のための戦闘服」としての機能について、「痴的」を装う自身を見る人々の視線の中に潜む差別的感性を逆照射することで生まれる攻撃力や、支配的な世界の権力がはめこもうとする少女の鋳型と自分たちの少女性との不連続を明確に書き込めることを挙げている。そして、映画『下妻物語』について、「少女たちの自己人形化計画による、少女自身の生まれ直し大作戦は、埋葬された少女たちが再生するためのお洋服をめぐるゴシック・ロマンス」だと指摘している（小谷 二〇〇五：二〇七～二〇八）。「成長への拒否」を感じさせるものに魅力を感じると書いているマンガ家の三原ミツカズは、ゴスロリの少女たちの同一化と所有の対象となっていた恋月姫の創作する人形について、「美しく眠る人形は一方的なコミュニケーションを許さず、尚更に永遠への憧れを強くさせる。それは腐らない死体のようだ」（三原 二〇〇一：五一）と書いている。ゴシック&ロリータのスタイルには、成長の拒否やコミュニケーションの拒否が含まれているとも考えられる。

以上の指摘から、全身を覆い尽くす過剰なフリルやレースで外気や日光、時の流れを遮断し、分厚いプラットホームシューズで地に足をつけないスタイルは、その過剰さにより、様々な外圧から心身を防衛し、他者からの視線や意に沿わないコミュニケーションを迎撃する「戦闘服」としての機能を果たしていることが分かる。

〈カワイイ〉ファッションの対抗性

以上のように、一九九〇年代の日本では、渋谷や原宿等の街に集う少女たちの間で共有される日本独自の個性的なファッションが生まれ注目を集めていた。

四方田犬彦は、「日本の若者たちのストリートファッションは、ロンドンのパンクやモッズと違い、対抗文化のもつ政治性をいっさい感じさせない」と指摘し、その「脱政治性」こそが特徴的だと書いている（四方田 二〇〇六：一四）。しかし、女子高生たちが制服をファッションとして着る場合に見られる、高校の偏差値や伝統よりも、デザインや着崩し方、制服を着て行う逸脱行動に評価のポイントがあることや、ゴシック&ロリータの場合の過剰な装飾にこめられた戦闘性は、パンクと同様の衣服による社会制度への蔑視や使用文脈のずらしによる意味の転用実践だと考えられる（ヘブディジ 一九八六：一七一～

一七二)。また、ロリータ服の少女が少女装をする時に書き込む自身との不連続や大人からの視線への逆照射効果は、制服ファッションやギャル服、キューティ少女らのファッションでも意識されていると考えられる。いずれの場合も、それらの行為によって、主体としての自己や価値の再定義を行い、同じファッションを身につけている者の間でのコミュニティ感覚を生み育んでいるのではないかと考えられる。

成美弘至は、ギャルファッションの中でも黒さの過剰を特徴としたガングロについて、「スタイルの誇張表現によって女性らしさの規範を異化し、異形の身体で公共空間を遊歩することで社会的規範への土足の侵入とモラルパニックを引き起こすことに繋がった」と分析している(成美二〇〇六:八五~八六)。社会規範への土足の侵入やモラルパニックは、制服ファッションやキューティ少女、ゴシック&ロリータの場合にもあてはまると考えられる。

また、制服やギャル服、キューティ少女らの服、ゴシック&ロリータの服は、欧米の高級ブランドや日本のナショナル・チェーンが販売する服ではなく、新興の日本ブランドの服で、少女たち自身の意向や着こなし、手作りにも重きが置かれていた。一方で、『Cawaii!』と渋谷109、『CUTiE』とラフォーレ原宿、『KERA』と新宿マルイワン等の、ファッション雑誌とファッションビルの提携によって、メディアとランドマークが生まれることで、各々のトライブごとの規範の構築と共感の醸成が行われやすくなり、想像の共同体化も進んだと考えられる。郊外化が進み、地方から多様性が失われていく中で、サブカルチャーによる街の個性化が進む過程だとも考えられる。

成美によれば、二〇〇〇年前後の日本は、雇用不安や社会不安が増大し、高級ブランドのアジア進出、低価格衣料の躍進による国内DCブランドの倒産・廃業が続き日本のファッション業界の激動期だった。同時に「原宿にはロリータ、ゴス、ゴスロリ、秋葉原にはメイドやコスプレ、渋谷にはガングロ、ヤマンバ、アゲ嬢といったサブカルチャーが百花繚乱に咲き誇り海外メディアが漫画やアニメと同様にクール・ジャパン現象と結びつけて報道していた」時期である（成美 二〇一一：一〇～一二）。こうした海外からの注目や団塊ジュニアの女性たちの情報発信力や購買力、独特の感性に社会変化や日本経済の突破口を見出そうとした大人の男性たちの視点が、日本で独自に進化した価値観として〈カワイイ〉の見直しの流れを生み出していく。その過程で、聖地としての原宿、聖書としての『Olive』、ルーツとしての内藤ルネ、伝達者としてのサンリオらの見直しが行われる。

4 〈カワイイ〉の源流探し

〈カワイイ〉の聖地としての原宿

〈カワイイ〉に関する概念整理や検証の中でまず行われたものに、原宿の聖地化がある。乙女のカリスマ嶽本野ばらは、「何時も心に原宿を」といった意識を持つことで「何処でも、どんな時でも、君は誰よりもカッコよくいられる」と書き、「何でもないものを自分の工夫やアイデアでカスタムし毎日を楽しくしちゃえる」生き方こそが「原宿的生き方」であると書いている。嶽本によれば、原宿という街の特徴は、「古い閑静な昔の街並みを守りながら、棲んでいる人達も、新しいことをやろうとする人を応援する柔軟な姿勢を持ち続けていてくれる」ところにある（嶽本二〇一三：一八〇）。

嶽本の指摘する古い閑静な街並みは、原宿が、明治神宮の神域で文教地区に指定されていることによる。原宿では、景観や治安の維持に関する住民、警察、役所の意識の高さから、都心の他の地域と異なりエロス性、ギャンブル性が徹底的に排除されてきた（加藤・石井 一九八六：三四～三五）。

一方で、ファッションの聖地としての原宿の伝説は、セントラルアパートの存在から語られる。ここには、多くの伝説的なクリエイターやデザイナーが住み、日本で最初のブティックのマドモアゼルノンノンや大川ひとみのMILKが入居していた。これらの店舗は間口が小さくて狭く、商品がすぐになくなるので、若い客にとっては自分だけの店と思えることが魅力に繋がっていたようだ。日本で最初のスタイリストとして活躍した高橋靖子は「MILK」に入ると「前後見境いなく服を買った」と書いている（高橋 二〇〇六：一二五～一二六）。当時の原宿では、「日本で初めて自分たちが着たい服を作ろう」と一旗あげたい若者が集まってマンションメーカーを始めていた。当時の原宿のマンション経営者によれば、原宿の服は、規格品になりすぎた新宿や銀座の服と着心地が異なったようだ。「あなたが好きにね、どこへでも行く時に、着ていることを忘れちゃって、好きに歩ける洋服ですよ」と着心地の自由さを語っている（加藤・石井 一九八六：一七二～一七三）。

そして、原宿のランドマーク的役割を担ってきたラフォーレ原宿の存在も大きい。ラフォーレ原宿は、一九七八年に東京中央教会の跡地に建てられた時は人気がなかった。しかし、ナショナル・チェーンの大手メーカーが入っていた駅ビルスタイルを、原宿プラザスタイルに変えてから経営が軌道に乗った。原宿プラザとは、セントラルアパートの地下にあった四坪ショップのことで、「四〇歳ぐらいが定年だと覚悟してシャニムにやってる若いけど金のない連中」が経営する店のことである（加藤・石井 一九八六：一九六）。ラフォーレ原宿「パート2」のオープン時には、雑誌『Olive』との「友達関係」が目指された。ラフォーレ原宿館長の佐藤勝久は、その理由に『Olive』が成功した新しいメーカーの発掘と育成によるクライアントの安定供給、若者の「対話の媒体」としてのグラビア雑誌の台頭、雑誌の特徴としての少女趣味の可能性を挙げている。佐藤は「少女趣味みたいなものをあの雑誌が集約したら、中高生が真っ先に支持をした。僕はね、あれは流行じゃないと思っている。彼女たちがだんだん年とっていっても、ＴＰＯに使い分けしてね、残っていくと思う」と語り、そこに、「個人をもっと大切にすることを理解できる感性の人口の増加」を見ている（加藤・石井 一九八六：一九九）。ラフォーレ原宿は、その後も少女趣味に注目することで、先述した『Olive』や『CUTiE』らのほかにも時代ごとの〈カワイイ〉ファッションを発信するメディアとの協働に取り組んできた。この場合の少女趣味は、「個人を大切にすることを理解できる感性」として、集団主義的であることを指摘されてきた日本社会の価値観に対抗する感覚の萌芽と捉えられていたと考えられる。

「原宿ガール」に象徴される〈カワイイ〉ファッションの聖地としての原宿の特性は、神域で文教地区であるために、上品で趣がありエロやギャンブルを受け付けない潔癖性の街並みが保存されてきたことによる。その潔癖性は、原宿ファッションのどこかSEXYを忌避する傾向に方向性を与えてきた。そのため、そのような環境を好む人だけが街に集まり、オシャレをした少女たちが少女たちだけでも安心してストリートを遊歩し、集い、買い物を楽しむことができる環境が整備されてきた。そして時代ごとに、新しい流行に敏感な若い女性たちが共感する日本の新興服飾ブランド、ファッション雑誌、店舗やファッションビルとの共振が起こり、日本製の新しいファッションと文化を常に発信し続けることで、内外において威信を高めてきたと考えられる。

〈カワイイ〉の聖書としての『Olive』

古賀令子は、雑誌『装苑』（二〇〇七年七月号）で、「カワイイモードの系譜」を、「『オリーブ少女』からMILK、そして、ロリータ・ファッションへと『原宿系』へ」と位置づけている。古賀によれば、“magazine for romantic girls”というサブタイトルを持つ雑誌『Olive』によって「カワイイ感覚」が醸成された。「カワイイ感覚」とは、「大人社会の規範とは隔絶した世界観」「他人の評価や労力を査定の対象とはせず、自分自身の感覚で、これは嫌い、これは好きと選別していく究極の個人主義」「少女趣味的（幼さ）嗜好」「ごちゃ混ぜ風の過剰な装飾によって他人とは違う自分の世界を表現しようとする主張」といった感覚だ（古賀 二〇〇七：三二）。『Olive』の提案するファッションは、アイドルやMILKの服が持つ少女っぽい装飾志向、古着を好むパリやロンドンのストリート・スタイル、奇妙でキッチュな雑貨をごちゃ混ぜにつけることで自分の世界を表現するスタイルの三つを主な特徴とする（古賀 二〇〇七：二九）。

とくに少女趣味のファッションは、三代目編集長の淀川美代子によって構築され、「日本の雑誌文化のひとつの黄金時代」を築いた。淀川の編集方針は、「センスの悪いものは絶対掲載しない」「絵本のような世界」で、「夢やファンタジー」を大切にすることであり、『ジュニアそれいゆ』の影響を語っている（菅付 二〇〇七：三三）。また、古賀が指摘した「大人社会の規範とは隔絶した世界観」や「ごちゃ混ぜ感」は、当時のファッション雑誌を取り巻く環境を反映したもののようだ。淀川は、はじめに配属された『an・an』では、ブランドや百貨店が服を貸してくれなかったために、金子功の作り下ろしの服を掲載していたことや、『Olive』でも、「タイアップをしてくれるブランドさがし」などに苦労したが、衝撃が忘れられないくらいに「ものすごく可愛い」服や「安くてお洒落な服」のパイオニアとなるブランドとの良い絆ができたことを述懐している（菅付 二〇〇七：三二）。また、当時の『an・an』では、デザイナーの作り下ろしのせいで価格が表示できないモノや、近所の雑貨屋で買ってきた安物、女性スタッフやスタイリストの私物や、旅行先で気に入ってお土産として買ってきたルイ・ヴィトンのバッグなどが、女性スタッフたちの「カワイイ」と「カワイクナイ」といった判断基準によって選ばれて掲載されていたので、「常識的なセンでという意見を無視した」商品構成になっていたようだ（赤木 二〇〇七：一六七～一七〇）。

以上から、『Olive』や『an・an』の〈カワイイ〉誌面は、服の貸し出しシステムの未整備と〈カワイイ至上主義〉の価値観によって、価格や流行や常識を意識しない誌面づくりが実行されていたため、読者が現実生活や所属階層、時間の流れを意識しないで済む浮世離れした誌面が実現されていたと考えられる。また、前項で見た「原宿のマンションメーカー」と『Olive』の友達関係は、貸し出しシステムが整っていなかったことが大きな要因だったようだが、そのおかげで、「衝撃が忘れられないくらいものすごく可愛い」服や「安くてお洒落な服」の発掘が実現していたことが分かる。

高原英理は、前記のようなマガジンハウスの雑誌世界が構築した「八〇年代的少女」が持つ〈カワイイ至上主義〉の機能について、中森明夫の『オシャレ泥棒』の主人公の「カワイイ」と森茉莉の『甘い蜜の部屋』の主人公の「可哀らしい《ママ》」の比較から分析している。高原は、『甘い蜜の部屋』の主人公の少女の「可哀らしい」は、彼女の絶対優位の根拠で、「大人の権力」の後ろ盾のもとに少女が高慢を誇る様相だったのに対し、『オシャレ泥棒』に出てくる少女の「カワイイ」は、「耽美的不均衡を招かない、広く敷衍可能な魅力」であり、「少女たちに、『カワイイ共同体』への所属という安心感」を与えつつ「男性権力的構造によって共同体内の特定者が優位に立つことを妨げる」機能を持っていると定義している（高原 一九九九：二七一）。また、この「カワイイ」は、「一回一回の勝負」であり、「予め選ばれているといった都合のよい条件」はなく、「その都度のセンスの誇示によってだけ、彼・彼女の価値」を決める判断基準の一つである。

マガジンハウスが打ち出し当時の若い女性たちが共感した〈カワイイ至上主義〉によって、都市を回遊し、瞬間瞬間に〈カワイイ〉と叫び合うことだけが〈カワイイ〉の正当性の根拠であり、そこに属する共同体への成員資格となった。

〈カワイイ〉のルーツとしての内藤ルネ

先に挙げた『Olive』の少女趣味嗜好を決定した淀川が影響を受けた雑誌『ジュニアそれいゆ』の扉絵やスタイル画を担当していたのが内藤ルネである。二〇一五年に創刊されたファッション雑誌『Violetta』の創刊号は、「〝カワイイ〟という概念を作り出した人物」として特集記事を掲載し、表紙絵にも採用している（内藤 二〇〇五：一〇三）（図1-6）。

図1－6　雑誌『Violetta』表紙

また、きゃりーぱみゅぱみゅのツアー・プロモーションなど、日本のカワイイ文化を世界に発信している増田セバスチャンも、内藤ルネに「『カワイイ』のルーツ」を置いている。増田は、「現代における『カワイイ』は、ただの形容詞ではなく、強烈なヴィジュアル性、社会の歪みから成る幼児性やセクシュアリティ、それに伴うコンプレックス、そこから外に向かっていく反社会的アナーキズムが混在し、存在している」と定義し、「『カワイイ』が生み出す『想像力』にこそ、未来がある」と希望を託している（増田 二〇一二：二～五）。

内藤ルネが描く「ルネ・ガール」と呼ばれる特徴的な少女像は、「デフォルメされた宇宙人のような長い首にひょろ長い手足。お茶目な表情の目にぶ厚い唇」「ファニーフェイスに挑発的な表情」が特徴だ。『それいゆ』の誌面で中原淳一が作り上げてきた「清く正しく美しく」といった伝統的な少女像に従った「上品で美しい」少女像と異なっていることで『ジュニアそれいゆ』の表紙絵に採用された。内藤は、この少女像について、「読者にうれしいショックをあげたいと自分でもわくわくしながら描いていたら、いつの間にかあんな子たちが生まれていた」と述べている（内藤 二〇〇五：五三）。内藤ルネは、戦後から高度経済成長期にかけて、ほかにも、ギフト用のミニブック、シールやファンシーグッズ、カジュアルファッション、家や家具のリフォームなど、お金をかけずに暮らしを自分らしく楽しく彩るための雑貨やスタイルを創造した。内藤ルネが、川から拾ってきた医療品戸棚を白く塗り、高価なビスクドールや捨てられていたものでショーウィンドウのように飾り立てて『服装』（当時の四大ファッション誌）に発表した際には、高山宏から「医者が捨てた癒しをルネの箱が再生させた。ルネとは再生（ルネサンス）の謂なのだ」と賛辞を受けた（内藤 二〇〇五：九七）。

また、「ビリケン人形」や「いちご柄」などのファンシーグッズは、友達にあげるための記念品として制作したところ売り物になって有名になった。「いちご柄」については、「独立する方にお祝いで差し上げたら、独立しないでいちごとともにサンリオに入ってしまわれた（中略）。でも、大ヒットしてよかった」と述べている。サンリオの「いちご新聞」やその読者の「いちごメイト」が生まれる一つのきっかけとなった。作品がコピーされることや騙されることも多く、生前には破産まで追い込まれたようだが、現実世界から何度打ちのめされても、「まだまだ思いがけないことがあといくつできるか」という自分の創造性への期待と信頼によって生涯創作活動を続けた（内藤 二〇〇五：一三〇）。

内藤ルネは、自伝で、自分の特徴として、「背が低い、鼻が低い、そして、気持ちが低い」の「三低」や、「クローゼット・クイーン」、「パーフェクトな完成品」には興味がなく、「なにか不思議で面白いものはないかと。どうしたらみなさまに、夢色ショックを差し上げられるか」を常に考えていたことを挙げる。

このように、上品で美しくなく、読者が「うれしいショック」を感じるような少女像や、お金をかけない自分らしさに重点が置かれる雑貨やカジュアルスタイル、それらを価値の序列なくごちゃまぜに愛する感性など、〈カワイイ〉の原型が内藤ルネにあることが分かる。しかしそれ以上に、世間から価値を見出されていないものに価値を付与し、捨てられたものを再生させ、騙され裏切られても、他者に喜びや驚きを与えるものについて考え続け創作に励む姿勢が、〈カワイイ〉に携るクリエイターやアーティストの共感や尊敬を集めてきたからこそ、〈カワイイ〉の始祖として言及されてきたのではないかと考えられる。

〈カワイイ〉の伝達者としてのサンリオ

「Hello Kitty」を生み出したサンリオの創業精神は「かわいい、仲良く、助け合い[6]」と、「SOCIAL COMMUNICATION[7]」だ。サンリオを象徴する「Hello Kitty」は、一九七四年に子供向けに製作されたが、九〇年代からは、華原朋美等の有名人や女子高生を中心としたキティラー現象を生み出し、二〇〇〇年代以降はライセンスビジネスで成功し、現在は一三〇カ国以上で海外事業が展開されている[8]。また、二〇〇八年には日本の国土交通省が中国と香港での観光親善大使として選出した[9]。近年では、キャラクターを「御社の役に立てませんか」と企業や地方自治体のPRや集客、販促にキャラクターを貸し出す事業も拡大させている。サンリオのライセンスビジネスの特徴はキャラクターの改変が可能なところにあるため、変幻自在ぶりがマンネリ化を防ぐとともに、現地化など様々な消費者の感性への適応も促進させてきた（『週刊ダイヤモンド』二〇一四年一一月一日：一三八〜一三九）。

サンリオの成長のきっかけは、創業者でオーナー社長の辻信太郎が「あっ、かわいいな」と思ったイチゴを、いろいろな小物につけて売ったら飛ぶように売れたことにある。イチゴがついた小物の成功から、「サンリオ」のブランド名が使われるようになり、「マルティプリケーション商法」が始まった。Multiplication の直訳は「増殖」で、人気のあるキャラクターを次々と異なった商品につけていくことで、同じキャラクターがついた商品を消費者が連鎖的に買い続け、相乗的な販売効果を生む方法だ。また、「SOCIAL COMMUNICATION」の意味は「社交」で、「キャラクター商品は、お互いの友情を確認するための媒体」として機能することが目指されている。サンリオは、「お互いに仲良くなりたい」という気持ちをビジネスにする「愛の産業化」を目指してきた（上前一九七九：六八〜七六）。

サンリオが売り出して成功したイチゴに続くキャラクターグッズに、水森亜土のシリーズがある。水森亜土は、当時はまだ駆け出しで週刊誌にセクシー路線の大人の女の絵を描いていたが、辻社長が線の柔らかさに目をつけて描いてもらった女の子の絵を、コーヒーカップや貯金箱につけて売り出した。水森亜土は、辻社長について、「ただ、かわいい、かわいい絵だってほんとに女の子みたいないい方だった。直感的に感じるひとなんでしょうね。いつも話し上手で、夢、夢、っていいながら、ぱあっと舞い上がっちゃうひと」と辻社長に関するインタビューに答えている（上前 一九七九：四一〜四五）。

日本の〈カワイイ〉を象徴するサンリオは、創業者でオーナー社長の辻信太郎自身が、「かわいい」や「夢」に敏感に反応する感性を大事にしながら「愛」の産業化を目指し、いまでは他国の他社の商品にも貪欲にキャラクターをつけ、それらが贈与され交換され変身し続けることで、利益や企業価値とともに〈カワイイ〉を増殖させてきたと言える。

サンリオでは、山梨シルクセンター時代の一九七〇年頃からデザイン制作室を充実させ、若い女性デザイナーを大量に採用してきた。結婚などで退社する場合も多い女性を大量に雇用する当時の理由として、若い女子の「瞬間的な感覚のひらめき」がほしいこと、ひらめきは本来持続する性質のものではないので、「つぎのひらめきをもたらす、より若い女子に代わってもらったほうがいい」ことが挙げられていた（上前 一九七九：一一四）。

デザイン室ができた当初は、水森亜土が描いた女の子のデザインを貯金箱に貼りつける作業が主な仕事だったが、二〇歳そこそこのロコという呼び名の女性デザイナーが、自分で"Love is"シリーズと名づけたキャラクターづくりに熱中し始め、PATTY & JIMMYが生まれた。「愛とはいったいなんだろう」という問いに対する答えを、「かわいいキャラクターと英文の配置」で表現した雑貨は、英文が分かる大人にストーリーや意味といった深みを与えるため、少女と大人を同時に巻き込んでいくデザインとして確立された。ロコはこのシリーズで、「イチゴへの抵抗」でりんごを、「亜土の少女がこまっしゃくれて都会的」なのに対して、「ずんぐりと田舎っぽい」パティを描いた。とくに「パティに口とあごがないところ」が、「あごが長くしゃくれた亜土キャラクターとまるで対照的」である。パティという名前は、「活発な女の子のイメージにははねる音がいい」という理由から名づけられた。結果的に、この「ずんぐりと田舎っぽい」ところがサンリオのキャラクターの特徴になるのだが、「田舎っぽさの安心感」と「バタくささ」の混合具合に少女たちが「現代的な匂い」をかぎとったようだ。また、PATTY & JIMMYのフォルムの特徴となる「眼と鼻がほぼ横一線に並んでいるだけで口がないのと、顔ばかり大きくて首からしたは寸足らずの二頭身ハンであるところ」は、Hello Kittyにも受け継がれていくサンリオのキャラクターの特徴でもある（上前 一九七九：一一七〜一二三）。

PATTY & JIMMYは、社長がまったく評価しなかったが、結果的に売れて、自社キャラクター商品の先駆けとなった。若い女性デザイナーが社長の「かわいい」感性への対抗をもとに生み出したキャラクターが売れたことで、若い女性デザイナーの感性を大事にする社風構築の契機となった。Hello Kittyは、市場調査結果の「白い犬が一番人気で二番は白い猫」に基づき、スヌーピーの使用権を手に入れて成功した後で自社キャラクターとして開発された。Hello Kittyも社長はまったく評価しなかったが、テスト市場で売れたことで本格的に売り出し成功した（上前 一九七九：一二二）。

以上のように、サンリオは、創業者でオーナー社長の辻信太郎自身の「かわいい」感性と「かわいい、仲良く、助け合い」という創業理念を大事にすることで成功してきた。この場合、社長の「かわいい」感度よりも、若い女性デザイナーや消費者の女の子たちの感性を優先することで、奇跡的な業績の伸びが実現されてきたことが分かる。

5　美術とデザインにおける〈カワイイ〉

これまで本章では、海外でも愛され注目される日本発の若い女性向けの商品や文化を手掛かりに、〈カワイイ〉の氾濫について考えてきた。背景にある〈カワイイ至上主義〉は、一九七〇年代から一九八〇年代にかけて徐々に進んだ。一九九〇年代から二〇〇〇年代初頭にかけて、「清く正しく美しく」といった伝統的少女像の破壊や制度的秩序の撹乱が破格的に進んだと考えられる。一方で、一九九〇年代から二〇〇〇年代初頭にかけては、伝統や権威が重視され巨額のヒト・モノ・カネが動く美術やデザインの世界においても、〈カワイイ〉が注目され始めた。

かわいい美術

この頃は、村上隆や奈良美智など日本のサブカルチャー（マンガやアニメ、ゲーム、キャラクター、オタク文化、ストリートカルチャーなど）が蓄積してきた技法や考え方を、現代美術に持ちこんだ日本の若手アーティストたちがインターネット上で世界中の若者の共感を集め、美術シーンに衝撃をもたらしていた。村上隆が巨乳美少女フィギュア等のプロジェクトを始動させた一九九五年のアート業界では、ローカル・アートや「中心と周縁」というテーマを考える空気が生まれ、「僕らマイノリティがデヴューする下地」ができていたようだ（村上二〇一二：四〇～四一）。

美術評論家の松井みどりは、『美術手帖』の「かわいい美術」特集において、九〇年代初めに台頭したキッチュやキャンプといった美意識や、「フェミニズムやエスニック、ゲイ、レズビアンなどの権利拡張のプログラム」と結び付いた「周縁的な価値観」によって生み出されたジェフ・クーンズらの作品群を、「かわいい美術」と呼んでいる。松井によれば、「かわいい美術」に通じるかわいい表現は、美術界において従来は馬鹿にされていたが、「消費社会の主体イメージの批判的見直し」や「消費物と芸術との境を曖昧にし、両方のイデオロギー機能を暴き出すこと」に成功した（松井 一九九六：四〇）。

松井は、この特集の中で、奈良美智が描く仏頂面で不満げな顔をした子供や犬の絵は、「奈良の考える無垢、『無償性』の表現であると同時に、彼自身の中の懺悔を込めた『弱者』の肖像」であると述べる。松井は、奈良らの絵に代表される「かわいい美術」の狙いを、「彼らの『弱さ』の内側から生み出された『強さ』によって、自分を平均化し、支配しようとする『大きな』言説すべてに対しての異議申し立て」であると指摘する。そしてそこに、差異を強調しつつも、モダニズム芸術の文脈から外れることのなかった八〇年代のポストモダン芸術を超える可能性を見出している（松井 一九九六：四〇）。

同時期に生じた、先述した〈カワイイ〉ファッションへの注目は、こうした「かわいい美術」の流行と共振関係にあったと考えられる。〈カワイイ〉ファッションも、周縁に生きる日本の若い女性の「弱さ」の内側から生み出された「強さ」に、ポストモダニズムが超えられなかったモダンを超える価値を生み出す期待の眼差しが向けられていたと考えられる。

「かわいい美術」と同様に、「カワイイデザイン」によって、ポストモダニズムが超えられなかったモダンを超える価値を生み出すことへの期待の眼差しもある。

カワイイデザイン

プロジェクトプランナーの真壁智治は、「カワイイデザイン」プロジェクトを実施してきた。これは、デザインや建築が、二〇〇〇年頃から使い手の「気楽な感性」を引き出すものに急速に変わり始め、その変化は、「美しい」では摑みきれない〈カワイイ〉によるものなのではないかと考えたことに端を発している。真壁によると、「美しい」は、「一定の秩序感に対する解釈や素養、学習が必要」だが、〈カワイイ〉は、「秩序感とは全く別の、対象との生命的な共感から派生」する感性である。「美しい」は、モダンデザインに関する理解による感性判断で、「カッコイイ」は、モダンデザインに対する動物的・直感的な感性判断で、どちらもモダンデザインの支配下にある感性であるが〈カワイイ〉はモダンデザインとは無縁な感性である（真壁 二〇〇九：一四～一三）。真壁によると、「カワイイデザイン」は、人の内に生じる感情・情動という「感性」をテコにより人の内面に入り込むことで、他者との出会いを助け、「モダンデザインの機能主義とは異なるメタ機能」を切り拓く「感覚共有型のコミュニケーションを支えに成り立つ」デザインである（真壁 二〇〇九：三〇）。

モダンデザインは、ユニバーサルデザインを生み出し、「誰もが等しく」という社会をある程度実現させたが、貧困や人種や性等による様々な差別の問題や、社会の周辺に生きる人々の危機的状況を解決できず、ポストモダンデザインも、それらの問題を迂回した（柏木 二〇〇二：二四～二五）。柏木博によれば、真壁らの「カワイイデザイン」プロジェクトは、〈カワイイ〉という視点から、「モダンデザインの論理とは異なったデザインの可能性」を探る試みのようだ（柏木 二〇〇二：三九〇）。

〈カワイイ〉によるデザインへの注目は、ＩＣＴの普及や資本主義の発達による感覚共有型のコミュニケーションの台頭による周縁の拡大によっても影響を受けている。私たちは、ソーシャルメディア上で、どこの誰とも分からない写真や動画、スタンプを用いてコミュニケーションを行い、やりとりが気に入れば、テキストを自動翻訳して言語によるコミュニケーションや論理による理解を開始する。感覚的コミュニケーションは、個人的・社会的な感覚醸成の最初の一歩にもなっている。

〈カワイイ〉によるデザインとは、モダンやポストモダンのプロジェクトの理性合意型コミュニケーションが解決できなかった問題群を、感覚共有型コミュニケーションによって、人の心や繋がりを素早くダイナミックに動かすことで実現しようとする試みである。

「カワイイデザイン」を得意として世界中で活躍するプロダクトデザイナーの nendo の佐藤オオキは、Hello Kitty について「感覚的に生まれた右脳キャラクター」「穢れを知らない、真っ白で丸い形。猫をモチーフとしながら俊敏さを感じさせない。ハローキティはすべてがカワイイけれど、どこにもロジックが見当たらない」と指摘する（『pen』二〇一四：四六〜四七）。本章で取り上げた、Hello Kittyが象徴する日本製のキャラクターは、見た瞬間に誰もが〈カワイイ〉と反応することで、世界中のあらゆる地域に進出した。「原宿ガール」が象徴する日本の女の子たちは、不気味なものからダークなものまで〈カワイイ〉と叫び合うことで、自分たちの無秩序な共感対象としてコミュニケーションの輪の中にいれてきた。それら〈カワイイ〉ものたちの論理や秩序を無視して、高速に展開する感覚共有型のコミュニケーションに巻き込まれることに、気恥ずかしさや抵抗感、居心地の悪さや気味悪さを感じる場合もある。しかし、それら〈カワイイ〉ものたちが構築するコミュニケーションの輪が広がり続け、力を増し続けているのが、現代社会なのである。

6　〈カワイイ〉概念の大転換——実用的な〈カワイイ〉

〈カワイイ〉と同性同士のメディア空間

〈カワイイ〉という言葉には、社会において女性に課せられるジェンダー規範や異性愛規範、つまり「大人」たちの常識に、対抗したり距離を置いたりする意味が見出されてきた。少女／女子たちの多くは学校を卒業したあと、結婚や出産によって妻・母という別の役割を担うことになる。だからこそ、少女／女子たちにとっての〈カワイイ〉は、ある限定された年齢層や集団における独特の嗜好として受容されていた。

少女／女子向けのメディアは、同性同士に限定された空間を構築することで、彼女たちにしか分からない、というよりも彼女たちだからこそ分かる〈カワイイ〉意識を生み出した。たとえば明治・大正期の少女雑誌は、読者たちの姿を「オトメ」や「少女」として構築してきた（川村 一九九三／今田 二〇〇七）。それは戦後から現代にかけて続くファッション誌や少女マンガ誌にまで引き継がれており、世間や「大人」の世界からは距離を置いた、彼女たちだけの〈カワイイ〉を常に生み出し続けている。

しかし一方で、少女／女子たちの〈カワイイ〉は、時に性的に奔放であるとみなされたり、異性愛規範に従順であるかのように判断されたりする。たとえば八〇年代からの「ギャル」と九〇年代の「コギャル」、そして九〇年代末から二〇〇〇年代初頭にかけての「ガングロ／ヤマンバ」。異性からのウケを狙い、身体のセックスアピールを主張するギャル／コギャルたちの姿は、それゆえにマスメディアの中で一種の性的なアイコンとして機能していた（難波 二〇〇七：三一五〜三五一）。ところが、ギャル／コギャルたちは従来の紙メディアではなく渋谷という街（ストリート）に拠点を置くことで、お互いの容姿や振る舞いにまなざしを送りあい、より〈カワイイ〉嗜好を加速させていった。その結果登場したのが、ガングロ／ヤマンバである。ダークトーンの肌と白いヘアメイクのコントラストや、ゆるいシルエットで身体の線が出ない着ぐるみを着て街を歩く彼女たちの姿は、もはや明らかに男性への性的なアピールではなかった。同性同士で〈カワイイ〉と共感し合えるものを洗練させたからである。

また九〇年代は、「美少女戦士セーラームーン」（武内直子、一九九二年から『なかよし』で連載開始）に代表される、リボンやスカートやアクセサリーなどを身に着けた〈カワイイ〉格好のままで悪と戦う少女たちの姿が、絶大な人気を博した時代である。ふだんは泣き虫で弱いふつうの少女たちが、「メイクアップ」することで力を得る物語。彼女たちの姿は当時、いかにヒーロー的に活躍していても、結局はジェンダー規範や異性愛規範に従属的なままである、と批判的に捉えられることがあった。しかし実は、少女が〈カワイイ〉ままで社会に立ち向かっていく姿が描かれていることで、規範に従順なように振舞いつつもその規範をズラしてみせてもいたのである（西原 二〇一六）。この系譜は、二〇〇〇年代以降の「プリキュア」シリーズへと見事に（ピンク色やキラキラ効果といった〈カワイイ〉モチーフへの批判も含めて）引き継がれている。

このように〈カワイイ〉は、少女／女子たちを幼く無力で従順な存在として位置づける社会的規範に対する、彼女たちなりの何らかの対抗やズラしとみなすことができる。それを支えるのが、〈カワイイ〉感性を理解できる仲間たち＝〈カワイイ解釈共同体〉である。しかし、この流れに大きな変化が訪れる。そのターニングポイントが、二〇〇〇年代前半に登場した「モテカワ」志向とそのファッションだ。

「モテ」と「愛され」の到来――『CanCam』がもたらした「モテカワ」

「モテ」という言葉がファッション誌などに頻出するようになったのは、二〇〇三年頃からだという（松谷 二〇一二：二四九）。「モテ○○」と銘打たれたメディアでの特集や商品・サービスは、「愛され○○」という言葉とともにまたたく間に日本中に伝播した。「モテ」や「愛され」の意味は、おおまかに言えば「異性から注目されご機嫌をとってもらえる」こと（鈴木 二〇〇八：一八）である。表面的にはその言葉のストレートな意味の通り、男性からモテる・愛されることを示している。しかもこれらは受動的な立ち位置から発せられる言葉であり、主体的な男性／従属的な女性という古いジェンダー図式に則っているものと読み取れる。そのためやはり、批判的に解釈されることが珍しくない。

しかし重要なのは、アイコンであるモデルの蛯原友里（通称「エビちゃん」）たちが映し出していった『CanCam』の「モテカワ」が、ある特定の男性のみを「モテ」のターゲットとしていなかったこと、服装の好みやジャンルを限定した一部の女性だけがその受容者ではなかったこと、という二点にある。なかでも後者の点は非常に特徴的だ。

ファッション誌に登場するアイテムやモデルたちは、読者にとって憧れや理想をかきたてる存在である。とくに『ＪＪ』に代表される赤文字系ファッション誌は、金と社会的地位を持つ男性と恋愛結婚し、階層上昇することで専業主婦となり幸せな家庭を築く、というライフスタイルを描き出していった。この異性愛観・結婚観には、明確な理想や目標が存在する。

また、ファッション誌が映し出すファッションは基本的に、容貌の魅力（オシャレさの演出）で他者よりも一歩抜きん出ることを主眼としている。ただし、そこにはある種の「私萌え」という自己満足の面があり、オシャレを追求すればするほど、その「萌え」のベクトルは自分自身へと向かっていく（米澤二〇一〇／赤坂二〇〇七）。他者から理解されないということは、それだけ「私」目線のオシャレが先鋭化していることを意味する。

ところが『CanCam』の「モテカワ」は、従来のオシャレの価値観を大きく塗りかえた。それは、ただ男性から「モテる」ためだけでなく、そこに女性たちの思う最大公約数的な「カワイイ」を組み合わせたことによる。

当時の『CanCam』は「めちゃ♥モテ」というコンセプトを掲げていた。その特徴は、男性のみではなく「男女問わずに支持されること」である（杉浦二〇〇八：二五～三〇）。つまり、たった一人の男性や〈カワイイ解釈共同体〉内の仲間だけに支持されるファッションではなく、年齢も性も価値観も異なる不特定多数の様々な人々から受け入れられるファッションだ。誌面の特集では、モデルの蛯原友里や山田優たちが「都心の企業で働く二〇代ＯＬ」として登場する。その役柄で彼女たちが着こなしていたのは、オフィスや取引先など仕事の場での装い（「エビＯＬ」「優ＯＬ」「もえＯＬ」）はもちろん、男性とのデート（「モテ」）や女友達とのランチ（「カワ」）といったあらゆるシーン（「めちゃ」）に溶け込むことのできるファッションである。このように汎用性が高いことによって、「モテカワ」ファッションは絶大な支持を集めた。「モテカワ」とは、エッジの尖った、モード化したファッションではないのである。

その要因として考えられるのが、「エビちゃん」というキャラクターが蛯原友里や女性たちが持つ〈カワイイ〉イメージによって一から作り上げられた、いわば〈カワイイ〉を〝キャラ化〟した存在だという点である（相原二〇〇七：一四六～一四九）。つまり、誰もがそのファッションやヘアスタイルを真似るだけで、「エビＯＬ」「優ＯＬ」「もえＯＬ」という〝キャラ〟になれるのである。

しかし本来〈カワイイ〉とは、「大人」たちにとってくだらなく価値や意味がないとみなされるもの、〈カワイイ解釈共同体〉の仲間たちだけが理解可能なものとして、社会的規範への対抗的位置づけにある嗜好だったはずだ。それはファッションも同様である。従来のオシャレとは、結果的に自己満足であったとしても、他者よりも目立ちたい、かわいくなりたい、美しい人と見られたい、という力に突き動かされるものだった。『CanCam』の「モテカワ」概念とファッションは、この両者ともベクトルが異なる。誰もが〈カワイイ〉と思える、汎用性の高いファッションであること。「モテカワ」は、二〇〇〇年代から現在に至るまで、〈カワイイ〉を新たなステージへ――つまり、「ポスト〈カワイイ〉」へと移行させてきた。「ポスト〈カワイイ〉」とは端的に述べれば、実用的であることだ。

「コスパ」の高い〈カワイイ〉へ　実用的な〈カワイイ〉とは、日々の暮らしの中で実際に使用することのできる利便性を持っている。元来は未完成で未熟で非合理的、役に立たないはずのものだった〈カワイイ〉は、実生活で役に立ってなおかつ〈カワイイ〉、というものへと変化した。

ファッションで言えば、九〇年代以降はプロのモデルではなく読者モデルが起用され、実際に読者たちの間で流行しているものを掲載する「実用的なファッション誌」が発刊され支持された（米澤 二〇一五：二三九）。また、「リアルクローズ」が主流のファストファッションブランドが席巻する時代」に入っていった（米澤 二〇一五：五〇）。

ユニクロに代表されるファストファッションは、比較的低価格でサイズやカラー、デザインの展開が非常に豊富なことが特徴である。老若男女問わず誰もが選ぶことのできるファッションとして、いまや多くの人々の生活を支えるアイテムとなった。近年のユニクロは気鋭のデザイナーやマンガ・アニメ作品、有名ブランド、そして『CanCam』などのファッション誌とのコラボレーションを行っている。

また現在、〈カワイイ〉感性は幅広いコンテンツに利用されている。二〇〇九年より始まった外務省の「ポップカルチャー発信使」（通称「カワイイ大使」）、地方自治体等が主導するご当地キャラやコンテンツツーリズムなど、いまや〈カワイイ〉イメージは日本の経済活動で欠かせないものとなっている。もちろん、東京ディズニーリゾートやユニバーサル・スタジオ・ジャパンなどのキャラクターを配したレジャー施設はますます高い人気を誇っているし、キャラクターのぬいぐるみや小物といったアイテムを日常的に身につける人々も大勢いる。

街を歩けば、どこでもなにかしらの〈カワイイ〉モノを見つけることができる。〈カワイイ〉モノを人々が好むことで、手軽で手に取りやすく実用的な〈カワイイ〉アイテムが生み出され、それをまた人々が受容する。現在の日本は、日常使いができてある程度リーズナブルでそれなりの質のもの、いわゆる「コスパ」の高いものが好まれる傾向にある。いまの〈カワイイ〉は、その点でまさにコスパの高い嗜好だと言えるだろう。多くの人々が理解可能であるということはつまり、それを選んでおけば間違いはない、ということを意味する。それだけ〈カワイイ〉に対する感覚が多くの人々に共有されているのだと考えられる。

少女／女子たちのものだった〈カワイイ〉に、「万人受け」という新たな存在意義が加わった。とはいえ、この状況を〈カワイイ〉文化の進化、あるいは退化とみなすのは早計である。現在はひとまず、従来の〈カワイイ〉から万人受けする〈カワイイ〉まで包括的に捉えられる（その点でもまさにコスパの高い）ものとして、「ポスト〈カワイイ〉」を位置づけておきたい。

7　〈カワイイ〉を発見するよろこび――女性オタクの〈萌え〉へのまなざし

〈萌え〉と〈カワイイ〉

女性たちが楽しむ文化の中でも、現在にかけて規模が大きく成長したものの一つが、女性オタクの文化である。とはいえ、「オタク」と一括りにいってもそもそも個人の趣味性の高いものなので、個々のジャンルが多様化・細分化し存在している状態にある。そのため、女性オタク文化とされるもののあらゆる面を概観するには紙幅が足りないし、どこからどこまでが「オタク文化」とみなせるのか、その境界を引くことも非常に難しい。そこで今回は、オタク文化における感性の特徴的な表現である〈萌え〉をキーワードに、女性オタクたちの言説から読みとることのできる〈カワイイ〉について見ていきたい。

〈萌え〉という言葉はもともと、一九九〇年代末からのインターネットの普及によって男性オタクが使用するものとして登場した。しかし二〇〇〇年代半ば、アイドルタレントの中川翔子（通称「しょこたん」）に代表される女性オタクがメディアに露出するようになったことや、二〇〇五年にユーキャン流行語大賞にノミネートされたことなどから、女性オタクやオタクではない人々の間でも広まるようになった。

女性誌『an・an』（マガジンハウス）は二〇一〇年一月二〇日号にて、「女子のための最新萌え入門。」という特集を組んだ。〈萌え〉はこの特集で、「好みのタイプ、というわけでもない。でも男性の服装に、仕草に、胸がキュンとしてしまうことは誰にでもあるはず。その不思議な感情こそ『萌え』なのです」と説明されている（六一頁）。また、女性向けマンガに造詣の深いお菓子研究家・福田里香とマンガ家・東村アキコが「女子のために『萌え』の世界をレクチャー」する対談では、「『愛』や『恋』とはまるで違う感情」「近づかず、触れもせず、ただ見ているだけで満足」と述べられる（六二頁）。

では、〈萌え〉と〈カワイイ〉はどこに接点があるだろうか。『an・an』は「二大萌え」として、「メガネ」と「スーツ」を紹介する。それぞれいくつかのパターンが掲載されているが、興味深いのは、それらの説明文で使用される表現だ。「妄想する」という脳内世界に根差す言説はもちろん、「目撃する」「要観察」「萌え目線を送ってしま」うなど、まなざしにまつわる言説が多用されている（六四〜六五頁）。女性オタクたちによる〈萌え〉語りには、主体的・積極的に対象をまなざし、そこにかわいさを発見しようとする振る舞いを読みとることができるのだ。

〈萌え〉語りにおけるまなざし ——発見することのよろこび

女性オタク向けメディアの中では、〈萌え〉という言葉は比較的早い時期に取り上げられている。たとえば『まんが情報誌 ぱふ』（雑草社）は、二〇〇四年一二月号で「乙女の『萌え』を探れ！」という巻頭特集を組んでいる。この記事では「世の婦（腐）女子心をくすぐる『萌え』」と称し、性格づけや容姿に関する「キャラ萌え」、ライバルや上下関係などの「関係性」、また「シチュエーション」など、ボーイズラブ（BL）作家や読者のコメントなどを交えて様々なシーンを紹介している。この時期の『ぱふ』はマンガやサブカルチャー好きの女性をターゲットとした情報が記事の中心となっており、〈萌え〉は二〇〇〇年代中盤ですでに、腐女子など女性オタクの間である程度認知されていた言葉だということが分かる。

さらに二〇〇九年には『萌え男子がたり』（ブックマン社）、二〇一〇年はその続編にあたる『萌え男子がたり2』（同社）というムック本が出版された。この二冊では、商業出版BLマンガなど女性向けジャンルで活躍するマンガ家がおもな語り手となり、二冊あわせて一〇二通りの〈萌え〉が掲載され、それぞれがイラストと文章で構成されている。

これら女性オタクによる〈萌え〉語りで頻繁に登場するのが、「かわいい」というフレーズである。

語られる〈萌え〉の対象は、アニメやマンガなどに登場するキャラクター、実在のアイドルやタレント、さらには人物だけでなく動物やモノなど、二次元／三次元、リアル／フィクションを横断する。また、年齢的に幼いキャラクターだけでなく、成人を迎えた男らしい男性、なかには四〇代・五〇代といった成熟した男性もその範疇に入る。いずれにしてもこれら〈萌え〉は、基本的にはストレートかつ純粋に「かわいい」と感じることで発せられたものである。

しかし「かわいい」は、無邪気さや純粋さだけでなく、〝ドジ〟〝おバカ〟〝キモイ〟など、ある種のマイナス的側面も含む言葉でもある（四方田 二〇〇六）。そこで彼女たちの〈萌え〉言説を見ると、表面的・典型的に良しとされる位相とは異なる面が対象から垣間見えた瞬間に、「かわいい」感性が呼び起こされていることが分かる。

> 人前じゃ絶対に見せないであろうこのマヌケさにたまらなく萌える（中略）昼間はしっかり者に見える男子でも寝起きだけは無防備っていう部分が、寝起き男子の最大の魅力です。やり手弁護士もエリートリーマンも秀才学生さんも、みんな朝は無防備にかわいいさを撒き散らしてるに違いないと思えば、朝の満員電車やオフィス、学校などもにやにやと楽しめるのではないでしょうか。
>
> （『萌え男子がたり2』一八頁、傍点引用者）

> パーフェクトにかっこいい人は、見ると単純にかっこいいなァとは思うのですが、「うん、かっこよかった」で終わってしまう…そんなときにこのギャップ。他は文句ないのに、一か所（多箇所でも可）ダメなだけでなんだかうまくやれてない、ああ、おしい！　残念！　そこが愛おしい！　という…
>
> （『萌え男子がたり2』六六頁、傍点引用者）

ここで語りの主体が表しているのは、綻び（いわゆる「ギャップ」）を発見して「かわいい」と表現するまなざしだ。池田太臣は「オタク的マンガやアニメ」といった「商品・サービス・二次創作など」の特徴として、〝イマジナリーな未成熟さ〟を挙げる。そして、「〝イマジナリーな未成熟さ〟の雰囲気は、女性がいう『カワイイ』とも重なるように思われる。『カワイイ』も、オタク文化的表現が醸し出しているものも、『未成熟』という点で共通している」と述べる（池田 二〇一二：一四七～一四九）。「あくまでも想像上の〝未成熟さ〟であり、現実の未成熟さとは異なっている」が、むしろその「想像」こそがまさに、女性オタク文化を構築する原動力になるものなのである。先ほど引用した〈萌え〉語りから、〝イマジナリーな未成熟さ〟、つまり〈カワイイ〉とみなす想像力が縦横無尽に表出していることがよく分かる。

現在の商業ボーイズラブ（BL）ジャンルを代表する作家の一人であり、レディースコミック誌や青年誌などでも活躍するマンガ家の中村明日美子は、自身の〈萌え〉対象として「非おしゃれ眼鏡男子」を掲げ、以下のように語る。

メガネは飽くまで…うぶで…おぼこくて…無自覚で無意識で無防備で…。少女の処女性にも通ずる、未踏の雪原の魅力がなくてはなりません。
「あなた…自分じゃ分かってないかもしれないけど…スゴクイイよ…！」
このかんじです。

（『萌え男子がたり』六四頁、傍点引用者）

観察者である中村が見出す〈萌え〉。ここで、観察の対象となる男性は「無自覚で無意識で無防備で」ある必要がある。観察される側は、自分自身の姿を「魅力」的だとはみなしていない。その姿を一方的に見つめて「魅力」と感じる、つまり、本来はそこが魅力的なものとはみなされないはずのものを魅力的なものとして位置づけることで、観察者自身が〈萌え〉る〝物語〟を生み出す主体となる。まなざしのベクトルは基本的に一方通行だ。〈萌え〉の対象によるなんらかの反応は求められていないし、〈萌え〉の対象から逆にまなざし返されることも想定されていない。だからこそ、自由な想像力でみずからの〈萌え〉を存分に味わうことができるのである。

女性向けに男性同士の恋愛物語を紡ぐBLは、いまや日本の女性オタク文化の中で最も巨大なジャンルの一つとなった。BLでは、男性キャラクターは〈攻〉と〈受〉という役割に振り分けられる。基本的に〈攻〉キャラクターは恋愛で能動的・積極的に振る舞う役割で、〈受〉キャラクターは〈攻〉からのアプローチを受け取る役割を担っている。カップリング単位でラブストーリーが展開するBLでは、〈攻〉/〈受〉どちらかのキャラクターに同一化したり寄り添ったりして物語を楽しむ視点と同時に、第三者的立ち位置から彼らカップルのやりとりを眺める観察者の視点、いわゆる〈神〉の視点が存在する。〈神〉の視点に立つ者は、登場人物に触れることも登場人物そのものになることもなく、ただ彼らのあり様にまなざしを送ることで物語を楽しむ。自分にとって〈萌え〉るカップルのやりとりを発見することで、絶対的な〈神〉、いわば物語を構築する創造主になれるのだ。

自分だけの〈カワイイ〉を大事にすること

女性たちによる〈萌え〉語りは、一見すると楽しく無邪気なように思われる。しかし実際には、その語りの表明には多くの不自由が伴う。そもそも現実では、異性からであれ同性からであれ、女性が他者のまなざしの対象となり、そのまなざしを内面化することで他者から違和感を持たれないように振る舞うことの方が頻繁に起きるからだ。「一般人女性のなかに擬態する」言動のあり様（たとえば、小島アジコによるマンガ『となりの801ちゃん』の「801ちゃん」や、女性オタクマンガ家によるアンソロジー『オタク女子の擬態化計画』のテーマそのものと作家たちの語りなど）、インターネット上の「腐女子自重せよ」といったバッシング言説はその典型である（なかには腐女子による他の腐女子へのバッシングも少なくない）。これらが示すのは、女性が男性をまなざしの対象とすることや、男性が好む文化領域に足を踏み入れることへの非難、または女性同士の関係性の内側で生じる強制的な抑制だ。

八〇年代から九〇年代にかけて、ＢＬは若い女性たちによる現実社会の規範からの逃避先、もしくは精神的・性的な未成熟さの象徴だとみなされていたし（西原 二〇一〇）、現在でもその偏見はなくなっていない。しかし、それでも女性オタクによる〈萌え〉＝〈カワイイ〉ものへのまなざしが存在するのは、中島梓が「ヤオイ（今でいうＢＬ）」を「もっとも現代の女性にフィットした現実を受入れるためのドラッグ」だと述べた（中島 一九九八：二〇三）ように、自身の〈萌え〉に忠実であることが、この世界で生きていくうえで必要不可欠なものだからである。

幼少期から芸能界で活躍し、マスメディアにおいてオタクであることを全面にアピールしている中川翔子は、自身のブログや自著の中で、〝生きづらさ〟や自分が周囲から浮いた異質な存在だと感じていたことを何度か表明している（中川 二〇〇五／中川 二〇〇六／中川 二〇〇八）。「ギザ」「カワユス」といった独特の言語を駆使する中川は、おもにブログを通じて、マンガやアニメだけでなく、猫、化粧やファッション、カンフーといった多岐に渡る趣味を存分に披露している。ここで中川がポリシーとするのが、生きているうちにできるだけ自分の好きなことをする、彼女の言葉でいえば「貪欲な日々」（中川 二〇〇八：八など）を送ろうとする前向きな姿勢である。

（前略）翔子にとって、ブログは、自分の考えと脳ミソの中の宇宙がすべて詰まった、翔子の全世界！たのしいことも落ち込んだときもカワユスなものもキモスなことも全部のっけるステキな場所！

（『しょこたん♡ぶろぐ　貧欲デイズ』一九九頁）

他者から共感や理解を得られなくても、規範に従属なままでいるのではなく、自分自身が「カワユス」と感じるもの、つまり〈萌え〉を大切にすること。女性たちは主体的かつ能動的に、少なくとも脳内では誰にも脅かされずに〈カワイイ〉と愛でる＝〈萌え〉ることができる。吉澤夏子は、〈萌え〉といった「個人的なものの領域」にある想像力は、女性たちが現実を相対化し、安心して楽しむことができる力になると述べる（吉澤 二〇一二）。想像力を発揮して自分だけの〈カワイイ〉を発見することは、女性オタクによる、社会的概念としての「女性」に対して不自由で不平等な現実において自分らしく生きるための、ある種の思考実験・生存戦略だと言えるだろう。

8　ポスト〈カワイイ〉の時代

本章では、辞書的な意味や用法を離れてどこでも何に対しても使われ、日本独自の価値観や文化を表現する言葉として議論されるようになった〈カワイイ〉という言葉が、多様化し文化的に洗練され体系づけられ普及していく過程について論考した。〈カワイイ〉という言葉の普及は、〈カワイイ解釈共同体〉が、日本で文化的に洗練され体系づけられ領域を拡大していく過程で発達してきた。〈カワイイ共同体〉は、都市空間や日々の生活空間で、〈カワイイ〉感性を理解できる仲間たちとの継続的な共感確認の中で自発的に構築され、〈カワイイ解釈共同体〉は、自分たちが信望する〈カワイイ〉感性を反映したメディア空間で、自分たちにしか分からない意味を共有して楽しむことによって構築されてきた。とくに、日本がグローバル化の波に飲み込まれていく一九九〇年代に、日本の若い女性たちの間で共有され、渋谷や原宿で集っている姿を様々なメディアで紹介された〈カワイイ〉ファッションを着た女性たちの姿は、海外メディアからの注目も集め、〈カワイイ共同体〉〈カワイイ解釈共同体〉の海外への領域拡大に大きく寄与した。海外からの自発的な共感を集めた実績によって、国や地方自治体の観光客誘致にも、「カワイイ大使」として〈カワイイ〉ファッションを身に着けた若い女性やキャラクターが登用されることになった。国家に登用され制度化された領域の価値観として流通されるようになったことで、〈カワイイ〉の定義づけや概念整理、歴史の見直しや位置づけも行われ、そのことで〈カワイイ〉に対する感覚が多くの人々に共有され、若い女性のものだった〈カワイイ〉が一般化した。

また、一九九〇年代は「かわいい美術」とも呼びうる美術作品群が、消費社会の主体イメージの批判的見直しや消費物と芸術との境を曖昧にして両方のイデオロギー機能を暴き出すことに成功し、評価を高めていた。オタク文化の手法を流用した村上隆や、子供や犬の絵で人気を集めた奈良美智らもこの流れの中で評価を高めていき、子供っぽいものやサブカルチャー的なものの評価が低かった美術界の流れを変えた。建築やデザインの領域においても〈カワイイ〉感性が、モダンデザインやポストモダンデザインを超える価値観として期待をもって言及されるようになり、〈カワイイ〉建築やモノが建造されるようになった。

このような〈カワイイ〉感覚の一般化や制度的領域への進出と、〈カワイイ〉モノの普及によって、従来の女性たちの特殊な感覚を表現した〈カワイイ〉だけでなく、万人受けするものも〈カワイイ〉として捉えられている。この場合の〈カワイイ〉は、実用的で有用性のあるものとみなされる。それは表面上は規範に対して保守的であるため、規範への抵抗といった従来の〈カワイイ〉からかえって時代を遡っているように思われるかもしれない。しかし、〈カワイイ〉がある種のテクニックとなり〈それがまさに「実用」である)、現代社会を生きていこうとする点においてはやはり、女性たちにとって大切な感覚・モノなのである。

それは、オタクと呼ばれるカテゴリーでも同様である。女性たちはみずから、脳内で自分だけの〈カワイイ〉対象を見つけ、主体的・能動的に愛でる=〈萌え〉る。〈萌え〉を発見することは、世間の目(とくに「オタク」に対するバッシングや非難のまなざし)を避けつつ、それでも自分の嗜好を曲げず、自分らしく生きるための思考実験・生存戦略だと言える。

〈カワイイ〉は一見すると古典的な女らしさのようにみえるが、実は、伝統的な規範の圧迫から抜け出して自分らしく生きたいと願う女子たちの希望の表れである。

以上から、〈カワイイ〉が若い女性の感覚を表現する特殊な言葉ではなく、制度的領域に進出し一般化することと、〈カワイイ〉によって女性たちが自分らしく生きるための活力や方途を得るようになることができるようになった時代を、ポスト〈カワイイ〉の時代としたい。

注

(1)「『カワイイ』ファッションは『無力さ』の象徴か、自己表現か」(二〇一五年一〇月二〇日、AFP) http://www.afpbb.com/articles/-/3063568(二〇一六年九月二五日最終アクセス)

(2)AVRIL LAVIGNE 岩崎昌子「アヴリル・ラヴィーンの〝親日〟PVはレイシズムの表れなのか」GQ ENTERTAINMENT http://gqjapan.jp/entertainment/news/20140425/avril-lavigne-hello-kitty#vZVtkvV6sxdt9rQi.97(二〇一四年一一月一〇日最終アクセス)

(3)J-POP World「Rino Nakasone Interview」http://www.j-popworld.com/Interviews/Rino_Nakasone.php

(4)「女性ポップスターたちがキティに夢中になる〝本当の理由〟」クーリエジャポン http://xbrand.yahoo.co.jp/category/entertainment/12078/1.html(二〇一五年一〇月二〇日、AFP)

（5）　ジャパンエキスポ公式HP。http://nihongo.japan-expo.com/art-918-en-presentation.html（二〇一五年一〇月二〇日、AFP）

（6）『週刊ダイヤモンド』「特集2　サンリオ〝感性経営〟試練の時」二〇一四年一一月一日、一四〇〜一四一。

（7）　サンリオ「企業理念」。http://www.sanrio.co.jp/corporate/about/spirit/（二〇一五年一〇月二〇日、AFP）

（8）　鈴木良英「サンリオ、『物販』シフトへの真意　ライセンスビジネスはもはや限界なのか」東洋経済オンライン　http://toyokeizai.net/articles/-/40246（二〇一四年六月一九日最終アクセス）

（9）「キティちゃん、日本の観光大使に」http://www.afpbb.com/articles/-/2392943（二〇一五年一〇月二〇日、AFP）

参考文献

相原博之、二〇〇七、『キャラ化するニッポン』講談社。

赤木洋一、二〇〇七、『「アンアン」一九七〇』平凡社新書。

赤坂真理、二〇〇七、『モテたい理由——男の受難・女の業』講談社。

アクロス編集室、一九八九、『東京の若者——渋谷・新宿・原宿「定点観測」の全記録』PARCO出版局。

東浩紀、二〇一〇、『日本的想像力の未来——クール・ジャパノロジーの可能性』NHKブックス。

荒井悠介、二〇〇九、『ギャルとギャル男の文化人類学』新潮新書。

池田太臣、二〇一二、「オタクならざる『オタク女子』の登場——オタクイメージの変遷」馬場伸彦・池田太臣編著『「女子」の時代！』青弓社：一二五〜一五四。

今田絵里香、二〇〇七、『「少女」の社会史』勁草書房。

上前淳一郎、一九七九、『サンリオの奇跡』PHP研究所。

遠藤薫、二〇一六、「なぜいま、『カワイイ』が人びとを引きつけるのか？——『カワイイ』美学の歴史的系譜とグローバル世界」横幹〈知の統合〉シリーズ編集委員会編『カワイイ文化とテクノロジーの隠れた関係』東京電機大学出版局。

小野原教子、二〇一一、『闘う衣服』水声社。

柏木博、二〇〇二、『二〇世紀はどのようにデザインされたか』晶文社。

加藤明・石井一弘、一九八六、『原宿物語』草思社。

川村邦光、一九九三、『オトメの祈り――近代女性イメージの誕生』紀伊國屋書店。

きゃりーぱみゅぱみゅ、二〇一二、『Oh! My God!! 原宿ガール』ポプラ社。

近代ナリ子、二〇〇五、『本と女の子――おもいでの一九六〇～七〇年代』河出書房新社。

古賀令子、二〇〇七、「カワイイモードの系譜」『装苑』二〇〇七年七月一日号。

古賀令子、二〇〇九、『かわいいの帝国』青土社。

小谷真里、二〇〇五、『テクノゴシック』集英社。

酒井順子、二〇一四、『オリーブの罠』講談社現代新書。

櫻井孝昌、二〇〇九、『世界カワイイ革命――なぜ彼女たちは「日本人になりたい」と叫ぶのか』ＰＨＰ選書。

菅付雅信、二〇〇七、『東京の編集』ピエ・ブックス。

杉浦由美子、二〇〇八、『コスプレ女子の時代』ＫＫベストセラーズ。

杉山知之、二〇〇六、『クールジャパン――世界が買いたがる日本』祥伝社。

鈴木由加里、二〇〇八、『「モテ」の構造――若者は何をモテないと見ているのか』平凡社。

ストリートモード研究会、二〇〇六、『Street Mode Book』グラフィック社。

高橋靖子、二〇〇六、『表参道のヤッコさん』アスペクト。

高原英理、一九九九、『少女領域』国書刊行会。

嶽本野ばら、二〇一三、『乙女のトリビア』祥伝社。

ジョセフ・Ｓ・ナイ、山岡洋一訳、二〇〇四、『ソフト・パワー――21世紀国際政治を制する見えざる力』日本経済新聞社。

内藤ルネ、二〇〇五、『内藤ルネ自伝――すべてを失くして』小学館クリエイティブ。

内藤ルネ著、増田セバスチャン監修、二〇一二、『もうひとつの内藤ルネ』PARCO出版。

中原淳一、二〇〇四、『美しく生きる言葉』イーストプレス。

中村伊知哉・小野打恵編、二〇〇六、『日本のポップパワー――世界を変えるコンテンツの実像』日本経済新聞社。

中森明夫、一九八八、『オシャレ泥棒』マガジンハウス。

中島梓、一九九八、『タナトスの子供たち――過剰適応の生態学』筑摩書房。

成実弘至、二〇〇六、「ストリートの快楽と権力――消費社会のスペクタクル」阿部潔・成美弘至編『空間管理社会』新曜社。

成実弘至、二〇一一、「ジャパニーズファッションの三〇年――ブランド、スタイル、リアル」高木陽子・成実弘至・西谷真理子・堀元彰編『感じる服 考える服――東京ファッションの現在』以文社。

難波功士、二〇〇七、『族の系譜学――ユース・サブカルチャーズの戦後史』青弓社。

西原麻里、二〇一〇、「マスメディアが映し出す〈やおい〉の姿――言説分析による」『論叢クィア』三、クィア学会：六二～八五。

西原麻里、二〇一六、「ガールヒーロー」竹内オサム・西原麻里編著『マンガ文化55のキーワード』ミネルヴァ書房：七六～七九。

ディック・パウンテン、デヴィッド・ロビンズ著、鈴木晶訳、二〇〇三、『クール・ルールズ』研究社。

ヴィクター・パパネック、阿部公正訳、一九七四、『生きのびるためのデザイン』晶文社。

長谷川晶一、二〇一五、『ギャルと「僕ら」の二〇年史――女子高生雑誌 Cawaii の誕生と終焉』亜紀書房。

馬場伸彦・池田太臣編著、二〇一二、『女子の時代！』青弓社：一二五～一五四。

廣岡直人、二〇一一、「クール・ジャパンのスタイル」高木陽子・成実弘至・西谷真理子・堀元彰編『感じる服 考える服』。

ディック・ヘブディジ、山口淑子訳、一九八六、『サブカルチャー――スタイルの意味するもの』未來社。

真壁智治、二〇〇九、『カワイイパラダイムデザイン研究』平凡社。

増淵宗一、一九九四、『かわいい症候群』日本放送出版協会。

松井みどり、一九九六、「偏愛のマイクロポリティクス」『美術手帖』第四八巻二号。

松谷創一郎、二〇一二、『ギャルと不思議ちゃん論――女の子たちの三十年戦争』原書房。

三原ミツカズ、二〇〇一、「机の下より愛を込めて…」『プリンツ21』二〇〇一年春。

宮台真司、一九九四、『制服少女たちの選択』講談社。

村上隆著、美術手帳編、二〇一二、『村上隆完全読本美術手帖全記事一九九二―二〇一二』美術出版社。

村上龍、一九九六、『ラブ&ポップ』幻冬社。

森茉莉、一九九六、『甘い蜜の部屋』筑摩書房。

吉澤夏子、二〇一二、『「個人的なもの」と想像力』勁草書房。

吉光正絵、二〇〇三、「生きた人形の国」『奈良女子大学紀要』⑽、一四五～一五八。

吉光正絵、二〇一二、「K-POPにはまる女子たち――ファン集団から見えるアジア」馬場伸介・池田太臣編著『女子の時代!』青弓社：九〇～一二〇。

吉光正絵、二〇一三、「ポピュラー音楽と女性ファン」『県立長崎シーボルト大学国際情報学部紀要』第一三号：二六五～二七六。

吉光正絵、二〇一四、「ポピュラー音楽と日本の女性ファン」『県立長崎シーボルト大学国際情報学部紀要』第一三号：二一三～二二三。

米澤泉、二〇一〇、『私に萌える女たち』講談社。

米澤泉、二〇一五、『女子のチカラ』勁草書房。

四方田犬彦、二〇〇六、『「かわいい」論』ちくま新書。

ドナルド・リチー著、松田和也訳、二〇〇五、『イメージ・ファクトリー――日本×流行×文化』青土社。

引用資料

小島アジコ、二〇〇六、『となりの801ちゃん』宙出版。

中川翔子、二〇〇五、『しょこたん♡ぶろぐ』ゴマブックス。

中川翔子、二〇〇六、『中川翔子完全攻略マニュアル しょこ☆まにゅ』学習研究社。

中川翔子、二〇〇八、『しょこたん♡ぶろぐ 貪欲デイズ』角川グループパブリッシング。

『an・an』二〇一〇年一月二〇日号、マガジンハウス。

『pen with New Attitude』二〇一四年一〇月一日号、CCCメディアハウス。

『Violetta』二〇一五年三月一九日号、双葉社。

『オタク女子の擬態化計画』二〇一四、ふゅーじょんぷろだくと。

『まんが情報誌 ぱふ』二〇〇四年一二月号、雑草社。

『萌え男子がたり』二〇〇九、ブックマン社。

『萌え男子がたり2』二〇一〇、ブックマン社。

第2章　プリンセスになること、プリンセスであること
——女性誌から読み解く現代の〝理想〟の姿——

西原麻里

1　〈プリンセス〉とは何者か

女性の〝理想〟としての〈プリンセス〉　日本の女性文化の中でポピュラーなキャラクターの一種に、「姫」や「プリンセス」がある。類語として「お嬢さま」「セレブリティ」、現在では「ソーシャライト」という呼び名も耳にするようになってきた（以下、それらが記号的に意味する概念について〈プリンセス〉と記載する）。〈プリンセス〉のイメージは〝物語〟の次元を超え、文脈によって様々な名で呼ばれながら、現実世界を生きる女性たちのファッションや生活スタイル、価値観や習慣に至るまで、内面・外見ともに深く入り込んでいる。

まずは、固有名を持つ人物を指す場合。アニメやマンガ、映画といったフィクションの中の登場人物はもちろん、世界各国の王室・皇室に属する、名実ともにまごうことなき「姫」も存在する。次に、ファッションやインテリアのモチーフとしての、ピンクや白を基調としてレース・リボン・ジュエリーなどをあしらった「姫系」。自己啓発や恋愛指南の言説における、男性に愛され選ばれるオンリーワンな女性、という意味での「プリンセス」。あるいは、その多くは批判的な文脈だが、一般人とは少し変わった言動で、世間の常識とは別次元を生きる女性を指す「姫キャラ」という言葉もある。さらに、幼

く可愛らしい娘を「我が家の姫」と呼ぶこともある。

斎藤美奈子によれば、日本の女児向けアニメやマンガでは「きれいなドレスを着て王子様と踊る人、の別名」としての「お姫様」＝〈プリンセス〉が多数登場した（斎藤 一九九八：一二）。ここでいう「お姫様」とは基本的に、武家や公家といった日本的な出自のキャラクターではなく、ロココ調のドレスやフリル・リボンなどによってフェミニンさとガーリーさを兼ね備えた、ヨーロッパ的な意匠に彩られた〈プリンセス〉である。このようなキャラクターの表象は明治・大正期に西洋から輸入され、少女雑誌のグラビアや絵物語で描き出されたほか、やがて『シンデレラ』をはじめとするディズニーのプリンセスシリーズや少女向けイラスト・マンガなどによって、女性たちの間に浸透した。

また「お嬢さま」も、同様に人気の存在である。黒岩比佐子は、明治期の皇族・華族の令嬢が、当時の女性にとっての憧れを体現する「お嬢さま」として女性雑誌に描き出されていたと述べる（黒岩 二〇〇八）。戦後の少女マンガ雑誌でも、実在／架空を問わず「お嬢さま」キャラクターが多数登場していた。公式の「姫」が皇室にしか存在しない（ただし称号は「内親王」）明治期以降の日本社会では、上流階級／階層のお嬢さまもひっくるめて、お姫さまとほぼ同じものとしてみなされてきた。以上の通り、現在に至るまで〈プリンセス〉は日本の女性にとっての憧れや理想をあらわす記号として機能している。

ポピュラー文化と〈プリンセス〉の文脈

いうまでもなく、〈プリンセス〉キャラクターには、美しさや可愛らしさ、そして若さが求められる。これまでの女性文化の中で連綿と培われてきた〈プリンセス〉らしさとは、美しさや若さといった女性ジェンダーの要素を最良のものとみなし、それらが高められ永遠に保持されることを意味していた(1)。そのため〈プリンセス〉は、そう名指しされた時点で、男性中心主義的社会における規範的な女性らしさの構築／再構築を繰り返す記号である、と批判的に考察することが可能である。

しかし日本における〈プリンセス〉の多くは、フィクションの物語やファッションといったポピュラー文化を通じてイメージが形成されてきた存在である。社会において良しとされるもの、理想や規範を多数の人々に伝達すること、それこそがポピュラー文化がそもそも持つ役割だ。したがって、そこに描き出されるものをただ表面的に批判するのではなく、一見すると理想的・規範的な〈プリンセス〉言説の中に、当たり前のものとされているその絶対性の根拠となるもの、あるいはそれと矛盾するような手がかりを見つけることにこそ、こういった言説を考察する意義があるだろう。

また、〈プリンセス〉という記号の意味はそれが位置づけられる文脈によって異なるため、一口に〝理想〟といってもその内実は様々であるはずだ。先述したように、〈プリンセス〉には複層化した意味が込められ、ある物語の特定のキャラクターを指すこともあれば、概念的なキャラとして使う場合もあるし、単純に衣服や化粧品を消費させるために用いられることもある。だからこそ、そこに描き出される〝理想〟の言説のあり様を丁寧に読み解く必要がある。

そこで本章では、個人の趣味嗜好と消費活動がわかちがたく結び付いたメディアである女性向け雑誌を題材に、商品やアイテムの「消費」の側面、女性の生き方や規範など「イデオロギー」の側面、固有名を持つ人物の特徴や性格づけといった「キャラクター／キャラ」の側面という三点から、〈プリンセス〉が構築する理想像とはどのようなものか、世代や文脈によってどのように異なっているのかを考察していきたい[2]。

雑誌とは、消費活動を通じて理想的な生活スタイルや憧れを醸成させるよう読者に仕掛けるメディアである。そのため、読者のリアルな生態と一致するわけではない。しかし、様々なカテゴリーで読者をセグメントし、彼女たちの価値観や欲望をすくいあげるからこそ、雑誌というパーソナルなメディア空間が成立するのだ。この点を意識しつつ、次節から現代の女性向け雑誌に描かれる〈プリンセス〉言説を詳察していこう。

2 消費、イデオロギー、キャラクター／キャラ

雑誌と読者の世代

日本雑誌協会の区分から明らかな通り、日本の雑誌の多くはジェンダーで読者を区切っている[3]。今回は「大宅壮一文庫雑誌索引データベース」の記事検索を利用し、二〇〇八年一月一日から二〇一二年一二月三一日までの期間に発行され女性を読者対象と分類している雑誌から、「姫」もしくは「プリンセス」という言葉が使用されている記事を検索した。結果は、「姫」が二六六件、「プリンセス」が一二六件となった[4]。

ここから、「姫」「プリンセス」が多く登場する雑誌群を、おもに三〇代から四〇代をターゲットとするものと、一〇代後半から二〇代前半をターゲットとするものに二分することができた。代表的な雑誌は、三〇代から四〇代女性が読者に多い『25ans』（ハースト婦人画報社）[5]、二〇歳前後の女子大学生向けの『JJ』（光文社）などのファッション誌である。そのほか、女性週刊誌の『女性自身』（光文社）や『週刊女性』（主婦と生活社）[6]、生活情報誌の『Como』（主婦と生活社）や芸能・カルチャー誌の『JUNON』（主婦と生活社）などがある。一方で、三〇歳前後の女性向けのファッション誌では、〈プリンセス〉に言及する記事が少ない。以上から今回は、記事件数が多かったファッション誌や週刊誌の言説を中心に考察する。

二〇〇八年から二〇一二年の間に三〇代から四〇代だということは、おおむね一九六〇年代後半から七〇年代後半に出生していることになる。女性の消費活動の特徴をまとめている小原直花は、一九六五年から七〇年生まれを「ばなな世代」、一九七一年から七六年生まれを「団塊ジュニア世代」と区分し

ている。ばなな世代の特徴は、キャリアと専業主婦のどちらも選択可能だが「『他人のために何かをする』こと」を志向する世代だという（小原 二〇〇八：一一三〜一一四）。また、すぐ上の「ハナコ世代」ほどのバイタリティはなく、「どこか抑え目な特性がある」（同：一一五）。そして団塊ジュニア世代は、保守的な価値観を持ち、競争社会の中で失敗しないことを重視してきた点が特徴だという。消費活動も、「新しいことを生み出すようなチャレンジ精神・冒険心は持っていない」（同：一二六）。

他方、一〇代後半から二〇代前半の世代は、一九九〇年前後に生まれていることになる。小原は一九八七年から九二年生まれを「ハナコジュニア世代」と名づけ、子供の頃から大人とほとんど変わらない生活スタイルや文化を享受してきたことが特徴だと述べている。ハナコジュニア世代の「視線は常に自分に注がれて」おり、「非常に現実的で、手の届かない憧れ像を持っていても仕方がないといった思いもありそう」だという（同：一五四〜一五五）。

以上の世代的特徴を念頭において、「消費」「イデオロギー」「キャラクター／キャラ」という三つの観点から、雑誌記事における〈プリンセス〉の様相を読み解いていこう。

消費としての〈プリンセス〉

まず見ていくのは、商品・アイテムの紹介などといった、消費行動を促す文脈での〈プリンセス〉言説である。

『25ans』や『STORY』（光文社）などの三〇代・四〇代の女性に向けたファッション誌では、ヨーロッパ各国の王室や貴族の女性たちのファッションが日本人女性のお手本として描かれている。その筆頭が、ちょうど二〇一〇年に婚約し二〇一一年に結婚式を挙げイギリス王室に嫁いだ、キャサリン妃（キャサリン・ミドルトン）だ。

キャサリン妃を紹介する記事では、成熟した大人の雰囲気やコンサバティブな女性らしさと同時に、公の場でも〝ふつう〟の女性らしい自然体で明るいイメージを貫いている姿や、活動的な様子が紹介される。そして各誌がこぞって、彼女を〝現代のシンデレラ〟と紹介する（「強く柔しく美しい！　世界が恋するプリンセス美容」『25ans』二〇一一年七月号など）。民間出身というキャサリン妃の特徴を際立たせることで、憧れとともに親近感をも抱かせるような言説がほとんどである。

ほかにも、アメリカのセレブリティやヨーロッパのソーシャライトなどが頻繁に登場し、フォーマルなパーティーから家族とのプライベートなイベントに至るまで、様々なシーンでの衣服の着こなしや身につけたバッグ・ジュエリーなどが解説されている。いわゆる「姫系」ファッションとは異なり、アイテムそのものが〈プリンセス〉を象徴するというよりも、実在のプリンセスたちが使用することによって、そのアイテムに〈プリンセス〉向けだという意味が生じるというところが特徴的だ。また、着用しているもののブランドや価格をそのまま読者に紹介するだけでなく、類似したシルエットやデザインの商品、着こなしの仕方を提示しているところも興味深い。

一方、一〇代後半から二〇代前半の若い女性たちをターゲットとしたファッション誌では、商品カタログのページで実在のプリンセスがモデルとなることはほとんどない。雑誌の専属モデルや読者モデルがおもな登場人物である。

この世代における〈プリンセス〉言説は『ＪＪ』と『non・no』（集英社）が中心であった。赤文字系ファッション誌の代表格である『ＪＪ』と、青文字系の『non・no』という、コンサバティブ／カジュアルのどちらでも見られるところが非常に興味深い。これらの雑誌では「姫系」ファッションを取り上げ、コーディネートの特集を組んだり商品の説明を行ったりしている。「姫系」の特徴は、レースやリボンなどのロマンティックなモチーフとピンクや白の色合いで、成熟し自立した大人の女性像ではなく、無垢な少女性が表されていることだ。それらは単純にアイテムとして提示されるだけで、衣服のコーディネートの際にガーリーなテイストにしたい時や、他のアイテムとのバランスで組み合わせて使用するものの一つ、という程度の扱いである。

興味深いのは、これらのファッションの記事に登場する姫系アイテムが、高級ブランドの商品ではないことである。たとえば『non・no』二〇一二年一月号では、クリスマスシーズンに合わせた「ごほうびリスト」という記事の中で、「こんなに可愛くて全～部1万円以下　召しませ♥姫ワンピ」というコーナーを設けている。『non・no』のおもなターゲットは大学生や二〇歳前後の社会人なので、あまりに高価なものは読者の生活スタイルに合わないからだろう。とはいえ、パーティーシーズンの「ごほうび」であるにもかかわらず比較的安価なアイテムであることから、「姫系」ファッションがセレブリティ的な女性像を表明するものではなく、ごく単純にフェミニンなアイテムの一ジャンルとして位置づけられていることが分かる[7]。

イデオロギーとしての〈プリンセス〉

このように、消費活動やファッションと結び付けられる〈プリンセス〉が読者たちに伝えようとしているものは何だろうか。

まず、三〇代から四〇代向け雑誌を見ていこう。『STORY』二〇一〇年一月号の「世界のプレ40姫のオシャレが参考になる」という記事では、ヨーロッパ各国のプリンセスたち[8]のファッションが紹介されている。ここでは、スタイリストの桐原三恵子による「自分を知り、遊び心を知る現代の姫たちはファッションも生き方も粋！」「立場をわきまえ、TPOに合わせるけれど、一人の女性として着たいものも着るわ、という自己主張があるんじゃないかしら。さすが、みなさんキャリアの持ち主。お嬢様として、言われるままに育ってきただけではなく、仕事を持って活躍していた自信と、周りを見る冷静さが滲み出ていますね。ただキレイなだけではない、彼女たちの意識の高さと賢さが、ファッションにも表れている気がします」という解説が興味深い（九三頁、傍点引用者）。

また『ハーパース・バザー』二〇〇九年一二月号（ハースト婦人画報社）では、「現代をしなやかに生きるための新しい術」として、ファッションとともに「姫テク」特集を組んでいる。この記事では「姫の素質」チェックコーナーを設けて読者を誌面に引き込む工夫を施したうえで、女優のサラ・ジェシカ・パーカーやニューヨークのソーシャライトたちのファッションを紹介する。そしてこのチェックで、もし読者の現状が記事に登場する〈プリンセス〉たちのようでないならば、彼女たちに近づけるように努力すべし、という熱血ぶりや上昇志向が語られる。また、「〝アラフォーで姫ファッション〟って実際、どうなんですか？」という「姫テク」についての編集部の問いには、ファッションジャーナリストの奥恵美子はサラのキャリアを例に出し、「それなりに人生経験を積み、仕事でも私生活でも充実した人生を歩んでいる女性だからこその自信に満ちたスタイルとして映っている」「いくつであっても自分の生き方や好みを通しつつ、その人らしい時代性やトレンドとのいい距離を感じさせるような装いであれば、素敵だと思う」と答える（四一頁、傍点引用者）。

以上から、大人として・女性としての生き方をファッションを通じて文字通り体現するもの、それが〈プリンセス〉であることが分かる。つまり三〇代から四〇代の女性たちにとって、〈プリンセス〉のファッションとはまさに、自身の生き様のモデルとなるものなのだ。

対照的に、一〇代後半から二〇代前半の女性たちを対象とした雑誌では、こういったイデオロギー的言及はほぼなされない。キャサリン妃の婚礼衣装を紹介する記事ですらも、彼女の半生や人となりは語られていないのである。それよりも誌面に頻繁に登場する人物は、海外のアーティストやディズニー作品に代表されるファンタジー・おとぎ話のキャラクターたちだ（「TAYLOR SWIFT 頂点をきわめた若き歌姫」『ELLE JAPON』二〇一〇年七月号など）。各記事とも、彼女たちの性格やパフォーマンスの特徴を紹介するレベルにとどまり、その生き方や仕事ぶりを読者たちの目標とさせるような言説にはなっていない。アーティストたちがいかに輝いていても、あくまでも他人事、というどこか突き放したような視線がうかがえる。

なかには、身も心も〈プリンセス〉な女性は、自分の現実を分かっていない、勘違いをしているといった〝イタい〟人物として描かれる記事もある。『With』二〇〇九年三月号の「見切りの早い『姫子』VS.あきらめの早い『姫男』」という記事では、異性に対する理想が高く言動が無責任で自己中心的な女性像を「姫子」と名づけ、批判的な視線を送っている。また、恋愛で幸せになり「いい結婚」を手に入れたいならば、「白馬の王子様を待ち続ける『姫子』」のキャラから脱して「年齢リミットを決める」「自分のライフプランを立てる」「告白を待たずに、自分から告白！」を心がけることが必要だという（二四九頁）。〈プリンセス〉の規範的な要素はあくまでもファッションにとどめておくのが望ましい。身も心も「姫子」になるのは危険だということだ[9]。批判的ではあるが、このように〈プリンセス〉のイデオロギーを取り上げる記事はかなり珍しい。しかしイデオロギー的言説がみられないからといって、〈プリンセス〉が完全に浮遊化した消費の記号とみなすのは早計である。

ひとまず以上から、対象読者の世代によって〈プリンセス〉がもたらす意味が非常に大きく異なることが分かった。世代間で〈プリンセス〉が描く〝理想〟のあり方に断絶があるかのようだ。


キャラクター／キャラとしての〈プリンセス〉

最後に、〈プリンセス〉のモデルとなる人物についての語りを辿っていこう。

ここまで読んできた通り、三〇代から四〇代向けファッション誌では、実在の〈プリンセス〉が積極的に紹介されていた。しかし、たとえばキャサリン妃モチーフのグッズを持ち歩くとか、サラ・ジェシカ・パーカーのコスプレをする、というファン的な振る舞いは見られない。この世代向けの言説では、消費とイデオロギーが密接に結び付いてはいるものの、全般的に、モデルそのものを自分のものにする、モデルになりきる、というキャラクター受容の側面は弱い。

日本において最もリアルな「姫」である皇室も同様である。女性週刊誌では、美智子皇后や皇太子一家・秋篠宮一家をはじめとする多くの皇族の女性たちが記事に登場する。皇室については報道でタブー視されている点が多々あるため、記事のおもな話題は、公務でのファッションやそれぞれの近況の報告といったあたりさわりのないレポートである。ヨーロッパの王室の「姫」たちとは異なり、ファッションと人となりを結び付けた語りはなされない。美智子皇后と雅子妃についてはこれまでの半生をまとめた記事が定期的に登場するものの、理想像や憧れといった語りとはほど遠い。したがって、日本女性の生き方のお手本としては機能しないのだ。[10] では何が受容されているかというと、個々の固有名を持つキャラクターとしてのプリンセスではなく、完璧さを象徴するキャラとしての欧米の〈プリンセス〉である。この点の考察は次節にゆずり、先に一〇代後半から二〇代前半向け雑誌を確認しておこう。

一〇代後半から二〇代前半向け雑誌では、ディズニーのプリンセスキャラクターたちがまさに「キャラクター」として語られる。今回調査した期間は、ディズニープリンセス映画が物語・キャラクターともに大きく変化をみせた時期である（西原 二〇一三）。近年のディズニープリンセス作品では、年を経るごとに王子さまとの異性愛物語は後景化していき、主人公自身がみずからの努力によってプリンセスになろうとするという、ヒーロー（英雄）の物語が展開していく。積極的なグッズ展開が行われていることもあり、彼女たちは若い女性を中心に世界中で絶大な人気を誇っている。

しかし、映画で描かれる成長物語は、雑誌記事ではほとんど無化されている。あくまでもキャラクターの図像イメージが提示されるのみで、なんらかの内面の物語は伝えられてこない。この点は「姫系」ファッションも同様だ。姫系は、身につける者の性格や個性、つまりキャラを意味する記号として機能する。姫系アイテムを着ることで〈プリンセス〉になるのではなく、〈プリンセス〉である状態を体現して可視化するために、姫系アイテムを着るのである。

ここまで、女性雑誌における〈プリンセス〉言説を、「消費」「イデオロギー」「キャラクター／キャラ」という三つの視点で読み解いてきた。三〇代から四〇代向け雑誌では、消費とともに〈プリンセス〉のイデオロギーが積極的に語られる。一〇代後半から二〇代前半向け雑誌では、消費は読者自身の〈プリンセス〉キャラと結び付けられている。この非対称性が表す読者の世代的な異なりとは、いったい何なのだろうか。

3　プリンセスになること——努力型プリンセスである三〇代・四〇代女性

本物〝志向〟のプリンセス　三〇代から四〇代の女性にとって、〈プリンセス〉である欧米のセレブリティやソーシャライトたちはお手本や目標であり、そうありたいと思わせる存在である。彼女たちは王族や莫大な資産を持つ家に属し、社会階級／階層のトップに君臨している。ただし注意すべき点は、誌面に登場する女性たちは常に欧米の白人だということだ。日本はもちろん、アジアやその他地域の非白人系プリンセスやセレブリティは一切登場しない。つまり、モデルとされるプリンセスたちは、日本にいる読者から完全に切り離され他者化された存在なのである。

さらに記事をよく読むと、読者に対して本物のプリンセスであれ、といっていないことも浮かび上がってくる。本物のプリンセスの様子を積極的に提示しているにもかかわらず、お手本にしたプリンセスたちとそっくりそのままの同じブランドを紹介しているわけではないのだ。読者の代弁者たる日本人モデルは、あくまでも欧米プリンセスたちを参照して、それらしく見えるような似たデザインのドレスや化粧品、小物類を身につける。つまり、プリンセスはたしかに憧れの存在だが、それを志向する日本の女性たちは完全には同一化せず、あくまでも本物のプリンセスのフォロワーだと言える。

現実のプリンセスは、いつでもきらびやかな世界にい続けているわけではない。外交など政治に関わる公務に日々取り組むほか、社会貢献活動にも熱心なうえに、子育てなどでよき母・よき妻であることもアピールしなければならない。また言うまでもなく、日本で真実のプリンセスになるには、皇室に属するか使い切れないほどの財産を持つ資産家の夫人にでもならない限り不可能だ。そのため、特権的なプリンセスに近づきたい、そうなりたいという意識は十二分にありながらも、どこか現実的な視線がある。自己同一可能な存在ではないからこそ夢を見ることができる、ということを意味しているのかもしれない。

そうはいっても、身分としてプリンセスになれないことが読者にとってネックになるわけではないところが重要だ。現実にいながらも遠くの存在であるプリンセスと日本の読者を結び付けるのが、〈プリンセス〉という記号が持つイデオロギー的側面である。

社会貢献活動による〝特別〟さ

前節にて触れた通り、〈プリンセス〉になれるように努力せよ、という精神論的メッセージが随所に現れている点が、この世代の雑誌言説の興味深いところである。自信と努力の矛先はファッションだけでなく、それぞれの仕事など社会への取り組み姿勢に現れている。自信とプライドを持って〝使命〟に取り組んでいる姿、それこそが彼女を輝かせる大きな要因だ。その輝きがあるからこそ、〈プリンセス〉として周囲の人々から愛され羨望のまなざしを向けられることになる。

『25ans』では二〇一二年一月号より、「Royal's Social Support 行動する、美しきロイヤルたちの物語」という連載がスタートした。この連載はヨーロッパ各国の皇太子妃など、実在する「現代のロイヤルたちの積極的な社会貢献活動を伝えていく」ことを主眼としている。そのためファッションについては、記事中ではまったく触れられない。ただし、他のファッションページではドレスやアクセサリーなどを紹介する際に登場しているので、『25ans』の熱心な読者にとっては馴染み深い存在だろう。ファッションの参考にしている女性たちが普段から行っている社会活動が提示されることで、単なる服装のモデルに留まらない、女性が社会と関わっていく際のモデルとしても機能し、その存在感が増すものと考えられる。

ファッション誌以外に目を向けると、日本の会社組織の中における女性の仕事ぶりが紹介されるおもしろい記事がある。スピリチュアル雑誌の『TRINITY』二〇一二年四月号（エルアウラ）では、「銭姫様」というネーミングで、「自分のことも、他の人に対しても、エネルギーを使って発散できるハンサムウーマン」について特集している。ここで紹介される「ハンサムウーマン」は、私生活で大きなトラブルに見舞われても仕事の現場ではその影響を感知させないというある女優のプロ意識や、日頃の感謝の気持ちから慶事のお祝いは貰った額の三倍にして返すという雑誌編集長の姿などだ（一四頁）。普段から努力し、苦しい時でも耐え、自分を高めることによって彼女たちは〈プリンセス〉として君臨する。この世代のプリンセスたちのドレスや宝石は、ただ単純に高級ブランドで着飾ることができる選ばれし者、というだけを意味しない。それを身にまとうための正統な理由があってこその輝きなのである(11)。

表向きは華やかな世界に生きるプリンセスたちも、実は日頃からその人なりに様々な仕事をがんばっている。三〇代から四〇代の女性たちは、自分が現実のプリンセスとは異なる存在だということを知っているが、上流階級への憧れを手放さない。なぜならば、身分としてはそうなれなくても、日々のたゆまぬ努力によってメンタリティにおいて〈プリンセス〉になれるからだ。ふつうの女性たちとは異なる、特別なオンリーワンの存在としての〈プリンセス〉。なにかを手にするためには積極的にがんばらなければならない、がんばればやがて憧れの存在に近づいたり夢を叶えたりすることができる、という前向きな姿勢は、「『他人のために何かをする』こと」を志向するばなな世代、比較的保守的で堅実に努力を重ねる団塊ジュニア世代の特徴とも言えるだろう。

ただ、一〇代後半から二〇代前半の世代が自由自在に〈プリンセス〉を楽しんでいるように見えるのに対して、この世代は常に自分ではない誰かからの視線にさらされ、それを強く意識しているというようにも読み取れる。

恋愛も結婚も自己実現も手に入れること

意外なことに、美しさや若さを保ち、夫や恋愛のパートナーから愛されることが女性としての幸福である、というメッセージを前面に出した記事は、全体的にみて非常に少ない。社会的地位の高い男性から愛されるという〝女の幸せ〟を手に入れるためには、美しさや若さを保持しなければならない。〝女の幸せ〟を追求したいが、そうすると〝自分らしい生き方〟のバランスが崩れる……。このジレンマは、雅子妃の動向はもちろん、一九九七年に事故死したダイアナ元妃の人生や人柄が女性週刊誌でいまだに繰り返し言及されていることからも読み取れる。

たとえば『ハーパース・バザー』二〇一〇年九月号では「トップ令嬢5つの心得」として「スタイリッシュなサラブレッドと交際すべし」という王子さま至上主義を掲げるが、それと同時に、「チャリティガラには積極的に参加すべし」「ブランド設立で家柄に磨きをかけるべし」なども並列的に語られる（一一三頁）。まるで無茶な目標のようだが、王子さまに見初められたり周囲の人々からちやほやされたりするためだけに〈プリンセス〉を目指すのではないことは分かる。むしろ「スタイリッシュなサラブレッド」は彼女の魅力を引き立てるための一種のブランド品である、とも受け取れる。これらの目標はいわば、読者に対してそういう気概でいろというメッセージであろう。気高くプライドのある、仕事を持って自立した女性として生きていきたい、という姿勢を示しているのだ。

不況の日本において、社会的地位の高い男性と出会い結婚することで〈プリンセス〉になるよりも、欧米のリアルなプリンセスを参考にがんばって〝特別〟な存在となる（ように意識する）ほうが、手っ取り早くて現実的だ。王子さまに愛されて結婚し、悠々自適で贅沢な生活を送ることも捨てがたい。しかし、七〇年代のウーマン・リブのただ中に生まれ育ち、男女雇用機会均等法以降に就職したばなな世代や団塊ジュニア世代に対しては、それのみが人生の魅力とは映っていないようである。

欧米のプリンセスに象徴される、現代の完璧な女性像。〈プリンセス〉たちは、王族として・妻として・母として、国民や世間からの重圧に耐えながらもそれぞれの役割をこなし、〝自分らしさ〟を発揮している。しかもおしゃれで美しい。このようなパーフェクトなキャラが成立するのは、彼女たちが日本の読者から切り離され、他者化された存在だからこそである。手に職を持っている、社会に貢献している、そして若さや美しさを保持しているという意識が、読者たちの生き様を変化させ、消費へと促していくのだ。〈プリンセス〉に憧れることで、仕事も恋愛・結婚も〝特別〟感もすべて手に入れる。このポジティブな姿勢に、この世代の前向きさやガッツだけでなく、ある種の切実さをも垣間見ることができるだろう。

4　プリンセスであること――生まれながらのプリンセスである一〇代後半・二〇代前半女性

キッチュなプリンセス

一〇代後半から二〇代前半向けの雑誌言説から浮かび上がるのは、生き様というよりも〝自分らしさ〟の体現としての〈プリンセス〉である。たとえば『JJ』二〇〇八年五月号と六月号では「姫サバ」というネーミングを新たに生み出し、甘くロマンティックでコンサバティブなファッションの「姫サバブランド」によるコーディネートを推奨する。その記号的な特徴は、「ピンク、ハート、リボン、レースが大好き！」「クローゼットの中には、パステル&白がいっぱい」（六月号、二六二頁）で、「小さいころから一緒のぬいぐるみを持っている」や「一人っ子、または末っ子体質だと言われがち」「結婚は親に反対されたくない。幸せ婚が一番」（五月号、二五八頁）など、彼女の現在の価値観がファッションに直結しているところだ。日々の努力を積み重ねてより本物の〈プリンセス〉

に近づいていく、という姿はうかがえない。専業主婦志向を追求してきた『JJ』なので、一見すると「姫サバ」ファッションは恋愛と結婚を主眼に置き、旧来の女性らしさをもって男性から愛されるため、そしてよき夫と結婚し幸福な家庭を手に入れるためのもののように思える。しかしファッションページでは、異性愛規範や結婚によるクラスアップといった〈プリンセス〉のイデオロギーはほとんど語られない。「姫サバ」は、あくまでもファッションのジャンルの一つに留まっているのだ。

すでにみてきたように、この世代をターゲットとした雑誌では、〈プリンセス〉はファッションアイテムのイメージに集約される、非常にシンプルなものである。『JJ』の場合、結婚への意欲自体はみせているので、男性からの〝ウケ〟を完全に無視しているわけではない。しかしそれよりも、今現在の価値観に合った自分らしさを発揮すること、つまり個性のアピールこそが重視されている。したがって、上の世代のようなスポ根的努力志向は一切言説化されないし、共有もされないのである。

それは「姫系」ファッションのキッチュさにも表れている。ファッションページでは、あくまでもコーディネートのアイテムの一つ、かわいくなるための道具の一つとして、リーズナブルだがゴージャスな雰囲気を出してくれるアイテムが紹介される（「センスよく身につけたい！　ファー・パール・キラキラの姫小物100」『non・no』二〇〇九年一〇月二〇日号など）。また、「シック」や「ギャル系」といったいくつかある選択肢の中の一つという位置づけも見られる（「最強20ブランド　サーフもギャルも姫系も選びほーだい!! 夏スマイルビキニBOOK」『Seventeen』二〇〇九年七月号など）。その時々の気分や流行にあわせ、記号のわかりやすい部分を楽しむというフットワークの軽さが、ハナコジュニア世代の雑誌言説の特徴である。

「カワイイ」に共感する女同士の絆

ピンクやリボンといった姫系ファッションは、「カワイイ」モチーフに属するものである。この「カワイイ」モチーフを考えるうえで重要なのが、そのイメージや価値観に共感する「女子」たちの関係を構築するための媒介として〈プリンセス〉が機能している点だ。

たとえば「ＩＫＫＯさんと一緒に♥ビューティー姫検定」（『non・no』二〇一〇年一月五日号）という記事では、「ＩＫＫＯさん級の愛され女子になる！」というリード文つきで、美容家のＩＫＫＯが読者を導くという形で数々の美容アイテムを紹介する。掲載アイテムの価格帯は、百貨店の化粧品フロアに入っているブランドから街中のドラッグストアで手軽に買えるブランドまで様々だ。これは前述した「キッチュ」と同じ傾向だといえる。

では、「愛され女子」はいったい誰から「愛され」ようとしているのだろうか。「愛され」という言葉から、ジェンダー規範に従属的であり、男性から見られることを意識した受け身の女性という姿を内面化しているように読みがちだが、興味深いことに、実はここには男性ジェンダーの存在がまったく入り込んでいない。同性の読者たちしか登場しないのだ。雑誌の送り手（編集部）と読者、そして媒介者のＩＫＫＯによる、女性だけの言説空間。「ＩＫＫＯさん級の愛され女子」とは、読者の女性から見て美しく、支持されている状態なのである。

姫系ファッションはこのように、女性ジェンダーの記号を愛する女性同士の関係性の内側に存在する。そのため、容姿の女性性が過剰に演出されるところも特徴的だ。この記事の場合、ＩＫＫＯはふんだんにレースがほどこされたドレスやハイヒールを身に着けているが、これらは決してフォーマルで実用的な、ヨーロッパ王室のプリンセスたちが着るタイプのアイテムではない。この点は、ベタな異性愛規範を重視してきたはずの『ＪＪ』においても同様である。先述した「姫サバ」の特集記事でも、女らしさや妻としてのふさわしさなどよりも「カワイイ」が強調されている。「目標はバービー人形、『お人形さんみたい』って言われるのが、一番の褒め言葉なんです」（『ＪＪ』二〇〇八年五月号：二五八頁）という通り、過剰な女性性は男性のためのものではない。異性から愛される〈プリンセス〉なのではなく、「女子」としての自分が満足するための〈プリンセス〉なのだ。

また『JJ』同号は、関東圏の大学における女子大生によって構成された「姫系サークル」の特集を組み、〈プリンセス〉を志したサークル活動をいくつか紹介している。この記事で卒業後に良妻となるために活動している、というサークルは最後のページに配置されるのみで、その他の多くは「〝the 女のコ〟道」を共有し一生付き合える同性の友人を見つけるために活動していることを伝えている（三三〇頁）。コンサバティブなファッション誌の筆頭である『JJ』ですらも、もはや〈プリンセス〉は恋愛や結婚とダイレクトに結び付く記号としては機能しない。「お人形」のような「女子」としての自分らしさの表現と同時に、女同士の絆を取り結ぶ記号なのだ。

このように、「カワイイ」の象徴である〈プリンセス〉は、「女子」の好きなものは「女子」だからこそ分かる、とトートロジー的に女同士の絆を構築するための媒介項として機能する。河原和枝は、近年の女子会ブームの動向から、女同士の絆が「世話《ケア》（配慮）の倫理」に基づいて共感による関係性を築いていくことを指摘する（河原 二〇一二：二七～三三）。この世代にとっても、〈プリンセス〉の消費活動は、共感によって同性同士の関係性を構築していくための有効な手段なのだと言えるだろう。

生まれながらのプリンセス

このように、お手本や目標がなくモノ的に消費される〈プリンセス〉のキャラは、厳密には「憧れ」とはいいがたい。こちらの雑誌で構築される〈プリンセス〉の理想とは、努力して生き様を変えていくためのものではないからだ。このような現状肯定的な視線は、今の自分の状態を変えていかなければならない、今を変えることでもっと幸せになれる、という三〇代から四〇代での雑誌言説とは大きく異なる。

一九九〇年前後に誕生した彼女たちの成長と同じ時期、日本のポピュラー文化では『美少女戦士セーラームーン』など、少女向けの戦う女の子たちの物語が多く世に送り出された。『美少女戦士セーラームーン』の主人公・月野うさぎをはじめとするキャラクターの特徴は、プリンセスとして成長するのではなく、生まれながらに運命によって選ばれたプリンセスであることだ。また、美しさと若さを持ち、同性の友人たちとの関係性を重視する。そのほかにも先述の通り、近年のディズニーが描き出すプリンセスキャラクターは、王子さまに選ばれ彼に人生を委ね、導いてもらうことを第一義としていない。異性に愛されるための努力、という姿がそもそも〝本家〟において明確には描き出されていないのだ。

一〇代後半から二〇代前半の女性たちに向けられた〈プリンセス〉にイデオロギーや価値観が見られないのは、こういったポピュラー文化との関連もあると考えられる。ファンタジーのキャラクターによって指し示される〈プリンセス〉の姿は、衣服や美容化粧品などモノのイメージのみであり、しかもそれらはどのような価値観や生き様も意味しない。ただ身にまとうだけで、今の自分がプリンセスであることを他者にアピールすることができる。したがって、「愛される女子」という意味で〈プリンセス〉になる、という姿勢は明確だが、結局は「心のリセット」や「気持ちをアゲる」といった語りに着地する（『non・no』二〇一〇年一月五日号）。つまり内面の成長ではない。というよりもむしろ、イデオロギー的側面を語らないからこそ、気軽で着脱可能なファッションアイテムとなるのだ。

ハナコジュニア世代の「視線は常に自分に注がれて」おり、「非常に現実的で、手の届かない憧れ像を持っていても仕方がないといった思いもありそう」だと述べた。誌面の言説からも、この世代的特徴を如実に読み取ることができる。ヨーロッパのプリンセスたちは物理的にも精神的にもあまりに遠い存在で、彼女たちにとって有効なモデルとしての役割を果たさない。それよりも大事なのは、自分の性格や内面、いわゆるキャラを最大限に生かせるような姫系ファッションやフィクションのキャラクターのアイテムだ。〈プリンセス〉とは自分自身、彼女たちは常にすでにプリンセスなのである。

以上、女性ファッション誌を中心に、世代によって異なる〈プリンセス〉の姿を読み解いてきた。そのベクトルの先が現実に存在する欧米のプリンセスか、それとも物語を背負わないアイテムやキャラクターかという違いはあれども、どちらの世代も〈プリンセス〉に様々な思いを当てはめている。ばななな世代や団塊ジュニア世代の女性たちにとっての〈プリンセス〉は、現状で足りないものを手に入れるため、パーフェクトな存在であるための目標とされる。したがって〈プリンセス〉は単純に社会階層が高いというだけでなく、社会での役割が大切であった。ただしその多くは、あくまでも若々しく美しいプリンセスであることが前提である。

一方でハナコジュニア世代の女性たちにとっては、〈プリンセス〉は読者それぞれの内側から発現するキャラであり、現在すでにある〈プリンセス〉らしさを発揮・持続させるために機能する。そのため、〈プリンセス〉はモデルや人生の指標となる存在ではない。また、恋愛や仕事などのすべてを手に入れようという上昇志向ではなく、〈プリンセス〉という記号を媒介項に、女同士の関係性を築いていく。〈プリンセス〉とは、いわばマジック・ワードである。美しさと可愛らしさ、若さ、社会的地位、仕事、恋愛と結婚、女同士の友情……。のぞきこめばいつでも、それぞれの世代が望むものを映し出してくれる魔法の鏡、それが〈プリンセス〉だ。〈プリンセス〉はこれからもその意味内容を変化させつつ、しかし強力なアイコンとして女性文化の中に君臨し続けることだろう。

ところが最近、理想像としての〈プリンセス〉文化の巨大な流れを少しずつ変えつつある、新たなキャラクターが登場し注目された。それはクイーン、女王さまだ。

5　プリンセスはクイーンになれるか――はざまの世代・アラサー女性

コギャルもエビちゃんも〈プリンセス〉ではない

先述した通り、三〇歳前後の女性たち向けの雑誌記事では〈プリンセス〉という言葉がほとんど登場していなかった。では、アラサー女性たちの文化の中に〈プリンセス〉への憧れは存在しないのだろうか。この世代にとって、〈プリンセス〉はリアリティを持ちえないのだろうか。

二〇〇八年から二〇一二年にかけて三〇歳前後である世代とは、西暦で言えばおおよそ一九八〇年前後に生まれた「ポスト団塊ジュニア」世代である。[12] 一九九〇年代中盤から後半にかけて女子高生として「コギャル」となり、大学生や新社会人となる二〇〇〇年代前半に「エビちゃんＯＬ」に代表される「お姉系」ファッションを担っていった。ファッションの系統は違うものの、コギャルとお姉系に共通する特徴は、みずからのブランド価値をメディアと周囲からの視線によって十二分に意識させられてきたことである。コギャルであれば、高校生である期間しかその恩恵に預かることができない。またお姉系ファッションが有効なのも、大学生から社会人になってからの二〇代の数年間だ。つまりこの世代にとって、メディアがもてはやすキャラはやがて終わりがくるもの、卒業するものなのである。

彼女たちはそのファッションや振る舞いにおいて、とくに異性に対する性的な要素を最重視してきたとみなされがちだが、実はそうではない。むしろ、異性との関係以上に同性同士の絆を強固に構築し、「カワイイ」「モテ」を武器に、学校やオフィスで自分の存在意義を確立しようとしてきた。

松谷創一郎は、「エビちゃんＯＬ」に代表される雑誌『CanCam』は、同じ赤文字系雑誌の『ＪＪ』とはベクトルが異なることを指摘する（松谷 二〇一二）。『ＪＪ』がエリート男性に見染められ永遠の愛を誓うのに対して、『CanCam』は「めちゃ♥モテ」を提言した。「めちゃ♥モテ」とは、一点ものの最高の愛による「モテ」ではなく、大多数の人々から少しずつ「モテ」ることを意味する。たとえば「めちゃ♥モテ」ファッションは、男性ウケだけでなく女友達や「彼ママ」ウケをも重視するところが特徴だ。そんな「めちゃ♥モテ」キャラの女性は、クリエイティブ系総合職に就き、職場では語学力や企画力、チームの統率力などを駆使しつつ、ファッションや振る舞いでは流行を発信していく。恋愛でも、昔の同級生と再会して揺れ動いてしまうなど、ただ一人の恋人に無心に尽くすというわけではない。仲間や同僚たちの視線を受けて、自分がどう見られているかに気を使いつつも集団をひっぱり、輪の中心に位置する女性。特権的で唯一の王子さまからのみ愛される〈プリンセス〉では、職場やサークル、ゼミといった集団の中ではやっていけない。ちやほやされるという点では確かに姫だが、この姿、プリンセスというよりもクイーンと呼ぶほうがふさわしくはないだろうか。「めちゃ♥モテ」とは、実はクイーンを目指すことだったのだ。

〈プリンセス〉の変化の兆し

したがって、ポスト団塊ジュニア世代（なおかつ独身）向け雑誌に〈プリンセス〉が登場しないことは、むしろ必然だと考えられる。終わりの見えない不況の中で就職し、正規雇用・非正規雇用を問わず働き始めて数年が経過した多くのアラサー女性にとって、結婚や出産によって仕事を辞め、男性の愛情と収入だけをよすがに専業主婦になるという選択肢は、あまり現実的なものではない。結婚によって社会階層の上昇を狙えるのは、ごく一部のまさにプリンセス的な女性だと知っているからだ。それよりもパイを多めに用意して、自分で働いて収入を得、結婚しても共働きして（現実はどうであれ、ともかく）夫婦で家事・育児をした方が効率がいい。

ポスト団塊ジュニア世代はいわば、現状あるものをいずれ手放すかもしれない、と自覚している女性である。いつまでもありのままの自然な状態でいられるわけではない。その価値が一時的なものだからこそ、今持っているものを駆使して周囲と連携しながら、世を渡る強さを手に入れようとする。
日本では二〇一四年に公開された『アナと雪の女王』がプリンセスではなくクイーンへと成長する物語だったこと（西原 二〇一四）や、ディズニーの代表的悪役女性キャラクターを主役に据え物語が大幅に改変された『マレフィセント』などはその象徴だろう。両作品とも周囲との関係、とくに異性ではなく同性との関係の中で主人公がアイデンティティを構築していく物語だ。次のハナコジュニア世代向け雑誌で女同士の絆が積極的に描き出されていたことは、〈プリンセス〉文化の変化の証左とも読むことができるのではないだろうか。

ばなな世代・団塊ジュニア世代の女性たちは、その完璧さを求める姿から考えるとむしろクイーンになればいいのに、プリンセスというキャラにこだわっている。そこには、男性中心社会において美しさや若さを保ち、家庭内外での役割を十全にこなさなければならない（そうしなければ生きていけない）という社会的規範への強いプレッシャーがあるのかもしれない。そのこだわりから一歩抜けたのが、アラサーのポスト団塊ジュニア世代だと言えるだろう。もしかすると今後、続くハナコジュニア世代のプリンセスも、気高くチャーミングなクイーンへと変貌を遂げるかもしれない。あるいはやはり、ばなな世代と団塊ジュニア世代のように、〝大人〟になると悪の女王とみなされ、男性中心社会から駆逐されていくかもしれない。

女性たちが、自分が望むままに自由にクイーンになることが可能になる。そんな日がおとずれた時にようやく、「カワイイ」は本当の意味で女性たちのものになることだろう。

注

（1）ディズニーのプリンセス映画では、若い女性が「プリンセス」であり、成熟した・年老いた女性は醜さが強調され、「魔女」として描かれてきた（若桑二〇〇三）。また、米澤泉（二〇一〇）が紹介する、雑誌『マキア』二〇〇九年七月号の表紙における「一生、姫で生きていく！」というキャッチコピーとモデルの平子理沙の存在は、美しさと若さの永遠性の象徴である。

（2）メディア論の視座から雑誌を取り上げるならば、記事の順序や頁、誌面構成（図像や色味、文字のフォント、登場するモデルなど）といったメディア的特性への着目が必要不可欠である。しかし今回は〈プリンセス〉という記号の意味内容について論じたいという意図から、（本来切り離すべきものではないが、紙幅の都合もあり）メディア論的アプローチによる問いの設定を行わなかった。〈プリンセス〉という理想像がどのようなメディア的特性に支えられて構築されているかについては、今後の課題として稿を改めて論じることとしたい。

（3）一般社団法人日本雑誌協会「ＪＭＰＡマガジンデータ」を参照。http://www.j-magazine.or.jp/data_002/main.html（二〇一五年七月四日最終アクセス）

（4）人名・地名であることが明らかにタイトルから分かる記事は除外している。

（5）『25ans』という雑誌名は「二五歳」を意味し、二〇代後半の日本のソーシャライトをターゲットとしているが、四〇代の読者も多く存在する。また、誌面に登場する女性たちの年齢層は三〇代であることが多い。ちなみに『25ans』は公式ウェブサイトに「プリンセス」というページ http://www.25ans.jp/princess/（二〇一五年七月四日最終アクセス）を設けている（しかも「ファッション」や「ビューティ」よりも視覚的に優先される位置にリンクを貼っている）という、〈プリンセス〉言説の代表的マスメディアである。

（6）女性週刊誌は、一九五八年に発表された皇太子と正田美智子さんの婚約、そして結婚を詳細に報道し「ミッチー・ブーム」を演出したことで成長を遂げたメディアである（井上二〇〇八：二〇六）。女性週刊誌と〈プリンセス〉は切っても切れない関係にあると言える。

（7）同様の傾向は生活情報誌での商品紹介にも見られる。記事で全面的に〈プリンセス〉を取り上げるのではなく、いくつかある商品の一つとして「姫系」アイテムを紹介する（「テンションが上がる！　最愛ビジュアル系キッチン雑貨」『Como』二〇一二年二月号など）。

(8)　「世界の」と明言しながらもヨーロッパしか取り上げていないことには注意が必要である。しかもここに登場するプリンセスたちは、デンマークやヨルダンなど、日本の一般的なマスメディアではほとんど取り上げられない人々だ。世間的な知名度の高低にかかわらず、ヨーロッパ系白人女性が理想を象徴するコードとして機能していることが分かる。
　ただしこれは女性ファッション誌に限ったことではなく、女性向けポピュラー文化、とくに少女小説や少女マンガの中では、戦前から戦後に至るまでヨーロッパが憧憬を促す地として描き出されてきた。たとえば「パリジェンヌ」など、お姫さまの表象を金髪・碧眼の白人の少女と結び付けた表現は、やがてヨーロッパという異国の地への意識を薄れさせ、ポピュラー文化の中に溶け込んでいく（大城 二〇〇四）。

(9)　この特集記事では、異性愛に積極的であるよりも自分の趣味などを充実させ、容姿に気を遣ったり地元愛が強かったり、アルコールよりもスイーツを好む男子を「姫男」と名指して紹介する。そしておもしろいのが、男子の〝姫化〟はむしろ「今どき女子にとってはハッピー」だと述べている点だ。旧来の女性像である〈プリンセス〉は、男性のマッチョさを打ち消すものとして好意的に捉えられているのである。

(10)　二〇一〇年頃から、インターネット空間や男性向け・女性向け週刊誌を中心に、秋篠宮眞子・佳子姉妹に対する視線が描き出され、ブームを生み出している。この現象はキャラクター／キャラ受容の一つとみなすことができるかもしれない。しかしこのブームの担い手は男性や四〇代以上の女性たちであり、〈プリンセス〉に対する憧れを見出しているというよりも、「佳子萌え」など新たな女性アイドルとみなしている（「佳子さま、まもなく20歳　セーラー服から始まったカワイイ・ネット『親衛隊』も健在」『週刊朝日』二〇一四年九月一二日号など）点が大きく異なる。管見の限り、同じ世代・同じ社会的属性にいるはずの女子大学生は姉妹のことを（少なくとも〝お手本〟としては）ほぼまったく意識していないようだ。

(11)　米澤（二〇一〇：八五）はファッション誌の言説から、四〇代のファッションには「知性」が必要とされると述べている。

(12)　小原（二〇〇八）は、一九七七年から八六年に生まれたこの世代を「プリクラ世代」と名づけている。

参考文献

井上輝子、二〇〇八、「マスメディアにおけるジェンダー表象の変遷」ＮＨＫ放送文化研究所編『現代社会とメディア・家族・世代』新曜社：二〇四〜二二六。

井上輝子・女性雑誌研究会、一九八九、『女性雑誌を解読する―Comparepolitan―日・米・メキシコ比較』垣内出版。

大城房美、二〇〇四、「少女まんがと『西洋』――少女まんがにおける『日本』の不在と西洋的イメージの氾濫について」筑波大学文化批評研究会編『〈翻訳〉の圏域――文化・植民地・アイデンティティ』イセブ：五二五〜五五四。

小原直花、二〇〇八、『婦国論――消費の国の女たち』弘文堂。

河原和枝、二〇一二、「『女子』の意味作用」馬場伸彦・池田太臣編著『「女子」の時代！』青弓社：一八〜三五。

黒岩比佐子、二〇〇八、『明治のお嬢さま』角川学芸出版。

斎藤美奈子、一九九八、『紅一点論』ビレッジセンター出版局。

西原麻里、二〇一三、「消費されるプリンセス――お姫さまが日本文化のなかで生きるために」『女子学研究』三、女子学研究会：二六〜三五。

西原麻里、二〇一四、「プリンセスはクィーンへ――『アナと雪の女王』についての覚え書き」『年報「少女」文化研究』六号、「少女」文化研究会：一三四〜一四四。

松谷創一郎、二〇一二、『ギャルと不思議ちゃん論――女の子たちの三十年戦争』原書房。

村松泰子、ヒラリア・ゴスマン編、一九九八、『メディアがつくるジェンダー――日独の男女・家族像を読みとく』新曜社。

米澤泉、二〇一〇、『私に萌える女たち』講談社。

若桑みどり、二〇〇三、『お姫様とジェンダー――アニメで学ぶ男と女のジェンダー学入門』筑摩書房。

［付記］本章は、ＮＰＯ法人　ＦＴＣメディア・リテラシー研究所「鈴木みどりメディア・リテラシー研究基

金」第八回研究助成金の採択（研究課題：女性雑誌における「姫」にみる、〝理想像〟の多角的調査）によって実現した研究成果の一部を報告するものである。記して感謝を表したい。

コラム1　海外で働く日本人女性たちの取材から見えてきたもの

濱田真里

海外で働く日本人女性の取材を始めて六年目になる。この取材を通じて海外で働く七〇〇人以上の日本人に出会ってきた。私がこの取材を始めようと思ったのは、自分自身が海外で働きたかったからである。女性は結婚や出産、育児などで、男性よりもキャリアを柔軟に変えていく必要性に迫られる場合が多い。だからこそ千差万別のキャリアを歩むことができて面白みもあるのだが、そういったライフイベントを経験しながらも海外で働くにはどうしたらよいのか、就職活動中の私は非常に悩んだ。商社やメーカー勤務の男性たちの海外就職体験談はあっても、女性の情報を見つけることは難しく、自分のキャリアを想像することができなかったのだ。だから、海外で働く日本人女性の情報を自分で集めて発信しようと考え、取材を始めて今に至る。

取材で必ず聞く質問は、「なぜ海外で働こうと思ったのか」。男性に聞くと、「今後のアジアの市場拡大に期待して」「アジアにはまだ同様のビジネスモデルがないから」など、ビジネス視点で海外を選択した場合が多い。一方女性の場合は、「この国に住みたかった」「英語を使って働くことが夢だった」という具合に、自分の内面から沸き上がる動機によって海外を選択した場合がほとんどだ。また、日本を飛び出すきっかけの中に何らかの形で「パートナーとの関係」が含まれることが多いのも特徴の一つだ。たとえば、「外国人のパートナーができたから一緒の国で働きたい」「長年付き合ってきたパートナーと別れたから、思い切って海外に飛び出して働きたい」「海外赴任をする夫について行く」など。今まで取材をした女性のうち、八割はこういった傾向が当てはまるように思う。

海外で働く女性たちに共通しているのは、どんな形であれ、何かを選択して海外に飛び出したということ。そして、日本にいた時に自らを縛っていた〝何か〟から解放され、自分らしく生きているように見える。その〝何か〟とは、年齢やキャリア、家族のあり方や社会から求められる女性像など様々である。海外に住むことによって、日本社会の中で知らない間に植え付けられていた価値観に気づき、それらから自分を解放させることで主体的に人生を歩み始める例が多い。たとえばある女性は、日本にいた時は周りと比較してしまい、自分のことを卑下しがちだった。だが、海外で働き始めてからは、宗教も人種も言語も異なるバックグラウンドの中ではそれぞれ違うことが当たり前のため、それまで自分を縛っていた「みんなと一緒じゃないといけない」という同調意識から、「自分は自分、人は人」という意識に変化したという。その結果、「私は」という主語で堂々と会話ができるようになり、自分に自信を持てるようになったそうだ。また、海外駐在を目指して日系企業で働いていたある女性は、海外駐在員は男性社員が先に行くというルールがあったため、自分が行けるのは何年後になるか分からないという問題に直面した。そして、三〇歳になったのと同時に会社を退職し、現地採用で働き始めた。

しかし、話を聞き進めていくと一見順調なキャリアを歩んでいるように見える彼女たちにも悩みがあった。前述した「結婚、出産、育児」である。なかにはこれらが理由で帰国をするという女性もいる。逆に長期滞在を選択するのは、現地の人と結婚したり現地に根を張ったＮＰＯ活動などを長らくしている女性たちだ。海外で働く日本人女性の取材を通して見えてきた共通項は、「自分を必要としている人がいる場所」で人は生きていくのだということだ。海外に骨を埋める覚悟をした女性たちは、その土地で家族や家族同様に大事な人たちを守り、愛しながら生きていくのである。

コラム2　世界で婚活をして分かったこと

中村綾花

「婚活」という言葉がこの世に誕生したのは二〇〇七年。雑誌『AERA』にて山田昌弘氏と白河桃子氏の対談の中で登場したのが始まりだ。それから「婚活」は流行語のように一気に広まった。

私が編集者として勤務していた男性向けメディアの『R25』でも、婚活についてのコンテンツが登場するほどで、女性だけでなく男性も婚活に興味を持っていることが分かる。

この『R25』というメディアは、広告業界用語で「M1」と呼ばれる二〇歳から三四歳までの世代の男性をターゲットにしたもので、「M1」層の男性らは、三五歳以上の「M2」層の男性とは明らかに違った性格を持つ層である。具体的な特徴を挙げると「車を欲しがらない」「お酒をあまり飲まない」「恋愛に積極的になれない」というもの。二〇〇八年に女性雑誌『non・no』で取り上げられて爆発的に浸透した「草食男子」という言葉もこの世代の男性を指す言葉の一つだ。私自身、彼らの「インサイト」を探るべく日々取材をしていたのだが、全体的な印象として「自信がない」のがよく分かった。「結婚」というものは意識しているものの、リアルな女性との交際を面倒だと思っている本音が実際に多く聞かれたのだった。

この頃、婚活を始めた私は、同世代の男性らを知れば知るほどこの国で結婚をすることは難易度の高いサバイバルゲームのように感じた。恋愛や結婚に積極的な結婚相手、恋愛ができる相手を見つけることが難しいだけではない。日本社会の中にある「結婚はするもの」という価値観にプレッシャーを感じ苦しめられたのだ。そして私は日本での苦しい婚活を諦めて世界で婚活をするという道を選んだ。

そうして世界各国の恋愛・結婚事情を取材し、国際結婚している日本人に話を聞いてまわった。そして国ごとに恋愛や結婚の価値観も違っていることを知る。なかでもフランス・パリでは、様々な恋愛や結婚の形、愛の形が存在し、社会的にも認められていることが分かった。事実婚、結婚、同性愛カップル、結婚をせずに子供を持つカップル、女性が男性よりもずいぶん年上のカップル、高齢になっても恋愛を続けるカップル等々……、そのスタイルは社会の中にある「こうあるべき」という価値観ではなく、自身の価値観によるものだということが取材から分かった。

各国で国際結婚している日本人からは、互いに繋がりがないにもかかわらず、まったく同じことが聞かれた。それは「『結婚』に悩むこと以前に、『自分がどうあれば幸せなのか？』を考えるべきだ」というものだった。つまり、結婚はあくまで一つの選択肢にすぎないということ、「結婚はした方がいいからする」のではなく、まずは自分自身が「なぜ結婚をしたいのか？」ということを考えることが大切だというのだ。こうしたアドバイスは日本にいる日本人からは一度も聞かれなかったものだった。

こうして日本を離れて世界で婚活をした結果、日本にいた時の私は「日本社会の価値観で自分自身の幸せを計っていたから苦しかった」ことに改めて気づかされた。ただし日本社会の中で生きている限り、日本社会の限られた価値観で自分を計ることを止めるのは非常に難しい。そこでこの旅の後、私は日本を逃れてパリに移住し、恋愛をし、結婚に至っている。

日々パリで様々な生き方のモデルを目の当たりにしていると、自分が他人と違うことに罪悪感を持つこともなくなった。「自分らしくあればいい」と肯定されて肩の力が抜け、楽に生きられることを実感している。

第3章　女児とゲームの創造／想像的関わり
――「女の子のためだけのゲーム雑誌」『ぴこぷり』に見る――

秦　美香子

1　女子とゲームについて考えるということ

ゲームの「性差」

スマートフォンで操作するアプリゲームが一般化し，非常に多数のゲームを気軽にプレイできる現在では，コンピュータゲームを男性的な娯楽と位置づけることには，ちょっと無理があるかもしれない。筆者自身も，スマートフォン向けのアプリ「Simcity BuildIt」(Electronic Arts Inc., 2014) を毎日のようにプレイしているが，それが男性向けか女性向けかなどということはどうでもいい。あるいは，筆者はプレイステーションのゲーム『エース・コンバット』(バンダイナムコエンターテインメント，一九九五年～) を，始めて五分もしないうちに放り出したことがある。それはこのゲームが男性向けだったからではなく，自分の運動神経が鈍すぎてまったく思ったように操作できなかったからである。

大学生を対象とした調査では，男子学生の方が女子学生よりも長時間ゲームをプレイしているという結果が近年になってもまだ出てはいる (Padilla-Walker, Nelson, Carroll and Jensen 2010 : Ogletree and Drake 2007)。しかし男性でも女性でもゲーム参加人口に大差はないという調査結果もある (『２０１３ＣＥＳＡゲーム白書』)。ゲームの内容について論じる場合でも，ジェンダーやエスニシティといった属性よりも，勉強に関する能力（scholastic competence）・運動能力（athletic competence）・自分は周囲に受け容れられていないという感覚（low social acceptance）・両親の監視（parental monitoring）という要因の方がゲームに対する指向に影響を与えるという研究がある（Brandtzæg and Heim 2009）。

それでは、ゲームと女子の関わりについて考えることも、無駄なことになったと言えるだろうか。それは違う。

まず、二〇一六年に世界的に大ヒットした『ポケモンＧＯ』（Niantic 2016）など、ジェンダーの区別が意味を持たない例も増えたとはいっても、すべてのゲームからジェンダー分化の臭いが消え去ったということはない。おもちゃやメディア商品の制作・広告・販売に際しては、男の子と女の子は異なる指向を持っているということになっており、その前提に基づいて商品などの開発が行われる（Tafte 2003）。この全体的な構図がまったくどこかに行ってしまって、今はかつてとは異なった戦略で制作・広告・販売が行われている、とは到底言えないことは、次節でも確認する。おもちゃやメディア商品に関わる産業が全体としてジェンダー化されているという事実に目をそむけるわけにはいかない。

また、プレイヤーとゲームの関わりにもまったくジェンダーの差が見られないということはない。前述の調査結果にも表れている通り、プレイする量（時間）が異なるということもあるし、ゲームの内容に関して好みが異なるという調査もある。同じゲームで遊ぶ場合でも、女子と男子ではゲームの楽しみ方が異なるという指摘もある（一例は Walkerdine 2007）。男性向けに作られたゲームを楽しむ女子たちが男性プレイヤーとは異なった仕方でゲームに接していることも考えられるし、その逆も想像できる。人々がゲームをプレイする経験を「男子」か「女子」の二択で画一的に記述するために、ではなく、経験の多様性を明らかにするために、ジェンダーの視点を持ち込むことは有益である。

ジェンダーの視点からのゲーム研究　「男子」と「女子」を区別して事象を見てみることだけが、ジェンダーの視点を持ったゲーム研究の意義なのではない。男子と女子の間に無意図的に引かれた分断線に光を当てることも、ジェンダーという視点を取り入れることのメリットである。

たとえば、ゲームの問題を議論する場合を考えてみよう。ゲームの中の暴力が問題視され、ゲームを規制すべきかどうか論じられる時には、大抵の場合それは男の子の問題であり、女の子はゲームに興味がないはずだから関係ない、とされていた（Walkerdine 2007 : 110）。暴力や性に関する加害という問題意識が無条件に男性性と結び付けられてしまうことに慎重であるというのも、ジェンダーの視点から事象を考えていくことの利点の一つである。

男性向けか女性向けかといった区別が無用のゲームについても、ジェンダーの視点から考えることができる。たとえば、（筆者がきわめて熱心にプレイした）『モンスターハンター』シリーズ（カプコン、二〇〇四年〜）のことを思い出してみよう。『モンスターハンター』シリーズでは、プレイヤーが動かすキャラクターである「ハンター」の性別が選べるが、ハンターが男性でも女性でも能力は変わらない。ただしハンターの外見のバリエーションや装備のデザインが性別によって異なる。男性プレイヤーでも女性プレイヤーでも、プレイヤー自身の性別とは関係なくハンターの性別を選んでいる場合が多いように筆者には思われる。キャラクター選択にそこまでの自由度がなかった、つまりキャラクターのバリエーションを多数登録しておくほどのデータ容量がなかった過去のゲームでは、プレイヤーが動かせるキャラクターは男性であることが多かった。また、これはデータ容量のせいではなく制作者の考え方の問題であると思われるが、女性キャラクターの能力値は男性キャラクターよりも低く設定されたり、周縁的な役割を当てはめられたりすることが多かった。ゲーム界ではそれが標準だったはずなのに、『モンスターハンター』や同様のシステムを持つゲームの大成功によって、いまでは女性キャラクターが能力的に劣っていることが当たり前だとは考えられなくなった。女性キャラクターがあまりいなかったり、いても「トゥーム・レイダー」のララ・クロフトのような超人的存在ばかりだったりしたことで、女性ゲームプレイヤーがゲーム世界から疎外されていた（Kim 2009：169）のだとしたら、「モンスターハンター」などによって起こった変化は、ゲームプレイヤーがゲームに参加する際の意識も変えたことだろう。

ゲームとジェンダーについて注目することには、以上に紹介したように、様々な意義がある。そのように理解したうえで、とくに本章では、これまでほとんど検討されてこなかったゲームと女児（未就学もしくは小学校低学年の女子）の関わりに注目したい。具体的には、女児向けゲーム雑誌の内容を材料として、読者がゲーム世界でどう遊んでいるかの一例を見てみたいと思う。

2　女児向け雑誌とゲームの結び付き

本章では、女児向けゲーム雑誌『ぴこぷり』（エンターブレイン）を手がかりに、女児とゲームの関わりを考察する。とくに未就学の幼児に対する研究では、調査協力者が自身の考えや感じたことを十分に言語化するのがまだ困難であるなど、インタビューなどの調査を行ううえでの限界がある。そのため本章では、女児向けゲーム雑誌を考察の手がかりとして使用することにした。

女児向け雑誌

日本では、二〇〇〇年頃から女児や少女を対象としたアニメおよびその派生商品としてのゲームの人気が高まった。その典型例は二〇〇四年に放送を開始した『プリキュア』である。おそらくこの『プリキュア』シリーズの人気を受けて、『プリキュア』の版権を持つ講談社は、児童向け雑誌『おともだち』の特別増刊号『おともだちピンク』を二〇〇七年八月に発行した。

『おともだちピンク』の成功の後にも、同社から『たのしい幼稚園』の増刊号として『たの幼　ひめぐみ』も二〇〇七年一二月に発行された。不定期刊行だった『おともだちピンク』は二〇一〇年から定期刊行されるようになり、この前後から、他社も同様の女児向け雑誌を発行するようになった。いずれも公称発行部数は一〇万部前後とされているが、実際の発行部数は公開されていない。

なお、男児向け雑誌というのもいくつか発行されてはいるが、その数は限られている（児童向け雑誌、女児向け雑誌、男児向け雑誌の一覧は表3-1）。

女児向け雑誌の作られ方は、男児向け雑誌や男女児童向け雑誌と異なる。その特徴を、二〇一一年四月前後に発行された女児向け雑誌四誌（表3-1のG1〜G4）および同時期に発行された一般幼児向け雑誌三誌（同C1〜C3）と男児向け雑誌（同B1・B2）の比較から見てみよう（秦二〇一四）。

学習情報、仕事について教える記事、食事のマナーなどを教える記事については、いずれも記事数自体が少なく、また読者ターゲットのジェンダーによる記事内容の相違は確認されなかった。知育のページについては男児向け雑誌がとくに少なかったが、これは「ドリル」記事（複数ページで構成される、間違い探しやクイズなどの問題が掲載されるコーナー）の有無による差である。この結果からは、女児向け雑誌がとりわけ教育的側面が弱いとは言えないことがうかがえる。

一方で、ファッションや髪型を紹介する「おしゃれ」関連の記事は女児向け雑誌にとくに目立ち、一般幼児向け雑誌でも「プリキュア」シリーズや「リカちゃん」など、女児をターゲットとするコンテンツや商品とタイアップした記事に見られた。なお先行研究によれば、女児向け雑誌は付録もファッション関連のものが多い（東二〇一四）。

さらに、ページの配色や装飾といった構成の面でも、女児向け雑誌には顕著な特徴があった。女児向け雑誌には、他誌と比べて主たる背景色としてピンクを使う傾向がより強かった。また、輝きを表す装

表3－1　本章が考察の対象とした未就学児童向け雑誌
（Gは女児向け，Cは子供向け，Bは男児向け）

	タイトル	出版社	創刊年	読者層	刊行頻度
G 1	ぷっちぐみ	小学館	2006	未就学児童以上	月刊
G 2	たの幼　ひめぐみ	講談社	2007	4～6歳	隔月刊
G 3	おともだちピンク	講談社	2007	2～4歳	隔月刊
G 4	ディズニープリンセスらぶ&きゅーと	学研	2010	未就学児童	季刊
G 5	きゃらぱふぇぷち	アスキーメディアワークス	2011	3～6歳	季刊
G 6	らぶきゃら	学研，サンリオ	2012	未就学児童以上	季刊
G 7	ぴこぷり	エンターブレイン	2012	未就学児童以上	隔月刊
C 1	おともだち	講談社	1972	2～4歳	月刊
C 2	たのしい幼稚園	講談社	1956	4～6歳	月刊
C 3	幼稚園	小学館	1932	3～6歳	月刊
B 1	おともだちゴールド	講談社	2007	2～4歳	季刊
B 2	てれびくん	小学館	1976	未就学児童	月刊
B 3	TVゲームマガジン	エンターブレイン	2008	4～6歳	隔月刊

飾的記号が、記事の題字や写真などにより多く添付されていた。

記事とタイアップするコンテンツや商品は明確にジェンダー化されていると言える。たとえば今回の分析対象の中では、「プリキュア」などが男児向け雑誌に取り上げられることはなく、同様に乗り物玩具や乗り物をモチーフにしたテレビ番組、戦隊ものなどが女児向け雑誌に取り上げられることはなかった。

女児向け雑誌、男児向け雑誌の両方で訴求されている商品・コンテンツは限られており、いずれも小学館発行の『ぷっちぐみ』と『てれびくん』の中で一致が見られたのみであった。またその商品・コンテンツは同じく小学館発行の『幼稚園』でも取り上げられているが、他社発行の雑誌ではいずれも取り上げられていない。したがって、これはコンテンツのジェンダー中立性を示すというよりも、自社発行のコンテンツを各誌でプロモーションした結果であると考えたい。

なお一般幼児向け雑誌の中では、いずれのコンテンツや商品が掲載されているかが、どちらのジェンダーの読者に向けてその記事が書かれたかを示す記号になっているように読みとれた。ここからは、商品やコンテンツのジェンダー化されたターゲット設定が重視されており、それに合わせて記事が編成されているともうかがえる。

背景色にピンクを用いたり、装飾として輝きを表す記号を用いたりする趣向が女児向け雑誌や女児に向けられた記事の中でより使われていることは、ピンクやキラキラとした輝きが「女らしさ」の記号として使用されていることを意味するのではないかと考えられる。それによって、記事がとりわけ「女」に向けられたものであり、その内容が「女らしい」ものであるのだというメッセージが発信されているのではないかと読み取ることができる。

「女」に照準を合わせて発信されるメッセージの中で、化粧品や装飾品などといった「女らしい」商品が付録として添付され、また記事の中でも同様のものが多く描かれ、商品が紹介されている。そうした記事の編成によって、女児向け雑誌は、「女性的」とされる消費の領域に読者の関心を向けさせているると言えるだろう。言葉を変えれば、女児向け雑誌とは、「女性的」とされる領域に関心を持つ消費者を育成する媒体であると言える。

女子向けゲーム

女性のゲームユーザーがターゲットとして意識されるようになったのは、一九九〇年代以降のことである。とくにこの頃のアメリカでは、女子向けゲーム市場が盛り上がり、“girls' game” movement と呼ばれた（次頁参照）。しかし、ゲームに触れることでコンピュータ技術などに親しみを感じるようになるといった利点も指摘されたものの、本質主義的なジェンダー観を

“girls’ game” movement

1990年代に，女の子向けゲームのムーブメントが起こった。それは，女の子向け市場を開拓したいゲーム産業とフェミニスト運動家が協働した異例の出来事だった（Cassell and Jenkins 2000：4）。*Marble Madness*など，男女ともに人気の高かったゲームは1980年代にもあったものの，とくに女子に人気が出るタイトルというのはなかなか登場しなかった（Subrahmanyam and Greenfield 2000：47）。このムーブメントの最初期のタイトルには，バービーのコミックスを描き，またワンダー・ウーマンのデザイナーでもあったトリナ・ロバーツ（Trina Roberts）をデザイナーとして起用して作られた*Hawaii High: The Mystery of the Tiki*（1994年）などがあるが，商業的にはあまり成功しなかったようである。ターニングポイントとなったのが，マテル社の*Barbie Fashion Designer*というバービーの着せ替えゲーム（1996年発売，6歳以上対象）であった。発売から最初の2カ月で50万本以上を売り上げ，女の子向けゲームが商業的に成功し得ることがこのゲームによって示された（Cassell and Jenkins 2000：10–15）。この人気の背後にバービー人形自体の人気の高さがあったのは間違いないが，それだけではないようだ。バービー関連のゲームはこのゲームを含め4本が同時に発売されたにもかかわらず，他の3本はここまでの人気にはならなかったからである（Subrahmanyam and Greenfield 2000：48）。*Barbie Fashion Designer*の内容は，バービー人形に着せる服を，シチュエーションなどに従ってプレイヤーが自分で考えてデザインするというものだった。このゲームが成功したのは，単に暴力的な要素を排除したからではなく，こうしたクリエイティブな側面にあったとスブラマニヤンとグリーンフィールド（2000）は指摘している。

このムーブメントの中心には，HerInteractive, Girl Games, Girltech, Purpule Moonといった女子向けゲームの制作会社があり，1997年にはこれらの企業とIBMなどが共同でGIRL（the Girl Interactive Library）を組織し，ウェブサイトなどで女子向けゲームタイトルの情報を発信していた（Cassell and Jenkins 2000：16–17）。

もとに女子向けゲームが作られることが批判にさらされ、その動きは廃れてしまった（Kim 2009：167）。

キム（Kim 2009）は、この時アメリカで批判された女子向けゲームはステレオタイプな女性観を反映したようなものばかりであったのに対して、日本の「女性向けゲーム」は異なると見る。ここでキムが「女性向けゲーム」として注目しているのは、女性を対象として制作された恋愛シミュレーションゲームのことで、その最初期の例は一九九四年発売の『アンジェリーク』（コーエー）であるとされる。これらの恋愛シミュレーションゲームは、これまで可視化されていなかった女子ゲームプレイヤーを見出し、少女マンガの物語様式やキャラクター造型を元にして女性制作者が女性の受け手を想定しながら開発したという点で、アメリカの女子向けゲームとは異なるとキムは見る。また、女子を標準的なゲーマーとして位置づけただけでなく、ゲームの中で女子が複数のアイデンティティやファンタジーを試してみることを可能にした点でも重要であると指摘している（Kim 2009：184）。

キム（Kim 2009）の指摘するように、購買層を女性とするゲームの中には、女子・女児に対して期待される模範的なジェンダー像をもとにしたゲームや、主流の文化にあるジェンダーの慣例から外れるようなゲームがある。ただし女子向けゲームは、ステレオタイプを再生産する、ジェンダー固定的なゲームと、ステレオタイプからの逸脱を可能にする、ジェンダー可変的なゲームがある（そして、どちらかというと後者の方が望ましい）、という問題に還元できるわけではない。「いかにも女子向け」なゲームのプレイヤーが、固定的なジェンダー意識にとらわれているとは限らないし、そのようなゲームをプレイすることが、他者のジェンダー観に対して抑圧的なものとなり得るかどうかも別問題である。そこで本章では、どういうゲームがジェンダー規範に対して逸脱的かを評価するのではなく、女子がゲームとどう付き合っているかにより関心を持つことにしよう。

日本の女子向けゲーム

日本で発売された女子向けゲーム初期の例は、二〇〇四年発売でファッションをテーマにしてヒットした『オシャレ魔女ラブ and ベリー』（セガ、以下『ラブベリ』）である（今藤 二〇〇六）。これはもともと、ショッピングモールのゲームコーナーやゲームセンターなどに置かれるアーケードゲームであり、『甲虫王者ムシキング』という男子向けゲームと対をなす形で児童に人気になった。また二〇〇六年には任天堂DS用ゲームも発売された。同様の展開をしたタイトルには、『プリティーリズム』（タカラトミー・シンソフィア、二〇一〇年～）などがある。こうしたアーケードゲーム以外でも、ショッピングと店舗経営をテーマにした任天堂DS用ゲーム『わがままファッション GIRLSMODE』（シンソフィアが開発）が二〇〇八年に発売され人気になっている（秦 二〇一三）。キム（Kim 2009）が取り上げたような恋愛ゲームも、異性愛を前提として男性の視点で作られたもの（恋人となるキャラクターが女性の場合）と女性の視点で作られたもの（恋人が男性）があり、後者は女性向けゲームとして販売されている。このように、女児向け雑誌と同様に、ゲームもやはり、ターゲットが女子とされる場合はテーマが男女向けや男性向けとは異なったものとなる。

なお、これらの女子向けゲームは、未就学の幼児というよりも小学生以上を対象にしたものである。未就学の女児をコア・プレイヤーとして想定したゲームは、管見によればあまり多くないように思われる。未就学の女児という層をゲーム界の顧客として獲得するために、ゲームそのものとプレイヤーの架け橋となっているのが、女児向けゲーム雑誌『ぴこぷり』であると思われる。

3　女児向けゲーム雑誌『ぴこぷり』

雑誌の概要

二〇一二年創刊の『ぴこぷり』（エンターブレイン発行、隔月刊、二〇一四年一二月以降は季刊、二〇一七年頃より不定期刊、未就学児童以上対象）はゲーム雑誌である。雑誌タイトルの由来は、おそらく、ゲームに関わる擬音である「ぴこぴこ」と「プリンセス」をかけ合わせたものと思われる。価格は七八〇円で、他の女児向け雑誌が平均六五〇円であることを考えると少し高い。これはおそらく、後に紹介するように付録がほぼ毎号「とびだせどうぶつの森」（モノリスソフトが一部開発）に関するグッズ（文房具など）であるためではないかと思われる。

表3-2に示したのは、『ぴこぷり』第1～6号（二〇一二年九月～二〇一三年七月）に掲載されたゲームタイトルの一覧である（ページ数は、記載があったページ数の合計、口絵ポスターは二・五ページとして計算した）。『ぴこぷり』で扱われているゲームのキーワードは主に「コミュニケーション」「冒険」「アイドル」である。これは男児向けのゲーム雑誌とは傾向が異なっている。エンターブレインからは『ぴこぷり』以外に男児向けゲーム雑誌『TVゲームマガジン』（二〇〇八年創刊、隔月刊、4～6歳）が発行されているが、『ぴこぷり』第1～6号で一ページ以上言及されていた三三のゲームタイトルのうち、同じ時期に発行された『TVゲームマガジン』でも言及されていたのは、たった五タイトルのみだった。ここから、男児向けゲームと女児向けゲームと思われているコンテンツが異なることが分かる。

各号の内容は、ゲームの攻略本を断片化したものと言える。毎号とも、人気のタイトルに関して言えばおおむね二～四ページごとに異なったタイトルが取り上げられ、そのゲームを攻略するうえでのヒントなどが毎号少しずつ書かれている。そのゲームをプレイしている読者には、ゲームを進めるうえで参

表3-2　『ぴこぷり』に掲載されたゲームのタイトル，記載されたジャンル・キーワード，掲載頁数

タイトル	ジャンル	キーワード	ページ数
とびだせどうぶつの森	その他	コミュニケーション	122
わがままファッション GirlsMode　よくばり宣言！	その他	オシャレ	38
アイカツ！　シンデレラレッスン	シミュレーション	アイドル	36
おさわり探偵　なめこ大繁殖	アクション	パズル	35
星のカービィ	アクション	冒険	32.5
おうちまいにち　たまごっち	その他	おうちせいかつ	27
トモダチコレクション	その他	コミュニケーション	26.5
とんがりボウシと魔法の町	その他	コミュニケーション	24
AKB48＋Me	シミュレーション	アイドル・育成	20.5
太鼓の達人　wii　超ごうか版	アクション	音楽	20
わがままファッション GirlsMode	その他	おしゃれ	18
たまごっちのドキドキドリームおみせっち	その他	バラエティー	16
クマトモ	その他	コミュニケーション	15.5
牧場物語　はじまりの大地	シミュレーション	牧場生活	14
プリティーリズム	アクション	リズム・おしゃれ	13
子犬と遊ぼ！	シミュレーション	育成	11
ポケットモンスターブラック2　ホワイト2	RPG	冒険	9
プリティーリズム3DS	アクション	リズム	8.5
ポケットモンスターブラック2	RPG	冒険	8
ねらって！　とばして！　リラックマ　ぐらぐらスイーツタワー	アクション	コミカル	8
まめゴマ　よいこ　まるいこ　げんきなこ！	シミュレーション	育成	8
とんがりボウシとおしゃれな魔法使い	その他	コミュニケーション	8
AKB48＋Me	アイドル・育成	コミカル	6
プリティーリズム　レインボーウェディング	アクション	リズム	6
こびとづかん	その他	図鑑	6
ほっぺちゃん	その他	コミュニケーション	6
かわいい子猫3D	シミュレーション	育成	5
プリティーリズム　ディア・マイ・フューチャー	記載なし	記載なし	5
スーパーマリオブラザーズ2	アクション	冒険	4
お茶犬と　いつもなかよし	アクション・コミュニケーション	コミカル	4
モデル☆おしゃれオーディション Platina	シミュレーション	雑誌モデル	4
Disney magic Castle	その他	ファンタジー	4
まめゴマ	その他	コミュニケーション	4
プリキュア　オールスターズ　ぜんいんしゅうごう☆レッツダンス！	ダンス	アニメ	4

スマイルプリキュア　レッツゴー！メルヘンワールド	絵本・バラエティー	メルヘン	4
ピカ☆ピカ☆ナース物語2	アドベンチャー	なりきり	3
ポケットモンスターX Y	RPG	冒険	2
Super Mario Bros. U	アクション	冒険	2
クッキングママ4	アクション	料理	2
ジュエルペット　魔法でおしゃれにダンス☆デコ～！	アクション	音楽	2
ジュエルペット　魔法のリズムでイェイッ	アクション	音楽	2
ニュー・スーパーマリオブラザーズ2	アクション	冒険	2
ピクミン3	アクション	冒険	2
太鼓の達人　ちびドラゴンと不思議なオーブ	アクション	音楽	2
クマトモ	アドベンチャー	コミュニケーション	2
わんニャン　どうぶつ病院2	アドベンチャー	動物	2
nicola監修　モデル☆おしゃれオーディション　Platina	シミュレーション	雑誌モデル	2
豆しば	シミュレーション	育成	2
いっしょにフォト　Super mario	その他	ARカメラ	2
こびとづかん　こびと観察セット	その他	図鑑	2
キラ☆メキ　おしゃれサロン！	アドベンチャー	なりきり	1.5
ちびデビ	アドベンチャー	コミック	1
たまごっちの　プチプチおみせっち	その他	コミュニケーション	1
いきものづくり　クリエイトーイ	その他	組み立てピクチャー	0.8
ルイージマンション2	アクション	冒険	0.8
ハローキティといっしょ！　ブロッククラッシュZ	アクション	ブロック崩し	0.5
ドラクエⅢ	RPG	冒険	0.5
はじまりのマギ　迷宮	アクション・RPG	冒険	0.5
ガーデニングママ	アドベンチャー	ガーデニング	0.5
ちび☆デビ2	アドベンチャー	コミック	0.5
おしゃれ　ハムスターと暮らそう	シミュレーション	育成	0.5
パズドラZ	パズル	RPG	0.5
Game & Wario	アクション	バラエティー	0.3
初音ミク　Project Mirai　2	アクション	音楽	0.3
名探偵コナン	アドベンチャー	推理	0.3
FANTASY LIFE	RPG	冒険	0.25
ドラえもん　ひみつの道具博物館	アドベンチャー	コミカル	0.25
peakvox ミュウミュウトレイン	(記載なし)	(記載なし)	0.1
ローラのさんすうでんしゃ	(記載なし)	(記載なし)	0.1

考になる情報が書かれているのだが、プレイしていない読者には、それがどんなゲームなのか、そのヒントなどがどういう意味を持つのかが、理解しにくい内容ではないかと思われる。

雑誌の内容は、四コママンガなども掲載されているとはいえ、どちらかというと様々なゲームを紹介する商品カタログのようである。しかし、毎号の内容が重複しないように気を配ったためか、いつも断片的な情報が掲載されることになるので、見た目が広告的であるのに反して、実は記事内容によってそのゲームを（読者の保護者に）購入させるのは少し難しいように思われる。そもそも家庭用ゲーム機で行うゲームソフトは単価が高いため、もし記事内容が優秀な広告になっていたとしても、雑誌読者に次々とソフトを購入させることは難しいだろう。

つまり、各号の内容はそのゲームのプレイヤー以外には理解が多少なりとも難しく、また、いろいろなゲームを読者に買わせることも難しい。それでは、読者やその保護者に、持っていないし買うこともないだろうゲームソフトの情報が大量に載っている雑誌をどうやって購読させ続けるのだろうか。

この雑誌の最大の魅力は、間違いなく「どうぶつの森」シリーズ（二〇〇一年～）である。「どうぶつの森」シリーズはＮＩＮＴＥＮＤＯ64やＤＳで遊べるゲームシリーズで、二〇一五年七月末の時点で『とびだせどうぶつの森』は四〇一万三〇五三本を売り上げ、同月に発売された『どうぶつの森　ハッピーホームデザイナー』でも五五万二五五六本が販売されている（株式会社メディアクリエイトの調査結果、累計販売本数は Aetus Inc. 2015より引用）。『ぴこぷり』第16号の説明には、見出しに「ゲームのことがよく分かる女の子のための雑誌。『どうぶつの森』をはじめ、女の子の大好きなゲームの情報がいっぱい！付録も充実！」、本文には「女の子のためのゲーム情報誌♪　今号も『どうぶつの森』がいっぱい！　今回も、付録も中身も『どうぶつの森』が充実！　いつものように『とびだせどうぶつの森』の情報だけでなく、新作『どうぶつの森 ハッピーホームデザイナー』の情報も☆」と書かれており（KADOKAWA

2015）、「どうぶつの森」シリーズを核にした雑誌として編集されていることが分かる。「とびだせどうぶつの森」は『ぴこぷり』が創刊された二〇一二年九月の二カ月後に発売されたゲームであり、創刊当初から『とびだせどうぶつの森』のプロモーションのための媒体という役割を担って創刊されたのかもしれない。

それでは、この雑誌は単に「どうぶつの森」シリーズの広告媒体でしかなく、読者はひたすら「どうぶつの森」シリーズの情報やグッズを受容するだけなのだろうか。以下では、『ぴこぷり』が読者とどのようにコミュニケーションをとっているのかを、(1)オリジナルキャラクターの設定、(2)付録、(3)読者投稿欄、という視点から見ていきたい。

オリジナルキャラクターの設定

マンガ雑誌や児童向け雑誌では、読者投稿欄で読者から寄せられた投稿にコメントやツッコミなどをする雑誌オリジナルのキャラクターが作られていることが多い。『ぴこぷり』も同様で、「ぴこプリンセスちゃん」や「ぴこプリティーちゃん」というキャラクターがいる。これらのキャラクターは、表紙、奥付、四コママンガ「ぴこぷり王国へようこそ！」（第2号以降、毎号四ページ）、読者投稿欄に登場している。ただし、表紙ではゲームキャラクターよりも小さく描かれ、存在感はほとんどない。

このオリジナルキャラクターの中には「ぴこプリンスくん」もおり、名前だけ見ると「プリンセス」と「プリンス」のカップルが描かれているように見える。しかし実は、二人はきょうだいであり、さらにこの「王国」にはキングとクイーンが存在しない。ぴこぷり王国をおさめるのは兄のぴこプリンスくんであり、その妹であるぴこプリンセスちゃんは「ぴこぷり王国のおひめ様」なのである。その他の登場人物は、二人のペットである「ぴこ」と「ぷり」、そして他人の「ぴこプリティーちゃん」である。ぴこぷり王国は「ぴこプリンスくんがおさめる小さな国。そこには、たくさんの小さな小さな住人た

ちが　くらしているよ」とされており（ＢＯＭ二〇一二）、子供だけが暮らす夢の国といったような設定であることがうかがい知れる。

主人公といえるぴこプリンセスちゃんは、「ちょっぴりドジだけど、とても明るい　おちゃめな子。料理が大すき。」と紹介されており、少女マンガの昔ながらの典型的主人公像、つまり個性がほとんどない存在である。一方、もう一人登場する女の子のぴこプリティーちゃんは、「ぴこぷり王国で　いちばんかわいい女の子。おしゃれが大すきで、王国の女の子たちのファッションリーダーだよ」とある。ぴこプリティーちゃんと他の登場人物との関係性は明らかにされていないが、ぴこプリンセスちゃんの同級生のようである（ＢＯＭ二〇一二）。

これらのキャラクターはほとんど存在感がないとはいえ、こうしたキャラクターや設定が作られたことから、『ぴこぷり』が編集される際の読者イメージがうかがい知れる。ぴこプリンセスちゃんは、読者が身近に感じることができる存在、そしてぴこプリティーちゃんは、読者にとって自分を投影できるほどではないかもしれないが、自分の友達にいたらいいなと憧れるような存在だろう。自分自身は「ちょっぴりドジ」で、抜きん出て目立つような存在ではないが、明るくて人を笑わせることもできるし、料理が大すきという「女の子らしい」部分も持っているという意味で、劣った存在でもない。しかし仲の良い友達は「いちばんかわいい」「ファッションリーダー」であり、そういう優れた友達がいるということが自分もそれなりに優れた存在であることを暗に示している。このような自意識や周囲の人間関係が望ましいものとして表現されているように思われる。

付録　雑誌を購入する最大の動機が付録というのは珍しいことではないが、『ぴこぷり』の場合、他では購入することのできない「とびだせどうぶつの森」のグッズや情報が手に入るということが、アピールポイントの一つになっている。ただしそれは、単にグッズを収集するという受け身の楽しみだけでなく、参加する楽しみも提供する内容である。

表3-3は『ぴこぷり』第1～6号の付録の一覧である。付録がいかに『とびだせどうぶつの森』中心に展開されているかが見て取れるだろう。

第3号以降毎号の付録になっている「デザインブック（と村メロ）」は、ゲームに登録できる服装デザインとメロディが掲載された一〇〇ページほどの冊子である。雑誌本体の方には、読者が投稿した、ゲームのキャラクターに着せるための服のデザイン画が掲載されている。『とびだせどうぶつの森』では、プレイヤーが自分の好きな模様のパターンや服のデザインを登録し、キャラクターに着せたり部屋の壁紙に設定したりすることができる。デザインはゲーム内で各プレイヤーが個別に設定するだけでなく、QRコードによって他人が作ったデザインを読み込むこともできる。これを利用して、『ぴこぷり』誌上では、読者が思いついた服のデザインを手描きで描いて投稿するコーナーが作られている。掲載されたデザインの中で採用されたものは、編集部によってデータ化され、この付録の冊子にQRコードが収録される。それをダウンロードすれば、ゲーム内でキャラクターに着せる服や壁紙の模様などとして使用することができるのだ。

簡単なデザインであれば、各自のゲーム機で個別に登録すればよいが、とくに年少の読者にとっては、細かい服のデザインをドット絵で再現することは難しいだろう。そこで、手描きで送られてきたものを編集部がドット絵に置き換える。髪型や帽子はアレンジされている例も多いが、服装はおおむね読者の手描き絵を忠実にデータ化している。

冊子には、編集部が作成した洋服のデータ、部屋の壁紙や屋外に置く看板のデータ、ゲーム内でお店に入った時やキャラクターに話しかけた時に流れるBGMのオリジナルデータ（これもゲーム内で設定することができるもの）も収録されている。一般的なファッション誌と同じで、毎号季節に合わせた新しい

表3-3　『ぴこぷり』第1～6号の付録

号数	付録の内容
1	とびだせどうぶつの森　フォトフレーム わがままファッション GIRLS MODE よくばり宣言！　よくばりシールブック AKB48+Me　ポスター 星のカービィ　20周年スペシャルコレクション　カレンダー キャラクターシール200枚　キラキラシール30枚
2	とびだせどうぶつの森　スケジュール帳 とびだせどうぶつの森　ポスター おうちまいにちたまごっち　卓上カレンダー AKB48+Me　特別な衣装のダウンロードコード プリティーリズム・ディアマイフューチャー　ポスター キャラクターシール175枚　キラキラシール40枚
3	とびだせどうぶつの森　デザイン&村メロブック とびだせどうぶつの森　ポケットずかん とびだせどうぶつの森　おこづかい通帳 とびだせどうぶつの森　ポスター とびだせどうぶつの森　ポスターカレンダー とびだせどうぶつの森　キャラクターシール他全100枚 とびだせどうぶつの森　キラキラシール120枚
4	とびだせどうぶつの森　デザインブック　村メロもあるよ！ とびだせどうぶつの森　住民シール とびだせどうぶつの森　キラキラシール とびだせどうぶつの森　ポスターカレンダー ぴこぷり特製ペンケース ぴこぷり特製ロケット色えんぴつ おさわり探偵なめこ大繁殖　ポスター
5	とびだせどうぶつの森　デザインブック　村メロもあるよ！ とびだせどうぶつの森　リメイク家具ずかん とびだせどうぶつの森　キラキラ住民シール とびだせどうぶつの森　ポスターカレンダー 人気キャラクターシール おさわり探偵なめこ大繁殖　ポスター
6	とびだせどうぶつの森　デザインブック　村メロもあるよ！ とびだせどうぶつの森　キラキラ全住民シール とびだせどうぶつの森　フォトダイアリー とびだせどうぶつの森　ポスターカレンダー クマ・トモ　ポスター

デザインが五〇種類程度掲載されているので、同様の冊子が毎号添付されていても飽きることはないかもしれない。何より、数多くのデザインが採用されることから、自分も応募して、自力で作成するのは難しい細かい服のデザインをゲームで使えるようにしてもらいたいと読者に思わせることができそうである。本誌にはイラストそのものが掲載され、付録の冊子にはそれがゲーム内で使えるコンテンツとして完成されるという参加型の楽しみが提供されている。雑誌はゲームの内容紹介をしたり攻略情報を読者に教えたりするだけでなく、ゲームと連動したゲームプレイの場としても成立しているのである。

参加する楽しみ

『ぴこぷり』内で読者が参加できる場は『とびだせどうぶつの森』の服装デザインに限らない。ここまで概観してきた第1～6号よりも後に発行された号を見てみると、創作の場はどんどん広がっている。第7号では、ニンテンドーDSゲームのシリーズである『トモダチコレクション』（任天堂、二〇〇九年～）内でキャラクターに歌わせることのできるオリジナルの歌詞や、ゲーム内に作られた「ぴこぷり島」の住人の募集が始まった。また第10号からは、前述の四コママンガ「ぴこぷり王国へようこそ！」の中で登場人物が着る服装のデザイン募集が行われ、第12号からは「トモダチコレクション」に出てくるアイテムや歌などの要素の中で読者が一番好きなものをイラストに描いて投稿するという趣旨の「みんなの大好き！」欄の募集が始まる。さらに第15号では、これは継続募集ではなく単発の募集であったが、ニンテンドーDSゲーム「ガールズモード3　キラキラ☆コーデ」（任天堂、二〇一五年）のためのデザイン募集も行われている。これらの募集記事やその結果の発表は、各ゲームの内容を取り上げた記事ページの後に掲載される。「どうぶつの森」シリーズは看板記事というだけあって、多い時で六ページが読者によるデザインの紹介に当てられている。

『ぴこぷり』は、読者がプレイしているゲームの世界をベースに、紙とペンを使って手描きの創作を行うことを奨励する。雑誌を媒介にして作品世界に参入させることで、ゲーム内の参加型プレイの要素を雑誌の参加型消費にも結び付けているのである。それは、「どうぶつの森」シリーズの人気にあやかる以外の方法で読者を継続的に惹き付けるための戦略だといっていいだろう。しかしこうした戦略によって、攻略記事という完全に受動的な読書の場と、投稿記事というかなり能動的な読書の場の両方が読者に提供される。そして読者には、ゲームを直接的に遊ぶ経験だけでなく、雑誌を媒介にしてゲームを遊ぶ経験が可能になる。

『ぴこぷり』の読者投稿欄

『ぴこぷり』には、各ゲームタイトルに連動した作品募集欄だけでなく、一般的な読者投稿欄も三ページ程度設けられている。雑誌全体に関する読者投稿欄は、通常の児童向け雑誌やマンガ雑誌の読者投稿欄と同じく、読者が投稿したイラストが掲載され、そのイラストに編集者が簡単なキャプションを付けるという形式のものである。

読者からのイラストを見ると、最も人気なのは『どうぶつの森』シリーズや『たまごっち』のキャラクターを描くものであるが、それ以外のキャラクターが描かれている場合もある。『ぴこぷり』第1～17号に掲載された一〇五三枚の読者投稿イラストのうち、七三枚が、二つ以上のゲームタイトルのキャラクターをまぜこぜにして一枚のイラストを描いていた。たとえば、いろいろなゲームのキャラクターが一堂に会してパーティを開いているところや、あるゲームのキャラクターが別のゲームキャラクターのところに遊びに行くというような絵である。『アイカツ』（ゲームなどクロスメディア展開されているコンテンツのシリーズ）に登場する少女アイドルのキャラクターを『星のカービィ』シリーズ（任天堂）などのタッチで描くという例もあった。

一つのゲームのキャラクターだけを一枚のイラストの中に描いていたとしても、その状況がゲームの世界とは異なる、というパターンも多く見られる。ゲームの中では出てこない場所でキャラクターたちが遊んでいたり、ゲームが描写する姿とは少し異なった姿（色・衣装など）をしたキャラクターを描いたりする、というものである。さらに、ゲームに登場しない新しいキャラクターを創作して描いた例も見られた。

4 プレイヤー＝ゲーム世界で遊ぶ読者

想像力を働かせる読者

『とびだせどうぶつの森』の衣装デザインなどを投稿する読者は、自分のセンスやオリジナリティを他者に見せたいなどの動機があるからというよりも、単に、自分では上手くデータ化ができないもののゲームの中で使ってみたい服をデザインしているだけかもしれない。一般的な読者投稿欄でも同様に、掲載されることを強く目指すというよりも、（おそらくは保護者などに奨励されて）描いてみたものを投稿しているだけ、という例も多々あるだろう。しかしそうやって描かれたものが、結果的には自由な創作になっており、単なる商品カタログになりかねない雑誌の中に、創造的な空間を作り出していることに注目したい。

たとえば『とびだせどうぶつの森』の衣装をデザインして投稿する場合、入賞してデザインをゲームで再現してもらうためには、データ化の利便性を考えてデザインすることに集中すればいい。そのように工夫して考えて、要するに服だけを描けばいいのであるが、掲載されたイラストは必ずしもそうではない。服を着た人物の周りに背景や飾りを描いたり、人物にセリフをしゃべらせたりして、「ゲームのための服装デザイン」を超えた、自由なイラスト作品にしてしまっている投稿者も多数いる。

読者投稿欄では、もっと自由なイラストを描くことができる。先に述べたように、複数のコンテンツを組み合わせるなどして、空想的なシチュエーションを表現する投稿者が多い。「イラスト」と述べたが、フキダシを用いてキャラクターにセリフをしゃべらせるものや、コママンガ形式になっているものも少なくない。
つまり読者たちは、雑誌から与えられた情報を単に受け取る存在なのではなく、想像力を働かせることで主体的に雑誌やゲームの内容で遊んでいるのである。

読者投稿欄という場

読者投稿欄は、一般的に、読者を雑誌にコミットさせる手段の一つだろう。『ぴこぷり』は、女児向けゲームあるいは男女幼児・児童向けゲームのうち、コミュニケーションやアイドルに重点を置いたものを中心に扱う雑誌である。他の女児向け雑誌に比べて、記事のテーマの範囲が狭く、アニメやキャラクターグッズの人気キャラクターを取り上げない。ゲームは必ずしも成功したタイトルばかりではないので、結局は他の女児向け雑誌よりもマイナーなコンテンツの比率が高くなる。したがって、読者を惹き付け、雑誌を購入させ続けるために、他の雑誌付録にはない『どうぶつの森』シリーズのグッズを付録として付けたり、読者投稿欄を充実させたり、といった工夫を行っている。

他の女児向け雑誌には、このような読者投稿欄は設けられていなかった。それは、他の女児向け雑誌は各時期に人気のキャラクターを記事として取り上げたりすることで、十分に読者を惹きつけられるためだろう。また未就学の幼児を対象にした雑誌の場合、なかなか読者からの投稿を期待できないという事情もありそうだ。

第3節で示したように、『ぴこぷり』の読者はイラストを投稿する中で、ゲームの内容とは食い違う世界を描いたり、複数のゲームのキャラクターを混ぜて描いたりしていた。それは読者のゲームに対する主体的参加のように見えるが、読者投稿欄の分析ではしばしば指摘されるように、読者から投稿されてきたイラストやメッセージは、そのすべてが掲載されるわけではない。何を掲載し、何を没にするかは編集者の手に委ねられているため、そこでの読者の主体性は限られたものでしかない。たとえば『ぴこぷり』の読者投稿欄には、『ぴこぷり』が扱わないアニメやマンガのキャラクターが描かれた例は見られなかったが、そのような投稿がまったくなかったと考えるよりも、あったが掲載されなかったと考えた方がいいだろう。

もしこの限定された主体性が偽物の主体性であるとしたら、それはリプキン（Lipkin 2009）が批判する、主流の雑誌の発信するステレオタイプな価値観と似ているかもしれない。リプキンは、マスメディアが自身の発信する情報に少女たちの関心を無理やり向けさせているということはなく、メディアの情報に注目するかどうか、メッセージに引きずられるかどうかを決定しているのは少女たち自身だという。ただし、ステレオタイプというものは広く浸透しているので、少女たちはステレオタイプなイメージを社会的に受け容れられたもので、自分たちが憧れるべきものだと思ってしまうものなのである（Lipkin 2009）。つまり、読者たちは読者投稿欄で、「主体的に」雑誌が誘導する女の子らしいゲームを好み、ピンク色を基調にしたキラキラ輝く模様を付けてキャラクターを可愛く描いてしまうということである。

創造／想像する読者

「これが普通」「これが女の子の世界」とされたものに真正面から逆らうことはなかなか難しいし、その必要を感じるかどうかも様々であろうから、読者が完全に雑誌のコンテクストや女児を対象とする商業文化に逆らったり無視したりすることは確かにあまりなさそうだ。かといって、『ぴこぷり』の読者投稿欄を見た限りでは、読者はそういうものを従順に受け取っているだけではない。逆らうのでもなく、ただの従順な消費者になるのでもなく、想像するという意味において、読者は主体的な参加者である。読者は雑誌をパラパラめくって、いろいろなゲームのコンテンツが描き出す複数の想像の世界を行き来し、それらを創造的に組み合わせていくのである。

こうしたフィクション世界のクロスオーバーは、もっと上の世代を対象にしたファン研究が指摘する二次創作の文化に多少なりとも似ているように思われる。二次創作では、キャラクターを原作の世界観から取り出して別の世界観の中に埋め込んだり、作品に描かれている時間とは異なる時間の出来事を描いたりすることが一般的だろう。『ぴこぷり』の読者投稿欄からは、そういった二次創作の遊びが、一〇代やそれ以上のアニメやゲームファンだけでなく、もっと幼いファンたちによっても行われていることが分かる。

参考文献

東園子、二〇一四、「特集1・女児向け雑誌」『年報「少女」文化研究』六：六〜七。

今藤弘一「『ラブ and ベリー』に母娘がハマる理由」（ITmedia + D Games, 2006. 8. 31）http://gamez.itmedia.co.jp/games/articles/0608/31/news113.html（二〇一三年二月八日最終アクセス）

秦美香子、二〇一三、「ショッピングと着せ替えのゲーム化——『わがままファッション GIRLSMODE よくばり宣言』をめぐる小論」『女子学研究』三：四五〜五〇。

秦美香子、二〇一四、「女児向け雑誌の研究 ——二〇一一年四月号の結果から」『年報「少女」文化研究』六：八〜一三。

BOM、二〇一二、「ぴこぷり王国へようこそ！」『ぴこぷり』二：四一〜四三。

Brandtzæg, Petter Bae, and Heim, Jan, 2009, "Children's Electric Gaming Content Preferences and Psychosocial Factors: Is there a connection?" *Nordicom*, 30(2), 69-86.

Cassell, Justine, and Jenkins, Henry, 2000, "Chess For Girls? Feminism and Computer Games," Justine Cassell and Henry Jenkins（eds.）, *From Barbie to Mortal Kombat: Gender and Computer Games*, Cambridge（Massachusetts）and London: The MIT Press, 2-45.

Hata, Mikako, 2014, "Preschool Girls and the Media: How Magazines Describe and Depict Gender Norms," *International Journal of Early Childhood*, 46(3), 373-389.

Kim, Hyeshin, 2009, "Women's Games in Japan: Gendered Identity and Narrative Construction," *Theory, Culture & Society*, 26（2-3）, 165-188.
Lipkin, E., 2009. *Girls' studies*, Berkeley: Seal Press.
Ogletree, Shirley Matile, and Drake, Ryan, 2007, "College Students' Video Game Participation and Perceptions: Gender Differences and Implications," *Sex Roles*, 56：537-542.
Padilla-Walker, Laura M., Nelson, Larry J., Carroll, Jason S., and Jensen, Alexander C., 2010, More Than Just a Game: Video Game and Internet Use During Emerging Adulthood, *Youth Adolescence*, 39：103-113.
Subrahmanyam, Kaveri, and Greenfield, Patricia M., 2000, "Computer Games for Girls: What Makes Them Play?" Justine Cassell and Henry Jenkins（eds.）, *From Barbie to Mortal Kombat: Gender and Computer Games*, Cambridge（Massachusetts）and London: The MIT Press, 46-71.
Tafte, Birgite, 2003, "Girls in the New Media Landscape," *Nordicom*, 24(1), 71-78.
Walkerdine, Valerie, 2007, *Children, Gender, Video Games: Towards a Relational Approach to Multimedia*, Basingstoke and New York: Palgrave Macmillan.

ウェブサイト
Aetus Inc., 2015,「『どうぶつの森　ハッピーホームデザイナー』が初週でハーフミリオン達成の『ゲームソフト週間販売ランキング＋』」4Gamer.net、http://www.4gamer.net/games/117/G011794/20150805070/（二〇一五年八月三〇日最終アクセス）
KADOKAWA, 2015,「ぴこぷり Summer 2015」エンターブレイン、http://www.enterbrain.com/product/magazine/picopuri（二〇一五年八月三〇日最終アクセス）

［付記］本章の第2節は秦（二〇一四）の、第3節および第4節はHata（2014）の一部を再録または引用している。

第4章　越境する夏フェス女子
——音楽とインターネットをめぐるインテグラルなアクション——

永田夏来

1　カリスマの伝説から長靴でのパーティーへ

フェスティバルから夏フェスへ

ファッションモデルのケイト・モスがイギリス王室御用達のアウトドアブランド、ハンターのレインブーツを履いてイギリスで行われている大型ロックフェスティバルのグラストンベリーフェスティバルを楽しんでいる写真に衝撃を受けたのは、二〇〇四年のことだった。スキニーのジーンズにロングのレインブーツを着用した彼女の姿は、雨の多いイギリスらしく足場が悪く泥だらけになることで知られるグラストンベリーにとてもマッチしていて、美しく、かっこよかった。「なるほどその手があったか」と悟った筆者の友人はこぞって高額なハンターのレインブーツを購入し、国内で行われている最大のロックフェス、フジロックフェスティバルで着用したものである。

あれから一〇年ほど経過した今日、ハンターのレインブーツは夏フェスの定番アイテムとなり、いわゆる「フェスファッション」のシンボルの一つとなった。ハンターに限らず、様々なアウトドアメーカー、ファッションブランドが夏フェスを意識した商品を展開し、また、『ELLE』や『VOGUE』といった媒体が会場内でのセレブのスナップを紹介する形でこのトレンドに加勢している。国内においては沢尻エリカや浅野忠信らが夏フェス好きをテレビでも公言しており、今日のフェスは、ファッションやアウトドアと共犯しながらパーティー的な要素を濃くしつつあるようにも見える。

かつてロックフェスといえば「時代を代表するロックミュージシャンが象徴的な楽曲を演奏し、何万人もの観客がそれに応える」というイメージで語られることが少なくなかった。今日世界中で行われているロックフェスのルーツの一つとして広く知られる一九六九年のウッドストック・ロックフェスティバルは、すし詰めの客席に向けてジミ・ヘンドリックスがアメリカ国歌を演奏する姿が「伝説」とされており、パッケージなどでもしばしば用いられている。大型イベントにはミュージシャンのプロモーションという側面があるとしても、この様子は、ファッションや食、音楽を楽しむ今日の夏フェスとは文化的な距離があるように見える。後者のトレンドはどのように出現し、拡散してきたのだろうか。

ロックフェスへ――日本でのローカライズ

フェスの変化は時代や音楽の変遷ともちろんパラレルだ。二〇一五年にスタートしたアップルによる定額制音楽配信サービスApple Musicや同年リリースされ話題となった音楽配信アプリAWAが「野外ライブを楽しむ観客」をアイコンとして大きくあしらっていることに対し、評論家の柴那典は「音楽聴取のシンボルが音符やヘッドホンではなくてライブという経験に移行していることの表れだ」と評した（柴 二〇一五）。音楽の変化が与えたフェスへの影響についての分析は他に譲るとして、本章では、海外の文化であるロックフェスが日本でローカライズされて夏フェスが出現するという国内現象に絞った考察を行う。

今日、様々なスタイルの夏フェスが開催されている。国内の有名フェスに限定してもロック・イン・ジャパンフェスティバルやサマーソニック、ライジングサン・ロックフェスティバルなどが知られている他、小規模なフェスや春秋のフェスも考慮すると枚挙にいとまがないといった状況だ。本章が注目するのは、フジロックフェスティバル（以下、フジロック）を中心としたフェス経験である。フジロックとは、新潟県湯沢市にある苗場スキー場で毎年七月に行われている日本最大規模の野外音楽イベントだ。国内外二〇〇組以上のミュージシャンが同時並行でライブを行い、トークイベントや、飲食や衣料品などの出店もある。前夜祭を含む四日間で一〇万人以上が動員されるフジロックにはすでに一九年もの蓄積があり、その音楽的変遷、運営のあり方、社会的認知の変化など膨大な論点が含まれていてすべてを分析の組上に乗せることはできない。しかし夏フェスが出現するという現象について考える際、フジロックを起点にジェンダーという観点から分析を加えることは一定の説明力があると筆者は考えている。その理由を次節で論じる。

2　ロックフェスのローカライズと〈男らしさ〉〈女らしさ〉

フジロックの開催がもたらしたもの

フジロックが初めて開催された一九九七年当時、このイベントは国内において独自の新規性と先駆性を持つ存在であった。フジロック以前にもロックフェスと呼ぶべきイベントは何度となく行われてきていたが、定期的かつ継続的に実施される前提で企画された野外の大規模イベントは、比較的珍しかったためだ。したがって、とくに初期段階におけるフジロック言説は、後に夏フェスへと拡散するロックフェスという新しい概念が根付く（＝ローカライズ）の過程という側面を持つことになる。今日においてもフジロックの「説明／理解」と実践がそのまま夏フェスの「説明／理解」と実践に代替され得るという理由の多くはこの点に集約される。

新しい文化が根付くための必然というだけでなく、イベントの成立と継続に直結するという意味でも、ロックフェスの積極的なローカライズはフジロックの初期段階において不可欠であった。その理由として大きいのは、富士山に近い山梨県富士天神山スキー場で開催された第一回のフジロックが台風の直撃により一日のみの公演で中止になるという憂き目にあっている点であろう。ろくな雨具も持たなかった参加者と悪天候の対応に追われる主催側が経験した混乱は「嵐の天神山」伝説として今日でも語り草になっているが、この経験は、主催者だけではなく参加者側にとっても「ロックフェスとは何か」を考えさせる強力な動機となった。関係者全員の理解なくしてイベントの成立は困難であり、そのためにも国内のロックフェスは独自のコンテキストやカルチャーを生成する必要があったのだ。

運営サイドによるローカライズの実践を示す初期的な資料の一つとして、一九九七年のフジロックフェスティバル公式パンフレットを見てみたい。フジロックを企画運営している株式会社スマッシュ代表の日高正博は「これはただのコンサートではなく、本物のフェスティヴァルです」とした記名原稿で、イベントの趣旨を次のように説明している。

二つの大型ステージを特設し、そこで音楽を楽しみ、キャンプサイトとバーベキューサイトではアウトドアライフを満喫できるというものです。また、世界の料理を楽しめるレストランやバーを作り、フリーマーケットも用意します。加えて、子ども達の遊園地を作り、保護者同伴の小学生以下は入場無料とすることで、未来を担う子ども達に音楽と自然の素晴らしさを体験する場所を提供しようと考えています。

ロックミュージックとジェンダーに関する論考は、ジャンルとしての「ロック」が男性的な要素によって強く規定されているという視点を起点とされることがよくある。たとえば井上貴子は「ロックと称される音楽、とくにハードロックやヘヴィメタルと呼ばれるジャンルの音楽」について「根本的にマッチョな不良少年たちの音楽である」としたうえで、「パワフルで攻撃的なサウンド」「革ジャンやT

シャツといったバイクファッション」「叫びながら駆け回ったり飛び跳ねたりするステージアクション」など「慣習的な〈男らしさ〉」の表現がロックにおいて強調されている点を指摘している（井上 二〇〇三、類似の論考として小泉 二〇〇七）。井上らの論述を踏まえて日高のテキストを読んでみると、ロックという音楽を主軸としていながら、グルメやショッピングをも包括した場として提示される「本物のフェスティバル」は〈女らしさ〉を想起させる書きぶりに見える。

「観る」↕「いる」

南田勝也は、コンサートがミュージシャンを「観る」という単一目的な密度の濃さを有しているのに対し、フェスティバルはそこに「いる」という意識が共有された複合目的な空間であるとしている（南田 二〇〇四）。南田のいう「観る」と「いる」の対比は「コンサートではなくフェスティバルである」というメッセージを適切に言い換えていると言えそうだ。天候の変わりやすい自然の中で前夜祭を含んで四日間にわたって行われるフジロックにおいて、長時間「いる」ためには相応の準備が必要である。「嵐の天神山」を踏まえた運営サイドは、一九九九年頃から「観る」をある程度犠牲にすること、服装に気を配り体調管理に努めること、周りと助け合うことなどをアナウンスするようになる。安全に配慮する運営サイドの書きぶりは、破壊的・反社会的なロックの〈男らしさ〉ではなく繊細さや調和といった〈女らしさ〉に親和しているように思える。

運営サイドの主張とは裏腹に「観る」を重視し、ロックフェスのローカライズにおいてロック的な〈男らしさ〉を強調したのは、雑誌を中心とした大手メディアであった。岡田宏介は「（フジロックらしさという）文化的意匠の構築と集合的共有の局面において、もっとも中心的な役割を担って行くのが（中略）諸々のロック系音楽雑誌の言説空間であった」（岡田 二〇〇三：一〇八）としたうえで、雑誌がフジロックをどのように位置づけたかについて考察を行っている。その岡田が「（フジロックを）ヒップでかっこいい音楽イベント」と位置づけた意匠の例として紹介したのが「フジロックを迎撃せよ!!!!」と銘打った一九九九年の『roockin'on』八月号表紙であった（岡田 二〇〇三）。一九九七年の悪天候に翻弄されたフジロックが原点回帰のために苗場に場所を移したのが一九九九年のことであり、それに向けて選ばれた「迎撃」という言葉は的確に当時の雰囲気を表していると言えそうだ。

雑誌におけるコンテキストで注目しておきたいのは、一九九〇年代に人気を誇った「ミクスチャー」と呼ばれるロックの雰囲気が投影されているように見える点である。ファンクやレゲエをロックに融合させたとされる「ミクスチャー」は、ある種の攻撃性や高揚感を呼び覚ますロックのサブジャンルである。その代表として知られる二つのバンド、レイジ・アゲインスト・ザ・マシーンの初来日とレッド・ホット・チリ・ペッパーズの出演で大きな話題となったのがほかでもない「嵐の天神山」であった。台風の接近で雨脚が激しくなる中、レイジ・アゲインスト・ザ・マシーンに熱狂する観客の体温が上昇したためか、水蒸気が煙のように立ち上っていたという複数の目撃談もあるほど、そのライブはパワフルであり、洋楽ファンのオピニオン誌とも言える『roockin'on』をして「迎撃せよ」と言わしめる強烈なイメージをもたらしたと思われる。ずぶ濡れになった観客の多くは主催者が配布した毛布にくるまって一晩過ごしており、その光景が「野戦病院」や「難民キャンプ」といった比喩で語りつがれることになった点もそれを補強していると言えそうだ。

ロック的〈男らしさ〉をまとった特殊な言い回し、たとえば持参する携行品を「装備品」、荷物を置いて行動の起点とする場所を「基地」、そして参加や出演を「参戦」と表現する例は今日の夏フェス言説でも広く見られている。これを本章では〈戦争のアナロジー〉と呼びたい。また、フェスに「いる」ことを支える〈女らしい〉カルチャー、たとえば、フェスごはんと呼ばれる食事、夏フェスファッションと呼ばれる着こなし、場内の装飾、各種アクティビティなどに共通する開放的で非日常的な雰囲気と、それに対する評価を本章では〈場所のエクスペリエンス〉と呼ぶ。相互に異なるイメージのカルチャーが無理なく同居しているのが夏フェスという現場だとするならば、これらはどのように体験され、語られているのだろうか。また、これらはどのような構造を持つのだろうか。以下で具体例を見ていく。

3　夏フェス女子の背景と経験

フェスに行く女子は文化資本が高い

　彼女たちの背景を考えるために、ロックというジャンルと男女差について統計的な考察を加えておきたい。二〇一二年一一、一二月に実施された「都市住民の生活と意識に関する世代比較調査」（東京都杉並区と兵庫県東灘区に住む一六歳から二九歳に調査を行い、一〇五〇票（回収率四三・七％、男女比＝四六・四％：五三・六％）の回答を得ている）を用いて、音楽ジャンルとジェンダーについて概観を行う。この調査は「あなたの好きな音楽ジャンルは何ですか」との質問項目に二三個もの選択肢を設けて音楽の好みを細く聞いていて、男女とジャンルという問題に広く対応できるようになっている社会学的なデータである。

　同調査によれば、「好み」かどうかにジェンダー差が生じるジャンルとそうでもないジャンルがあることが分かる。たとえば、クラシック、映画サントラ、ジャズ、（国内外）レゲエなどはそれほど多くの支持を得ているわけではないが、男女の差が確認できない。二三の項目のうち男女ともにトップになっているJ-POPも同様で、七割以上が「好き」と回答しているが、統計的には男女の違いが確認できなかった（ここでいうジャンルの選択は本人の主観で決定されており、たとえば、ミスターチルドレンをJ-POPとしたか邦楽ロックとしたかはここでは区別せずに分析している点に注意が必要である）。若者からの支持の多寡にかかわらず、これらは男女の違いが現れにくいジャンルと言えそうだ。

　男女の区別が確認できたジャンルのうち、上位七つをグラフにしたのが図4-1である。邦楽ロック

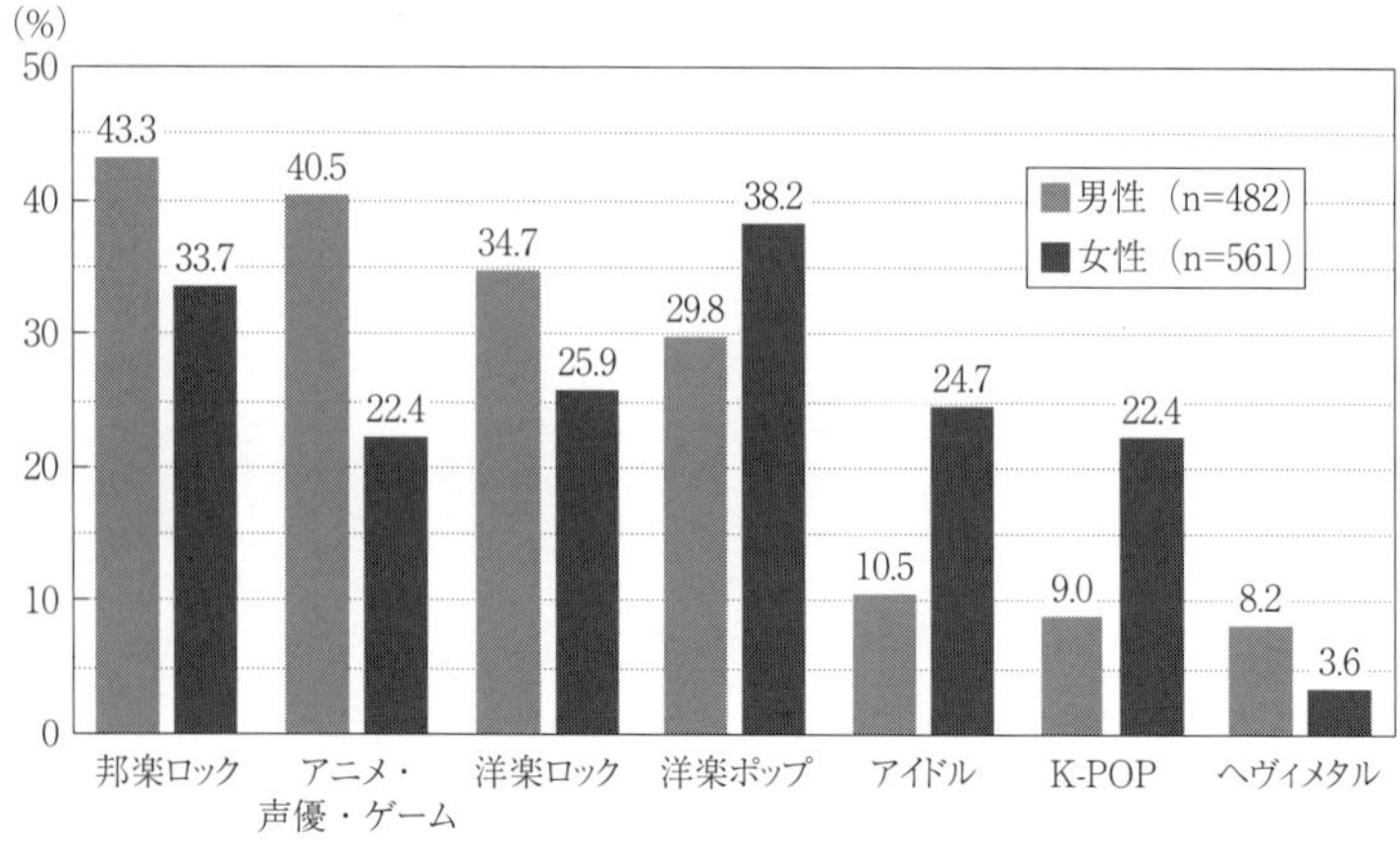

図4－1　男女別に見た「好き」な音楽ジャンル

を「好き」としたものは男性四三・三％、女性三三・七％でおよそ一〇ポイントの違いが確認できる。男性の方がロックを好むのは洋楽においても同様で、男性三四・七％、女性二五・九％と男性が「洋楽ロックを好き」とする値は女性に比べて一〇ポイント程度多くなっている。男女間のジャンル評価の差が最も顕著なのはヘヴィメタルで、女性からの支持は男性の半分以下である。これらの数字が示すのは、〈男らしさ〉を表現しているとされる「ロック」は聴き手としても男性から支持されていて、他のジャンルに比べると聴き手としての女性が相対的に少ないという状況だ。逆に、男性よりも女性からの支持が多いジャンルはポップス全般である。とりわけ、アイドル、K-POPなどは男性からの支持が少ない結果となっている。男性のリスナーが相対的に多いのがロック、女性のリスナーが相対的に多いのがポップスというすみ分けがなされているということが、数字の上からも確認できる。

また、男女問わず「この一年でフェスに行った」経験を持つ者に好かれる音楽ジャンルは邦楽ロック、洋楽ロック、洋楽ポップであり、それぞれ六一・七％、五

表4-1　男女別フェス経験別に見た文化資本

（%）

男　性	フェス経験なし（n＝452）	フェス経験あり（n＝30）	有意差
読み聞かせ経験あり	86.3	83.3	n.f
美術館，博物館経験あり	53.6	63.3	n.f
クラシック経験あり	25.2	33.3	n.f
女　性	**フェス経験なし（n＝497）**	**フェス経験あり（n＝64）**	**有意差**
読み聞かせ経験あり	87.3	90.6	n.f
美術館，博物館経験あり	57.9	71.9	$p<.05$
クラシック経験あり	30.3	51.6	$p<.001$

〇・〇%、四四・七%が「好き」と回答している。夏フェスに行く者はロック好き、洋楽好きであり、このデータはイベントの傾向とも合致していると言えよう。ロックは男性ファンが多いことを踏まえると、フェスに参加する女性は男性に比べて少ないように思われる。しかし「この一年でフェスに行った」経験を持つ者を男女で比べてみると、男性六・二%に対して女性一一・四%となっていて女性の方が五ポイントほど高い。つまり、相対的に女性が弱いジャンルであるロックというジャンルにおいて、フェスだけは相対的に女性が強いという逆転が起きているのである。こうした状況を説明する一つの手掛かりとして、男女別、フェス経験の有無別に見た文化資本との関係を検討した。

文化資本とフェス経験

フランスの社会学者ピエール・ブルデューが示した文化資本という概念は学歴や文化的素養を指すと一般には理解されていて、金銭とは区別される。今回調査では、文化資本を統計的に把握するために幼少期の絵本の読み聞かせ経験、美術館や博物館の訪問経験、クラシック音楽への接近経験などが用いられていて、幼少期にこれら三つを経験した者を文化資本が高いとみなしている。それらを分析したのが表4-1であるが、男性においてはフェス経験の有無と文化資本との間に関連を見出すことはできなかった。女性も同様に、絵本の読み聞かせ経験との関連は見られなかったが、美術館・博物館訪問とクラシック音楽は相関が見られている。フェス経験を持つ女性は、持たない女性に比べて一四ポイント程度美術館・博物館訪問の経験が高く、クラシックに接した経験は二〇ポイントもの違いがある。こうした背景を踏まえて、具体的な例としてインタビュー調査を見ていきたい。

調査概要

本章で用いるのは、二〇一五年の七月から八月にかけて東京で行われた、夏フェスに行ったことがある女性を対象としたインタビュー調査のトランスクリプトである。ただし、個人の特定を避けるために情報の改変を行っている。スマッシュ公式サイトからの派生である公式ファンサイト fujirockers.org のスタッフを介してインフォーマントの紹介を受け、そこからのスノーボルによって人数を確保した。したがってインフォーマント間で互いに面識があるケースが一部含まれている。また、筆者が一九九八年からつけているフジロックのフィールドノート、二〇〇二年から参加している fujirockers.org および現地からの速報情報を掲載する fujirocexpress.net の各種コンテンツも随時参照した。

フジロックの敷居の高さ――ブッキングと戦争のアナロジー

まず注目したいのが、フジロック経験を持つAさん、Bさん、Eさんが三人とも口にした「昔のフジロック」の「敷居の高さ」だ。フジロックに行くきっかけとして「アルバイトでお金をためて、今年は行けそうだと思った」とのエピソードを紹介してくれたBさんは、友人に声をかけて男女四名のグループでフジロックへの参加を決めた経緯を以下のように語る。

豊洲のミッシェルとかやってたときのライブ映像がよくテレビで流れていたのと……あと、夕方の

表4-2　インフォーマント一覧

名前	年齢	職業	性別	初めてのフェス経験
Aさん	29歳	会社員	女性	2010年フジロックフェスティバル
Bさん	32歳	会社員	女性	2005年フジロックフェスティバル
Cさん	24歳	会社員	女性	2011年残波 jam
Dさん	24歳	フリーター	女性	2011年残波 jam
Eさん	30歳	会社員	女性	2006年フジロックフェスティバル
Fさん	26歳	会社員	女性	2013年サマーソニック

ニュースか何かで死人が出そうみたいなので騒ぎになってたじゃないですか。それで、あれだ、よくフジロックとかいってるやつだ！　っていうのがあって。とにかく見てみたい！　あと、好きな洋楽アーティストが来る。めっちゃ過酷そうだよっていう情報に挑むみたいなのとか、そんな感じですね。（傍線筆者、以下同）

Bさんが言及しているのは、東京都豊洲地区にあった東京ベイサイドスクエアで行われた一九九七年の「嵐の天神山」と一九九八年のフジロックである。躍動感のある攻撃的なサウンドや荒々しいボーカルで一九九〇年代後半にカリスマ的な人気を誇っていたザ・ミッシェルガン・エレファントが一九九八年のフジロックで行ったライブは、観客が前方に押し寄せたため何度か演奏が中断されるほどの盛り上がりを見せた。現在でも伝説とされるこのライブは、バンドサークルに入るほどロック好きだったBさんが「とにかく見てみたい」と決意するには十分な魅力があったものと思われる。また、Bさんが「好きな洋楽アーティストが来る」と評する二〇〇五年の出演者にも注目しておきたい。この年は二八カ国で初登場一位を獲得し話題となったイギリスのロックバンド、コールドプレイとオルタナティブロックの雄であるアメリカのバンド、フー・ファイターズが同じ日に出演するといったいわゆるブッキングの当たり年であり、ザ・ミッシェルガン・エレファントと並んで高い人気があった日本のバンド、ザ・ブランキー・ジェット・シティのボーカル・ギターである浅井健一によるシャーベッツが活動再開のうえフジロックに登場したことも話題となった。

Bさんが語るフジロックの魅力は「観る」魅力であり、挙げられているミュージシャンも「ロック」を代表するバンドばかりだ。そこに「挑むみたいな」感じがあったとする語りは、洋楽雑誌が提供する戦場のアナロジーに沿ったものと言えよう。居心地や過ごし方について筆者が質問したところ、「あえてその手の情報を入れず」に「挑んだ」とBさんは語ってくれた。そしてその結果として、初めてのフジロックは「萎え萎え」だったと語る。

一年目はまったく、ほとんど用意がちゃんとできてなくて。スニーカーも二足ぐらいで。その二〇〇五年の二日目にシャーベッツが、たしかお昼前の二発目ぐらいに出たんですけど。結構大雨が降り始めて。百均の合羽を着たところでもう全然だめじゃないですか。もうびしょびしょなんですよ。それでずっと萎え萎えで。ご飯食べてても寒いし、雨がカレーん中入ってきたりとかして。寒いな、つらいなっていうのが。結構ありました。

Bさんのいう「萎え萎え」、すなわち、準備不足で居心地が悪かったという経験はフジロックの敷居の高さを示す典型的なエピソードである。出演者やロックというジャンルに親和しているBさんにとって居心地が関心の外であったこと、それが「敷居の高さ」に結び付いているという様子がこの語りから見える。

Bさんの後輩にあたるEさんの記憶はより鮮明だ。フジロックについてはほとんど知識がなく「行くというより、むしろ連れていかれた」というEさんは「初めてフジロックに行った時には、何も持って行きませんでした」という。

あのときはそういうフェスの服装とか、おしゃれに楽しむとか、もう全然そういう感じではなかったから。完全に普通のスニーカーに、ニューバランスとかのスニーカーに、それこそドンキとかのレインコートに、リュックサックみたいなので行きましたね。まあ大変でした。

Eさんのいう「まあ大変」の意味するところは、Bさん同様、準備不足で雨に濡れて居心地が悪かったという経験だ。Bさんとは異なり「音楽好きを自称するほど音楽に詳しくない」というEさんは、はじめから「観る」が目的でなかったがゆえに居心地へのシフトが比較的簡単だったようだ。二〇〇六年以降欠かさずフジロックに参加しているEさんは、居住性を追求した結果として服装がだんだん洗練されてきたという。

夏フェスファッションの登場

Eさんが選択した最終的な最適解は、大きめのレインウェアにショート丈のワンピースをあわせ、さらにレインブーツをと花冠をコーディネートするというスタイルであった。「頭に花は乗っていますか」との筆者の問いににっこり笑って「頭に花、乗ってますね。毎年」と答えたEさんは、フェスファッションの変遷について以下のように語った。

最初の頃はレギンスとかも履いてたんですけど、虫に刺されることもなくなったんで。あそこ虫いないんじゃないかと思って、もう今、素足です、ずっと。素足にハンターの長靴にワンピースで。あと、このぐらい（両手幅ほど）の虹のストールみたいなのを肩からはおっています。

Eさんのようなスタイルは今でこそ夏フェスファッションの典型だが、国内におけるルーツの一つはフジロックの奥まったエリア、フィールドオブヘブンに求めることができる。

図4-2　グリーンステージの風景（撮影：aihama）

いくつものライブが同時に並行して行われるフジロックは各ステージで異なるジャンルのミュージシャンが演奏していて、エリアごとに客層、食べ物、ファッションに特徴がある。たとえば四万人以上の人数を収容するメインステージ、グリーンステージ（図4-2）はロックを中心とした国内外の有名アーティストが多数出演し、Tシャツに短パン、レギンスといったシンプルで実用的な服装の観客がよく見られる。これに対し、五〇〇〇人収容のフィールドオブヘブンはミラーボールやキャンドルなどのライトアップでも知られ、オーガニックやエスニックの飲食店・雑貨屋・洋服屋などが並ぶ。アコースティックをはじめとしたシンプルな音楽が志向されるフィールドオブヘブンでは、ヘンプのワンピースやカラフルなストール、髪飾りなどいわゆるヒッピー系のファッションが広く見られていて、「ピースフルな空間」としばしば表現されている。

こうしたファッション傾向があることが前提として共有されると、それをターゲットにした商品が会場内で売られるようになる。Eさんが話題にした「虹のストール」や「頭の花飾り」はフィールドオブヘブンでしばしば見られていたものだが、やがてロックフェスティバルの会場内で購入可能なアイテムとして知られるようになり、女性誌に掲載されて夏フェスのシンボルになるほどメジャーな存在となっていったのである。ストールや花飾りよりも大きな規模の商品開発が行われたのは、レインブーツだろう。本章の冒頭で紹介したハンターのレインブーツはEさんも購入したアイテムだったが、雨の対策について以下のように話してくれた。

> レインコートも、最初ポンチョ着てましたけど、ポンチョの撥水性にちょっとめげたので。最近はレインジャケット……上だけあるじゃないですか。あれのちょっと大きめを着て、もうそれだけでいいことにしてます。下は別に濡れないですよ。ワンピースの丈が短いから、濡れたとしてもただの生足だし。足元はロングのハンターがいるからあんま関係ないんですよね。だから、上だけしっかり防水してます。

筆者のフィールドノートによれば、アウトドアグッズの普及によりフジロックのファッションに画一性が生じ始めるのは二〇〇八年頃である。二〇〇七年にfujirockers.orgが作成したフリーペーパー『FUJIROCKERS EXPRESS』で行ったレインブーツ特集では、レインブーツや雨具などは各自が工夫を凝らして準備しているものの、全体としての統一性はなく、それゆえにカラフルで個性的な着こなしが多く見られた。しかしハンターやエーグルといった大手アウトドアメーカーがロックフェスでの使用を前提とした商品を展開し、さらに使い心地のよさで評判となった日本野鳥の会によるレインブーツがフジロックの会場で売られるようになると様子は大きく変わり、今日ではエーグルのレインジャケットにハンターのレインブーツというEさんのようなファッション性の高いスタイルが会場内で見られるようになったのである。

緩いフェスの過ごしやすさ――かわいさと〈場所のエクスペリエンス〉

二〇〇五年、二〇〇六年に初めてのフジロックを経験したBさん、Eさんと、二〇一〇年に初めてのフジロックを経験したAさんの話には若干の温度差が見られる。「昔はおしゃれした女の子っていなかったよね？」という筆者の問いに「そうそう！　いなかったんですよ！」と強く同調してくれたAさんは、フジロックの「敷居の高さ」について以下のように話す。

まだその当時ってあんまり、女の子とかの間でフジロックとか、そういう野外フェス好きみたいな人があんまりいなくて、つまんないなと思ってて。徐々に人を入れ込んでいきました。私が誘って、一日だけでいいから行こうよとかいって、一緒に行くとか。

しかし、Aさんにとってフジロックは「おしゃれをして出かける場所ではない」という。

グリーンルームとかニューアコとか結構緩めのところはかわいい服を着たいなって思います。でも、いつもフジロックに一緒に行っている人たちとは行かないかな……。大学の時の同期とか、友達の友達とかで仲よくなった人たちとか。結構いろんな人と行くようにしてます、そういうライトな方は。

二〇〇五年、二〇〇六年からフジロックに参加しているBさんやEさんにとっては試行錯誤の結果だった「Tシャツにレギンス」「ワンピースにレインブーツ」といったファッションは、二〇一〇年から参加するAさんにとって状況にあわせて選択するものとなっているようだ。そしてこうした使い分けは、今日の夏フェス現象を考えるうえで大きなヒントになるように思われる。

「緩め」のフェスとフジロック

Aさんのいうグリーンルームキャンプは、千葉県南房総市根本マリンキャンプ場特設会場で九月に行われるビーチとカルチャーをテーマとしたフェスだ。前夜祭も含めて四日間にも及ぶフジロックに比べると、一泊二日と開催期間が短い。また、演奏時間は一日目の昼から夜までであり、翌日は朝から海辺の清掃を行って昼には解散となるという意味でも参加しやすさがあると言える。二〇一〇年にスタートしたニューアコースティックキャンプ（図4-3）は日本のミクスチャーバンドとして人気の高いブラフマンのボーカリストTOSHI-LOWがオーガナイザーを務めるフェスで、二〇一五年には群馬県水上高原リゾート200ゴルフコースで行われた。こちらも一泊二日の開催期間であるが、ライブの他に各種ワークショップなどが組まれていて、居心地を優先させたフェスとして人気である。「緩め」のフェスとフジロックの違いについて、Aさんは以下のように語る。

図4-3　ニューアコースティックキャンプ入口
（撮影：アリモトシンヤ）

> 緩めのフェスって、物販にちゃんとかわいいのがいっぱいあったりとか。音楽知らなくてもワークショップとかでも楽しく遊べるっていうイメージです。わいわいと女の子っぽく楽しめるというか。フジロックとかアウトドア色の強いフェスは「乗り切って帰ってくる」みたいな、「生還！」みたいな感じがあって。フジロックに一緒に行くと一種の戦友みたいな感覚が生まれます。

Aさんは「戦友みたいな感覚」が生まれるフジロックと、「音楽知らなくても楽しく遊べる」「緩め」のフェスを明確に区別していて、その説明は「戦友」という戦争のアナロジーと「楽しく遊べる」アクティビティーや「わいわいと女子っぽく」楽しめるという〈場所のエクスペリエンス〉によって使い分けられている。夏フェスに参加する女性に話を聞くと、〈場所のエクスペリエンス〉を説明する際にしばしば使われるのが「かわいい」だ。緩いフェスのかわいらしさと音楽を「観る」ことの関係について、フジロック経験を持たないFさんはより明確に区別をしてくれた。

ロックフェスは本当に音楽が好きで、バンドのことよく知ってて、曲も知ってて、みんな全部歌えるみたいな。みんなで歌いながら、友達になってみたいな、そういうイメージがあって。私、あんまり歌詞とか覚えられない人だったので、そこに行って浮かないかなっていうのはちょっと不安があったんですけど。でも、サマソニとかニューアコースティックキャンプとか行くにつれて、知らなくても楽しめるんだなっていうのは感じるようになりましたね。音楽だけじゃないんだなっていう。

Fさんのフェス観に大きな影響を与えたのが、Aさんが「緩め」のフェスとして挙げたニューアコースティックキャンプだった点は重要だ。Fさんにとっては「冒険だった」というサマーソニックへの参加がきっかけで交際するようになった当時の恋人に誘われて「七〜八人で出かけた」というニューアコースティックキャンプの楽しさについて、Fさんは以下のように語る。

（質問者：何がかわいかったですか？）飾りつけです！　ニューアコースティックキャンプのロゴだったりとか、至るところにフラッグが張ってあったりとか。キャンプ場だったので、テントをこだわってる人たちとか、そういう見て楽しいものがすごく印象残って。もともと写真撮るのが好きなので、そういうのを写真に収めて楽しんでました。

Fさんはもともとカメラが好きで、カフェのインテリアやドリンク、スウィーツ等の撮影を趣味としていた。「自分自身も本当に、音楽、曲、バンド知らなくっても楽しいんだなっていうことを感じた」というFさんは、ロックフェス経験がない人にフェスの魅力を伝えるとするなら「かわいいものが売っていたりとか、おいしいご飯があったりとか、お店があるよ、飽きないよ」という形になると語る。ロケーションやアクティビティ、フェスごはんを取り上げてかわいい、おいしい、楽しいと〈場所のエクスペリエンス〉を語るFさんのフェス像は、ブッキングではなく居心地や助け合いを重視せよという運営サイドのローカライズ戦略と合致しているように見える。

運営サイドのローカライズ戦略が端的に表れているのが、「フェスティバルは皆さんが協力し合い、助け合いながら初めて成功するものです」との文章で始まる一九九九年の DO IT YOURSELF キャンペーンであろう。それは以下のようなテキストである。

フェスティバルは真夏の炎天下、一〇時間以上にわたって行われます。全てのバンドを観ることは不可能です。各自、ゆとりのあるプランを立ててゆっくり楽しんでください。日射病等に気をつけ、自己の健康管理に心がけてください。又、開催地は標高一〇〇〇メートルの高原ですので夜は約一〇度まで下がります。各自暖かい服装も必ずお持ちください。

全部で一〇項目からなる注意事項は「自分の面倒は自分でみよう！　DO IT YOURSELF!」との言葉でしめられている。チラシやプログラムの裏に記載され、会場内で繰り返しアナウンスされる「DO IT YOURSELF」は参加者の合言葉となり、互いに助け合いマナーを守るというフジロックの雰囲気を作り上げていったのである。しかし、運営サイドがいうこうした「本当のフェスティバル」像は、ブッキングを重視する洋楽雑誌などではそれほど重視されていなかった。その情報発信の中心となったのは公式パンフレット、チラシ、参加者全員に配布される公式プログラム、フリーペーパーなどだが、これに加えて特徴的だったのが、奇しくも一九九〇年代半ばから普及し始めたインターネットであった。一九九七年の時点でスマッシュは公式サイトに掲示板を設置して参加者と直接の情報交換を開始しており、イベントスタートの時点から自前のメディアでローカライズを行ってきているのである。フジロックはもちろん、夏フェス全般に関する情報は現在でもインターネットによってほぼまかなうことができる。

それまで夏フェスに行ったことがなかったFさんが情報を得たのも、インターネットであった。「インターネットをそこそこ使いこなしている」と自認しているFさんは「スマートフォンでフェス、ファッションって入れて。で、いろんな画像を見て。こんなかわいい格好あるんだなっていうの見ながら、家にあったのを着て行きましたね」と語る。〈場所のエクスペリエンス〉に満ちたFさんの語りは、洋楽雑誌とは異なるコンテキストに触れたことによって形成されたと言えるだろう。

職場では暗めの落ちついた色で過ごしているというFさんだが、キャンプや夏フェスにおいては「ちょっと目立つような」「楽しくテンション上がるような色合いの服で行くことが多い」という。Aさんも言及したグリーンルームキャンプにも当時の交際相手と出かけたFさんは、その時には「花かんむりを着けて」出かけて「盛り上がった」と話してくれた。しかし、Fさんの語りは、フジロックを愛するがゆえにフジロックと「緩い」フェスと区別したAさんとは距離があるように見える。

「観る」と「いる」の越境

フジロックに〈挑んだ〉ロック好きのBさんは、Eさんとは異なる試行錯誤を経て快適な「過ごし方」を開発することになった。その背景の一つが、彼女が女性であること。さらに言えば、小柄で相対的に体力が少なさそうな女性であるという点があるだろう。

靴はそれこそ、やっぱり、もう次の年から長靴は必須だって思ったんですけど。長靴ずっと履いてれば、もうオールOKだろうっていう思考だったんですけど。そっから今度、登山靴とかトレッキングをするようになってから、これを結構ずっと履いとけば大丈夫っていうのが、長靴からそっちにシフトして。でも、長靴は必須で持っていき、あと、ビーサン的な室内用のを持ってて、三種類、今は持ってってます。

フジロックの持ち物における男女差はしばしば話題になるトピックで、たとえば fujirockers.org では二〇一五年の現地リポート fujirockexpress.net で男性と女性それぞれの携行品を取材している。それを見ると、男性に比べて女性は実に細々といろいろな物を持ち歩いていることが分かる。

二〇一五年には参加者が延べ一一万人を超えたフジロックの宿泊場所はバス利用が前提となるほど広範囲にわたっており、急に雨が降ったとしても雨具を取りに宿泊場所まで戻るのが難しい。会場内で雨風をしのげる場所は限られているのに加え、基本的には荷物を置くための場所取りは禁止となっている。このため、観客は暑さや寒さはもちろん悪天候、熱中症、脱水症、虫刺され、などから身を守りつつ動きやすくコンパクトな荷物を作ることが求められるのである。Bさんにとっての最適解は、三種類の靴の他にゴアテックスのレインウェア、Tシャツ、レギンス、短パン、ウェストバッグというファッションだった。「暑いのはなんとかできるけど寒いのはどうにもならない」との理由で使い捨てカイロを欠かさないというBさんのスタイルもまた、居住性を追求する中でフジロックの「敷居の高さ」を解決した一つの帰結と言えよう。

「観る」と「いる」のゆらぎ

フジロックにぜひ行ってみたいというFさんもまた「敷居の高さ」を独自に解消しつつある。フェス好きだという恋人と交際を深めていく過程で、音楽に触れる機会がどうしても増えてくるからだ。

彼の会社の人とカラオケに行ったりとかすると、そういうフェスの曲ばっかり歌って、みんなですごい盛り上がってるんで。私はあんまり歌えずに。でも、楽しんでる人を見るのは好きなので。一緒に体揺らして（笑）。聞く立場ですね。

インタビューの席では「音楽に詳しくない」と語るFさんだが、話を聴くほどに彼女の考える「詳しい」の条件が厳しいのではないかと思えてくる。それほど知らない曲でも一緒に体を揺らして盛り上がるという行動はフェスにおいてライブを「観る」ことそのものであり、カラオケなどでそれを繰り返していくうちに曲のポイントもだんだん理解できてくるに違いないからだ。そもそもFさんが初めて夏フェスに参加したのは、「そんなにファンみたいな感じではないですけど、曲が好きだった」というロサンゼルスのロックバンド、フォスター・ザ・ピープルが二〇一二年のサマーソニックに出演するということを知ったのがきっかけだ。「じゃあ行ってみたいなって、なぜか思ったんですよね」というFさんは、確かにライブを「観て」いて、同時に居心地も楽しんでいると言えるだろう。

「観る」と「いる」は時として確かに相反する。目当てのミュージシャンのライブを楽しみたいのであれば居心地は問題にならないし、会場内での過ごす時間を楽しみたいのであれば何を見るか、誰が出演するか関係ないからだ。「観る」ではなく「いる」がロックフェスの本来であるという運営サイドのメッセージとして象徴的なのは、二〇〇四年のフジロックで行われた三日間通し券のみの販売であろう。何を「観る」かではなく、まず三日間「いる」ことを選択した参加者だけで構成されたこの年のフジロックを楽園であったとするファンも少なくない。しかしスマッシュは翌二〇〇五年から一日券の販売を含めた従来の形に戻し、ジャズやワールドミュージックのミュージシャンが出演していた「オレンジコート」を二〇一五年に廃止するまで、一貫して「観る」を拡大させる路線を貫くことになった。CDなどの売り上げが下降していく中でライブエンターテイメントの動員が伸びを見せ始め、ロックフェスの市場効果に注目がなされるようになったのも、二〇〇五年以降のことである。ロックフェスから夏フェスへの言い換えが見られるようになったのが二〇〇〇年初頭であることを考えると、「観る」だけではなく「いる」に重点を置いた「コンサートではない本当のフェスティヴァル」という日高が示した前提を弱めることによって、ロックフェスのローカライズが夏フェスという形で完成したように思える。

夏フェスの参加者は、どのチケットをいつ買うかという行動を通じて、「観る」と「いる」の選択肢を現在もつきつけられている。たとえば宿泊先、旅程を含めてチケットにいくつものバリエーションがあるフジロックの場合、「早割」の愛称で知られる最も安価な早期割引チケットは一月上旬の発売が恒例となっている。出演者情報が出始めるのは早くとも一月末であることを考えると、何を「観る」のかも決まらない時点で、三万五〇〇〇円前後の出費と三日間の拘束を決意するのはやはり「敷居が高い」ことであろう。しかし会場に「いる」ことが目的のフジロックファンはこぞって「早割」に挑戦していて、抽選の当落について報告しあうのが一つの風物詩とさえなっているのである。他方、数々のミリオンセラーで知られる日本のロックバンド、ミスターチルドレンが二〇一三年のサマーソニックに出演した際には、ライブを最前列で「観る」ために前のバンドがそのステージに出演している段階から長時間の陣取りをした大勢のファンが問題となり、ネットを中心にフェスでの過ごし方についての議論が噴出した。魅力的な出演者がいなければ、そもそも観客が会場に足を運ばないかもしれない。しかし「観る」を優先させていては楽しく「いる」ことができない。参加者も運営者も「観る」と「いる」の越え方を試行錯誤し続けていて、そのゆらぎの中に夏フェスという現象が立ち現れているのだ。

4　インテグラルなアクション――コンサートと夏フェス、映画とディズニーランド

夏フェスが出現する場

本章の目的は、もともと海外の文化であるロックフェスが国内でローカライズされ「夏フェス」化したという現象について、ジェンダーの観点から考察を行うことであった。分析の軸となるのは、〈戦争のアナロジー〉に見られる〈男らしさ〉と〈場所のエクスペリエンス〉に見られる〈女らしさ〉である。一九九九年のロック雑誌言説まで遡ることができる〈戦争のアナロジー〉は、ジャンルとしてのロックが持つ〈男らしさ〉がロックフェスのローカライズの際に密輸入される形で共有されてきた。これに対し、一九九七年公式パンフレットに見られるような、グルメやショッピングをも包括した場として提示されるフェスティバル像は〈女らしさ〉を想起させるものである。

インタビューをはじめとした分析からは、「観る」はブッキングと親和していて売り上げに結び付くこと、「いる」の追求はかわいらしさと親和すること、よりよく「観る」ためには結果的によりよく「いる」を追求せざるを得ず、それがマーケットと結び付いて今日の夏フェスと呼ぶべき状況が立ち現れたことなどが見出せた。本章のまとめとしてこの軸をもう少し敷衍しておこう。「観る」という単一目的を持つ集まりとして、本章で取り上げたコンサートの他にも映画、美術館、演劇などがあるだろう。また、「いる」という複合的な目的を持つ集まりとしてはキャンプ、遊園地、カフェ、ショッピングなどを挙げることができるかもしれない。すでに述べたように、夏フェスは「観る」と「いる」の越境、すなわちコンサートとアウトドア（あるいは飲食店の出店やフリーマーケットなどのショッピング）を繋いだ状態に出現する場であった。ロッキング・オン・ジャパンフェスティバルを主催するロッキング・オン

は「まんパク」の愛称で呼ばれる飲食イベント、満腹博覧会を二〇一一年より各地で行っている。このイベントが公式サイトで「音楽フェスの飲食エリアで名物化している『フェス飯』や、全国の物産展イベントで話題の人気店」を取り揃えたと説明していることからも分かるように、これはロッキング・オンによる夏フェス運営から派生したイベントで、一九日間で四〇万人もの入場者を集める人気となった。夏フェスはいまや、飲食エリアだけで独立して「らしさ」をアピールできるほどの独自の文化と文脈を獲得している。しかし、それらをただ任意に結び付けるだけではなく、このように、主なコンテンツだけではなく周辺に配置されている独立したコンテンツを等価とみなして楽しむという点が夏フェス女子の大きな特徴であった。本章ではこうした行為をインテグラルなアクションとして定義したい。

ポストカワイイを可視化するインテグラルなアクション

バラバラでも成立し得るはずの楽しみに独自のコンテキストをもたせてその壁を越境し、そこに新しい振る舞いを成立させている点にインテグラルなアクションの特徴がある。夏フェスの他にも、パレードやプロジェクションマッピングを「観る」と同時に遊具やショッピングで過ごすディズニーランド、打ち上げ花火を「観る」と同時に屋台で過ごす花火大会などでも、こうした越境が見られるのではないだろうか。何を見るかだけではなく、どのような服装で出かけるか、何を食べるか、をはじめとしたその場での振る舞いに一定のコンセンサスがあり、そうした振る舞い自体がレジャーの目的となっているのがこれらの共通点である。インテグラルなアクションは写真撮影によって可視化されている。無料で画像を共有できるアプリケーションソフトウエアのインスタグラムでは、ハッシュタグという機能を用いて撮影場所や写真のテーマなどが共有できるようになっているが、「夏フェス」や「ＴＤＬ」といったハッシュタグで投稿されているのは、ライブやパレードに加えてシンボルとなる場所、食べ物、そして自分や友人たちの顔写真やその日のコーディネートといったスナップ写真である。かつてはカリスマとして位置づけられていたミュージシャンやディズニーランドの象徴であるはずのミッキーマウスと、食べ物や場内の装飾品、そして自分や友人がそこでは等価になっていて、それらの投稿者は圧倒的に女性なのだ。必然的に、インテグラルなアクションは写真写りの良さ（＝フォトジェニック）を求めるようになる。写真の上で居心地の追求が「かわいい」と親和しており、〈場所のエクスペリエンス〉の情報がネットを中心として発信されていることが、夏フェスに出かける文化資本の高い女性を中心としたインテグラルなアクションの実践を可能にしているのである。

参考文献

井上貴子、二〇〇三、「ヴィジュアル系とジェンダー」『ヴィジュアル系の時代――ロック・化粧・ジェンダー』青弓社ライブラリー。

岡田宏介、二〇〇三、「イベントの成立、ポピュラー文化の生産――『（悪）夢のロック・フェスティバル』への動員はいかにして可能か」東谷護編『ポピュラー音楽へのまなざし――売る・読む・楽しむ』勁草書房：一〇二～一二四。

小泉恭子、二〇〇七、『音楽をまとう若者』勁草書房。

柴那典、二〇一五、「ストリーミングの時代において、音楽カルチャーはどう変わるのか」（二〇一五年七月七日最終アクセス http://blogos.com/article/121067/）。

南田勝也、二〇〇四、「いま、野外ロックフェスに集まる人々――音楽ライブにおける聴取スタイルの変容」『AURA』164、フジテレビ編成制作局調査部：一四～一八。

日高正博、一九九七、『FUJIROCK FESTIVAL'97 公式パンフレット』スマッシュ。

コラム3　女子のアイドル語りの変遷

西森路代

一九九〇年代、ネット黎明期

インターネットが普及し始めた一九九〇年代半ば、アイドルや俳優ファンたちがネットで何をしていたかというと、ファンサイトを作っていたのだった。当時はまだブログもなかったので、HTMLで手書きしたり、ソフトを使ってHPを更新していた。ちょっとした文章をアップするのもけっこうな労力がいるため、文章を毎日更新するというよりは、事実（データ）をまとめることが重要視されていた。私個人は、香港映画ファンであったから、繁体字で書かれた現地のサイトを見ながらフィルモグラフィーを完成させたり、現地の新聞（『蘋果日報』や『東方日報』）の芸能記事を読んで、ニュースを把握するということをHPでやっていたのだった。

当時、ニフティサーブというパソコン通信サービスにもファンは集まった。しかし、そこではファン同士が会話をする性格が強かったと記憶している。

二〇〇〇年代――はてなの出現

二〇〇〇年代になり、はてなダイヤリーなどのブログが普及すると、以前のように手書きのHTMLで更新するよりも、はるかに気軽に思ったことが書けるようになった。はてなが「ダイヤリー」と言われるように、当時は、毎日の出来事を気軽に記録するという性格が強かったように思う。このブログ形式では、データをまとめるということには向かなくなったが、その代わり、気軽に映画やドラマを見た感想を書けるようになっていった。しかし、この時代はまだ、考察するというよりも、感想を書く、思ったままに書くということが主だったように思う。私がその当時関わっていた韓流の世界で考えると、ファンはドラマを視聴したテンションそのままを、口語体でブログに綴ることが多かった。当時、ドラマの日本版DVDの公式サイトの仕事で、こうしたファンの口語体をマネた文体であらすじ紹介をするという仕事をしたことがあるほどであった。

ファンの間の不文律

この時代を思い出すと、自分の思いをフランクに書くのはよいけれど、考察するということにはちょっとタブーがあったように思う。当時、私は台湾や韓国のアイドル雑誌を作っていたし、その後は日本のイケメン雑誌に携わっていたが、インタビュー原稿をまとめる時は、質問は簡潔にし、なるべく本人の言葉を活かしていた。ファンでない人からすれば、「こんなしょーもないこと……」と思うような一見無駄な発言にこそ価値があるため、ファン心理を理解しない編集者からすると削りたくなるような情報を削らないようにもした。アイドルや俳優の言葉は最大限に生かす代わりに、インタビュアーの文章からは、主観が見えないように配慮していた。なぜならファンはインタビュアーとアイドルや俳優の関係性が見たいわけではないからだ。関係性だけではない。もし雑誌でアイドルや俳優を紹介する記事を作ることがあっても、ファンの共感するその人の「良さ」を追求することはあっても、批評したり考察することはなかった。この空気は、雑誌だけでなく、WEBの個人ブログの世界でもあったのではないかと思う。つまり、個人の感想は許せても、そこに考察を入れることには、まだ抵抗感があったのではないかと思う。

二〇一〇年代――考察するファンの出現

二〇一〇年代には、K-POPブームが到来した。このブームでは、日韓のアイドルビジネスの違いを分析する記事を掲載する雑誌も増えた。私個人としても、そうした考察する仕事の依頼が初めてあったのもこの頃だった。また一人のファンとしても、日韓のアイドルの違いを考えるようになったし、私だけでなく、周りを見渡しても、そういう考察をするファンは増えていったように思う。

こうした背景には、アイドルをビジネスや文化として捉えるから、考察ができるようになったというのもあるが、海外に住むK-POPアイドルに関する考察だったら、本人の目にも留まらないので、日本のアイドルを考察するよりもハードルが低かったという理由もあったのではないかと思う。

「考察する楽しみ」は、K-POPアイドル以外のファンでも見られるようになった。ブログ界には、それぞれのジャンルで、見事な考察をするスター的な書き手も現れているし、実際に、アイドルや俳優の人となりをつかんだ時に、「論考が深まった」と語るファンもいた。考察する、論考を深めるということが、ファンの楽しみの一つになったのではないかと思う。

考察するファンが増えた背景には、二・五次元をはじめとする舞台の人気の高まりも無関係ではないだろう。同じ舞台に何度も通ううちに、俳優の成長を感じることもあるし、俳優が脚本から何を感じ取って演じたのかをファンも推測することになる。時には、舞台でただ咳をしただけなのに、「あの咳には、きっと深い意味があるに違いない」と深読みしすぎるファンもいると、ある俳優が笑い話で語っていたほどだった。

考察はジェンダー観を見つめるきっかけに

アイドルや俳優を深く見るという行為からは、見る、見られるというジェンダー観を浮き彫りにする。女性たちがアイドルやイケメンを目指すことで、自分自身が女性として常に目指されてきたということを思い起こさずにはいられない。自分自身が見られる性であったからこそ、見る時にも繊細であるのだ。

また韓国では、恋愛ドラマの中の暴力的な表現に対して、女性たちが「もうときめきません」というハッシュタグで意見表明する動きも出てきた。ここ日本でも、アイドルやイケメン俳優が登場して、壁ドンをするラブ・コメディが安易に量産されることについて、疑問なども出てきている。

以前のように「このコンサートや映画のここがよかった」「この人のここが魅力的だ」ということに留まらず、より複雑な語りが生まれているのが現在なのである。

コラム4　社会運動を楽しむ台湾の女性たち

陳　怡禎

二〇一四年三月に、「ひまわり学運」と呼ばれる、一九九〇年代以来、台湾史上最大規模の学生運動が起こった。簡単にその経緯を述べると、与党である国民党による中国との「サービス貿易協定（両岸服務貿易協定）」の審議過程に反発した学生団体が、その審議を改めて行うことを求め、立法院（日本の国会にあたる）議場を占拠したのだ。最初は学生団体による行動にすぎなかったが、学生たちの働きかけによって、大勢の支持者（なかでも一〇代から三〇代の若者が多数である）による立法院周辺の路上空間の自発的な占拠が行われ、インターネットを通じた情報発信などの体制が瞬時に整えられた。「ひまわり学運」は、台湾社会の日常に浸透し、実践される大規模な社会運動へと発展した。

運動の参加者が、「やさしさ」や「平和」を運動のコンセプトとしたうえで、「何に反対する」というより、「何について対話しよう」という姿勢をとるのが、「ひまわり学運」の大きな特徴である。「ひまわり学運」における対話とは、占拠された立法院やその周辺の路上という実空間、そしてインターネット空間で行われる若者による文化実践である。なかでも、筆者はとりわけ以下の事象に着目する。「ひまわり学運」には、実際に運動の方向性をトップダウンで決定するようなカリスマは存在していないものの、マスメディアにむけて「スポークスマン」のような役割を担ったのは、林飛帆や陳為廷という二人の男子大学院生である。マスメディアでの大量露出によって、彼ら二人は「学運リーダー」と呼ばれ、注目を浴びていた。筆者は、二人の学運リーダーを素材にして社会運動を楽しむ女性たち（以下、彼女たち）の文化実践に着目する。

まず、マスメディアや評論家に評される「学運リーダーアイドル化」という事象に注目する。台湾において、「アイドル」には「ルックスの良さ」「親近感が湧く」「年の差が近い」「品行方正」などの特質が含まれる。学運リーダーの林と陳は、現役の名門大学院生で、今時の学生と同じ言葉遣いや趣味を持ち、さらに、二人とも端正な容姿の持ち主であるため、前述のアイドルの特質を十分に備えていると言える。彼女たちは、その特質に目をつけ、ファンがアイドルを追いかけるように、林と陳の政治的理念だけではなく、趣味、ファッション、人間関係など、あらゆる側面から彼らに熱い視線を注いでいる。たとえば、林が「ヒマワリ学運」期間に常に着用しているコートが飛ぶように売れたり、ぬいぐるみが好きな陳のため、台湾各地から一〇〇体ほどのぬいぐるみが占拠された議場まで送り込まれたりする事例から、彼女たちが、能動的に「学運リーダー」を「アイドル」に読み替えて楽しんでいることがうかがわれる。

彼女たちの中には、二人のリーダーのキャラクターを消費することにとどまらず、彼らの関係性から、「萌え」要素を読み取って楽しむ人もいる。林と陳の二人は、「ひまわり学運」以前から、すでに様々な社会運動の場で活躍していた。意気投合した二人は長年にわたって一緒に闘ってきた戦友だと、自他ともに認めている。この二人の間に見られる「仲の良さ」は、彼女たちの心を摑んでいる。「腐女子」を自称する彼女たちは、「ひまわり学運」期間中の林、陳の発言や写真を収集し、自らが感じ取った「萌え」要素を、主にSNSを通じて交換したり、イラストや小説などの二次創作を発表したりして、大いに盛り上がっていた。ここで注目に値するのは、彼女たちが楽しむこのいわばカップリング・ゲームは、「腐女子」の間に閉じられるものではなく、林と陳本人たちの耳にも入ったほどに活発に行われていたという点である。

学生による議場の占拠も前代未聞だが、「非日常的」な社会運動空間において、女性たちが「アイドル」「二次創作」などの「日常的」な文化実践を通じて人との繋がりや対話を成立させることも、この「ひまわり学運」の特有のありかたではないだろうか。

第5章　女子の日常とロックのアンビバレントな関係

荒木菜穂

1　「好きだけど、複雑」な気持ちから

日々の喜び、興奮、癒し。好きな文化を楽しむ時、女子はエンパワーされる。女子は、様々な文化を楽しめるようにはなったが、時として、その文化に対し、アンビバレントな感情を持たざるを得ないこともある。この部分は好きだけど、この部分は納得がいかないというように。

人の好みが千差万別であるならば、このような感情は、女子に限らず様々な個人が、様々な軸で日々経験していることと思われる。その文化が、自分の属するカテゴリーの個人が排除される問題（この場合、男性中心的文化であるなど）や、自分とその文化の主役である人々との間での日常的な権力関係の問題を伴っている場合は、根深い「不快」や無力感を生むことがある。とはいえ、もしその「不快」を許すことなく文化を楽しむための何らかのアクションがあるならば、それは、文化の権力構造の問題性を暴き、打ち砕く重要なパワーを持つ可能性を十分に秘めるとも考えられる。

女性にとって複雑な感情を生む「男性中心的文化」には様々なものが含まれるが、近年〇〇ガール、〇〇女子と言われるものの多くは、こういった文化、すなわち男性が主たる担い手だとされていた文化への女性の参入を示しているように感じられる。「男性中心的文化」のどのような点が女性にとって問

題となるのか。概してそれらは、まず女性を排除し、男性のみにより、かつ男性にとって都合のよい価値観で場が作られるホモソーシャルな構造であることが一つ。また、そこでの価値観が女性を対等な個人としてみなさず、場合によっては性的な対象としてのみ扱うものであることが一つである。

そもそも現代社会の前提として、根拠なく誰かを排除し、個人として尊重しないことは、差別であり、許されることではない。それゆえ、おそらくタテマエ上は男女ともに同じ文化を楽しめる社会ではあるだろうが、実際はそこでの対等な「一員」ではなく、かつ個人ではなく性的消費対象としての立場である女性が、「男性中心的文化」に参入することは、困難を伴うものとなる。もっとも、「女性中心的文化」への男性の参入においても、同種の、あるいは別種の困難が存在すると思われるが、それらも今後ぜひどなたかに論じていただけるとよいと思う。

女性排除と女性の性的対象化、この二つのキーワードは、一九六〇年代以降の女性運動、いわゆる第二波フェミニズムにおいても、繰り返し論じられてきたことでもある。タテマエとしての男女平等はたしかにあるが、それは法制度上の公的領域においてのみであり、性関係や家庭など私的領域では構造的な男女の権力関係が存在している。すなわち、女性が「男性中心的」な快楽や娯楽を享受したいと思い行動する際には、これらの排除や性的対象化のリスクが生じる。それらを自己責任として自覚すべきか、あるいは「男性中心的文化」への批判とともにそのような快楽や娯楽を欲すること自体を否定するべきか、などにまで踏み込んだ議論がフェミニズムではなされてきた。

おそらく、女性の排除と性的対象化の両面の最も強い文化としては、性的快楽、すなわちエロに関する文化が挙げられるであろう。買売春、ポルノグラフィに関する文化は、長らく男性中心的であり、女性に課せられた性規範では性的欲望を女性自らは持たないものとされてきた。それゆえ、フェミニズムにおいて女性の欲望とジェンダー構造のはざまで多くの論争が行われてきた。また、性の文化は、（その形は違えど）男女ともに自由を制限するものであった家父長制へのアンチテーゼとしての性解放という意味合いも強い。同様に、「セックス・ドラッグ・ロックンロール」という手垢のついた表現があるように、戦後のロックミュージック周辺もまた、若者世代による新たな文化として旧来の制度、規範からの解放的側面を持ち、かつ、性的快楽を享受する文化であると言える。こちらもやはり、女性排除、女性の性的対象化も激しく伴ってきた。しかしながらロックの文化が性の文化と異なるのは、多くの女性ファンを持ち、女性の欲望をも満たしてきた文化でもある点である。それゆえ、女性が享受する娯楽、文化としてはアンビバレントな経験が表面化しやすい領域であるとも言える。

かくいう筆者自身も、主に一九六〇年代、七〇年代の洋楽を中心に、ロックを楽しみ、かつフェミニストとして生きるうえで複雑な感情を日々抱き、その折り合いをどうつけるかを考え続けてきた経験を持つ。本章では、文化としてのロックの経験が女子たちにとってどのような意味を持っていたかについて、ジェンダー構造への包括と抵抗の可能性という視点から考えてみたい。

2　ロック文化におけるジェンダー

解放の象徴、若者のアイデンティティとしてのロック

ロックとは、ブラックミュージックなどをルーツに一九六〇年代に発展した音楽ジャンルであり文化である。ロックはしばしば音楽の形態としてのみよりも、「定義の曖昧な『文化現象』として」（Frith 1983［1978］＝一九九一：一〇、一二三）語られる。とりわけ、それ以前から続く若者文化が六〇年代に「正真正銘のラディカルな」（Frith 1983［1978］＝一九九一：一二八）文化となった象徴的な現象として扱われた。

人生における「若者」という期間は、もともと近代の産業構造にふさわしい成人となる準備期間とし

て設定された時期を意味する。そこは、「青年が、社会的現実から一歩距離をおいて、その自我を養い、将来の大成を準備するという明確な目的を持った猶予期間」（小此木 一九七八：二二）であり、「『猶予構造』が、青年にますますはげしく大志を抱かせ、無限の未来と無限の可能性を夢見させ」、青年は「『自分とは何か』『自分はどうあるべきか』」を、「絶え間なく『探究』」（小此木 一九七八：一八～一九）することとなった。しかし、この状態に「逆に青年たちが居直り、自分たち自身の自己主張として、能動的にアピールする運動が出現」（小此木 一九七八：二二）するようになったという。すなわち、「大人とは異なる」若者の文化の出現である。

青年、若者の能動的な文化の一つとしてロック文化を位置づけることができる。「この世代はロックンロールに象徴されるような、大人にはまったく理解できない文化を生産しはじめ」（渡辺 二〇〇〇：九三）る。若者たちの「将来が現在以上によい社会として実現するためには、現状にたいする批判が欠かせない」（渡辺 二〇〇〇：九三）、それゆえ、「ロックンロールは『自由』と『反抗』のサウンドになった」（渡辺 二〇〇〇：九〇）。

若者たちは「仲間集団や中産階級の大人の規範にあからさまに反対」し、「下層階級の価値観やスタイルを取り入れた」（Frith 1983［1978］＝一九九一：一二八）。若者文化において音楽は重要であり、「ロックンロールはその音楽の中でも最も人気の高い」（Frith 1983［1978］＝一九九一：二四〇）ものであった。そしてそのロックが「もっとも執拗に攻撃したのは家庭と学校というふたつの制度」（渡辺 二〇〇〇：九〇）であり、大人世代の理解できない「価値観やスタイル」の音楽も、婚姻制度に縛られず快楽の性を享受する新たな性文化も、いわば「家」や、体制、家父長制への一種のカウンターとして存在していた。

ロックと男性中心的文化——フェミニズム的批判

この、大人への猶予期間、自己の探究としての若者の時期は、そもそもは男性のみに許された期間であった。「『青年期』がライフコースに用意されるのは、ヨーロッパが本格的な産業社会に入る一八世紀末から一九世紀にかけて」（岩上二〇一三［二〇〇七］：一二五）、この際の「青年」とはすべて中産階級の男性であり、「青年」という表現が「一定条件の男女双方に対して使われるようになるのは二〇世紀半ばになってから」（岩上二〇一三［二〇〇七］：一二五）のことであった。すなわち、若者とは長らく（一定の条件の）男性のみを含み、若者文化もまた、男性中心的な場として構成されていた。

既存の価値観への抵抗やそこからの解放を意味する六〇年代のロック文化や性文化もまた、あくまで男の若者の文化であった。「女の」若者は、より家父長制に縛られる立場にあった。ロック文化のファンとしての担い手の多くは若い女性たちであったが、外出に対し親が目を光らせ、家庭内での女性役割を期待され、実際に若者文化の場である「ストリート」を歩き回ることは若い女性にとっては危険なことであった（Frith 1983［1978］＝一九九一：二六五～二六六）。そこで女の子たちは主に家庭内でレコードを聴いたり雑誌を読んで楽しんだりしていたという（Frith 1983［1978］＝一九九一：二六五～二六六）。「女の」若者は、ロックを含む若者文化から締め出されていた。また、ロックを好む場合でも、音楽性よりもロックスターの「個人のパーソナリティ」に関心を持つなど（Frith 1983［1978］＝一九九一：二六七）、演奏や音楽性、セクシュアルなパフォーマンスの魅力に関心を持つ男性とは異なった形の消費を行っていたとされる。またこの時代になり、両親の決めた相手と結ばれるのではなく、結婚相手を自分で見つける自由という価値観が男女ともに登場したが、同じく「家」からの自由を意味する性の自由に関しては、女の子の場合は快楽の相手を見つける自由ではなく、あくまで新たな「家」に落ち着くための「夫を見つける」（Frith 1983［1978］＝一九九一：二六九）自由であった。

たとえば一九六〇年代初頭から人気を博したビートルズをめぐっては、「日本でもまずは女の子が飛びついた」（太田一九九三：一一五）という。当時の日本は高度経済成長期に「急成長を遂げたマス・メディアのお蔭で、欧米からの情報の量と幅がぐんと広がり、新しいものに最も敏感で取り入れることになんの抵抗もない若者たちが、アメリカの文化や文明に大きな影響を受けるようになった時期」であり、ビートルズは「このような世代に熱狂的に迎えられ」た（太田 一九九三：一一二〜一一四）。

女の子にとってのロック（この場合はビートルズ）とはどのような意味を持っていたのか。「女の子たちは一二、三歳で初潮を迎え、自分の性を自覚させられ」、「『幻の恋人』を知らないうちに求めるようになる」（太田 一九九三：一一七）。この「幻の恋人」にビートルズはふさわしい存在であったのだという。女の子たちは「ビートルズに夢中になって、自分たちの性や異性への思いを実にあからさまに表現していた」（太田 一九九三：一一七）。

太田恭子は、当時ビートルズに熱狂的になった世代のその後について、男の子たちは「現在の自分の生き方を見直すかのように未だにビートルズを語りつづけ」、一方で女の子たちにとってビートルズは「素晴らしい青春の思い出」となり、「ビートルズ的な魅力をもったパートナーとくらして、自分の人生を生きているに違いない」（太田 一九九三：一二五）とまとめている。若い女性たちの大きなエンパワーとなったロック文化ではあったが、しかしやはり女性たちにとってのロック文化とは、新たな「家」に落ち着くための「夫を見つける」前の、前述のような「家」からの限定的で一時的な解放であると位置づけることもできる。

ジェンダーの視点でロック文化を考える場合まず問題なのは、こういったロック文化の持つホモソーシャリティ、すなわち、女性を排除する文化、排除された先にある女性の居場所を「家庭」と位置づけ、女性の役割を家庭内に求める近代家族的家父長制の規範である。

また、そういったホモソーシャルな空間の文化で維持されるのは、女性を対等な個人として扱わず、ある時は性的対象、ある時は消費の主体＝資本主義的客体＝二流のファンと位置づける男性中心的価値規範である。ロック文化における次なる問題として、こういった構造的なジェンダー権力関係の存在が挙げられる。

ロックは歌詞の内容、作り手、サウンドのあり方など様々な側面において男性性の文化であるとみなされ、ジェンダー的視点での研究も数多くなされてきた（北川 一九九九：九〜一〇）。ロックの送り手側での女性の立ち位置は、ロックをコントロールする作り手（演奏者、歌詞の書き手など）ではなく、あくまで女性性を帯びた「歌手（ディーヴァ）の役割」（北川 一九九九：九）であり、また受け手としても、前述のようなスター個人の魅力を愛し、「ルックスに心ときめかす」女性のロックファンは「音楽がわからない」（北川 一九九九：一〇）とされてきた。北川純子は、女性とロック文化についての先行研究の中にインターネットのメーリングリストから女性ファンが排除される構造についての分析を紹介しているが（北川 一九九九：一〇）、後述するように、類似の空気は筆者自身も数年前に某巨大掲示板にて経験している。

快楽のための性の自由の文化はもちろんのこと、ロックを楽しむ文化の主流からも、「女」の若者は排除されてきたが、しかしながら排除と同時に一定の役割をも担わされてきた。少なくとも快楽の性は、異性愛関係である場合は男性のみならず相手の女性を必要とする。その際、女性は、性から遠ざけられる「良い」女性（妻、母的存在）と、男性の性欲の対象となる「悪い」女性（娼婦的存在）とに分断される（裏を返せば男性にのみ快楽の性を許し女性には許さない）という性の二重基準が見られる。すなわち、快楽の性を享受する文化から「排除される女性」と、前の時代ほどではなかったにせよ、世間から蔑まれ、男性の性にとって都合のよい存在としていわば「客体」としてそこに取り込まれる役割の女性が存在した。男性ロックミュージシャンの「追っかけ」をし、彼らとベッドを共にしてきたグルーピーたちも、多くは「自立的なセクシュアリティをもたない人間」（Frith 1983［1978］＝一九九一：二八三）と捉えられてきた。また、「二流のファン」「ミーハー」と馬鹿にされる女性ファンたちが、関連商品も含めてのロック産業を支えていた。すなわち女子たちは、消費の主体でありつつ、資本主義社会に「利用される」客体であるとも位置づけられる。

女子とロック文化とジェンダー

女子にとってのロック文化は、彼女らを高揚させ、癒し、満足させるエンパワーメントとしての側面も大きい。吉光正絵によれば、ポピュラー音楽の女性ファンへの視線は初期のファン研究では「マスメディアや文化産業に踊らされている受動的な存在、群衆の中で我を忘れて自制を失った病的な存在として語られてきた」が、近年では「ファンになることで、自分のアイデンティティやコミュニティ感覚を獲得する場合がある」、また「既成の文化に改変や解釈を加えて独自の文化を作り出す『アクティヴ・オーディエンス』、『相互作用的な演じ手』として積極的、能動的な存在」(吉光 二〇一三：二六六) として、その主体性が評価されるようになったという。さらには、女性ファンたちは、「ファン活動で受けた快楽や喜びを消費するとともに、受けた喜びを愛好し応援する対象のメディア上のイメージを流用して発信することで製作者や発信者と」(吉光 二〇一三：二七〇) なり、消費のみならず発信の側としてもロックを含むポピュラー音楽の文化にコミットする存在となった。

これらの状況は、主体的に文化を楽しむ女性のエンパワーメントであるとともに、女性の主体性を認めず二流のファンや性的対象のみ周辺的に位置づけてきた男性ホモソーシャルな文化の構造へ切り込む力の地盤を示しているとも言える。実際、「女性達の集団が大きくなり行動が大胆になるほど、かつては男性だけに開かれ、男性の介在なしには立ち入りを禁止されていたメディア上や市場、ストリートといった公共領域に女性の姿が見られるように」なり、「ポピュラー文化の領域でも、女性が居心地良く安心して楽しめる関係性」が築かれるようになったという (吉光 二〇一三：二七三)。

しかし、従来のジェンダー構造に積極的な批判を持たぬまま、女性が主体的に文化を受容し、そこから創造することは、女性を男性とは異なる二流ファンにとどめ、性的客体と位置づけるジェンダー構造を維持する可能性を持つ。実際、男女の役割や男性中心的構造に対し批判しないまま、「男性中心的文化」であったロックを女が楽しむことも考えられる。

カミール・パーリアは、「活力、情熱、反抗、悪魔信仰といったロマン派の元型は、不良少年のロックの中にいまも生きている」ロックミュージシャンの文化に見られるロマンティシズムを、女性の立場から積極的に評価する（Paglia 1992＝一九九五：四〇）。しかし、そこにある女性差別性については言及しない。ロック文化を賛美する女性であるパーリアの姿勢は、あくまで、女性が直面する危険性は女性個人の努力で乗り越えるべきとする自己責任論であり、たとえば性的快楽に関しても、「世の中の危険を察知することは女性一人一人の責任なのです」（Paglia 1992＝一九九五：八七）、「危険に刺激を感じて、それをもてあそぶのが好きな女がいることなどフェミニストには考えもおよばない」（Paglia 1992＝一九九五：九七）として、性関係における男女間の権力構造を否定せず、女性の側が自己責任でそれを乗り越え快楽を得るべきだと主張する。日本の女性ロックファンのエピソードでは、真保みゆきと小嶋さちほは対談の中で「女の人が男の人の振りして近づこうとしたやり方って、中ピ連が出た時に限界がバッコンって見えたでしょ。もっと女の人なりのやり方が正直だし、近道だし、いいんじゃないのってのが、いま表に出てきたんじゃないのかな。私はこっちのほうが当然のことだと思う」（真保・小嶋　一九八六：三三）と、あくまで「女性として」のロックファンであるとして、ジェンダーへの抵抗の無意味さを述べている。ジェンダー構造を不問にしつつ、男性支配など気にしない、自己責任で乗り越えられる、という姿勢で「男性中心的文化」を女性が楽しむことは可能である。

女性の主体性とジェンダー構造の維持を両立させたままの女子の文化は、ポストフェミニズムの議論とともに考える必要がある。菊地夏野はアンジェラ・マクロビーの論から、ポストフェミニズム、すなわちフェミニズムが必要とされなくなった時代の文化について、「『エンパワーメント』や『選択』という言葉がより個人主義的な言説へ転換され、メディアやポピュラーカルチャーのなかで、さらに国家の政策として、それらの言説がある種のフェミニズムの代替として展開されている」(菊地 二〇一五:七二)社会的状況であると述べている。また、ポストフェミニズムの特徴として、個人的な「『女性の成功』を称揚」し、「女性を弱者としてひとからげにすることで女性のエンパワーメントを阻害するというフェミニズムに対する否定的なイメージ」が持たれていること(菊地 二〇一五:七四)を挙げている。そして、近年日本において肯定的な評価がなされている「女子力」という言葉についても、『被差別者、被害者、犠牲者』としての女性からの価値転換という意味が含まれていることが推測され」るが(菊地 二〇一五:八三)、それが、ジェンダー構造への批判的意味を持たず、「女性の主体性」として従来の女性ジェンダー役割を再配置する内容である場合、フェミニズムが批判してきた権力構造を維持しつつ組替え不可視化するネオリベラリズム的政治経済状況の強化に繋がるのではないかと懸念する。

女性排除的、女性差別的な男性中心的文化を女性が楽しむことは、排除され主体性を奪われていた女性をエンパワーし、かつ男性中心的でない新たな文化を創造する可能性を持つという意味では、ジェンダー構造の変革にとって大きな意味を持つ。しかし、それらが従来のジェンダー役割や男女間の権力構造を否定せず、場合によっては強化する側面を持っていたとするならば、厄介である。ジェンダー構造やジェンダー役割は女子によって主体的に選び取られたものとして新たな正当性を与えられ、再生産されていくこととなる。女子による文化の受容が、よりジェンダー構造から自由な営みになるためには、エンパワー、創造、主体性の獲得とともに、構造への批判的視線を持ち、構造の維持や再生産に繋がらない存在になる必要性がある。

一方で、女子の中にもジェンダー構造への批判的視線を常に持ち続けるという立場、すなわちフェミニストと呼ばれる女たちが存在する。では、そんなフェミニスト、あるいは積極的にそうは名乗らないとしてもフェミニズム的感覚を持った人々にとって、ロック文化を楽しむとはどのような営みであったのか。次節では、フェミニズム的な活動に関わるなどジェンダー構造への批判的視線を持つ女子たちにとってのロック文化について見ていきたい。

3　「フェミ的女性」たちにとってのロック文化

エンパワーとオルタナティブな文化

激しい演奏をし、楽しむ場としてのロック文化は、フェミニズム的活動にも多くの活力を提供してきた。

ウーマン・リブとは「一九六〇～七〇年代、世界的な政治運動の高まりを受け、主に先進国に起こった女性解放運動である」が、一九七〇年代の日本においても「海外のリブと呼応しつつ」「独自の視点での問題設定がなされ」多くのリブ活動グループが生まれた（荒木 二〇一二）。

ウーマン・リブは様々な活動の総称であるが、実際に開催された催しの一つに、女性主体の事業レディース・ボイス社が主催となり様々な活動や有名女性アーティストらも関わり開催された「魔女コンサート」がある。「魔女コンサート」は、もともとは「『未婚の母K子さん』の裁判闘争のお金を作るために」開催された（麻鳥 一九九六：二七七）ということであるが、「このコンサートは、心を和ませ、昂めるためだけのものではなく、ひとつのアッピールでもあった」（小綱 一九七七：七）、音楽を通じ様々な活動と繋がる場となっていった。それらは、男性の活動家からは「『もっと真面目にやれ、遊びながらやっちゃいけない』って」言われたとのことであるが、「いろんな女の人たちが運動の中で課題にしているものをステージにのっけちゃう。それらを音楽でつなげる。抗議するだけの集会でもない」（麻鳥 一九九六：二八〇）として、運動と音楽を繋げる女性ならではの活動の場としてコンサートは考えられていた。ここでの音楽はロックのみではなかったと考えられるが、「『女たち一人一人の手で作ろう』という制作姿勢に負うところが大きい」（小綱 一九七七：七）というように、女性が楽器を持ち、女性の手で女性独自のコンサートを企画する文化として受け入れられていた。ちなみに、「女性の手による」という姿勢は、後述する八〇年代アメリカのライオット・ガールムーヴメントや九〇年代のジンの発行を通じた若い女性たちによるフェミニズム的活動にも通じるものであるが、「この姿勢は、マスコミ対策でも貫かれ、記録・報道もすべて自分たちの手でなされた」（小綱 一九七七：七）という。

ロックの楽しみが女性の活動を後押しする様子は、一九八一年に関西の女性たちが開催した「女・女・女（かしまし）カーニバル」の前夜祭に、「女五人のロックバンド」水玉消防団が参加し、「激しいロックのリズムで女たちが踊り狂った」（久田編著 一九八七：一九一）ことも伝えられている。また、リブの活動としては、一九七八年のミニコミ誌『女一匹どこへいく』一号では「私とROCK」という連載コラムにて、「ロック的なものとは、音楽の一種ではなく、ある人の内部からつきあげてくるものが噴出したもの」と、ロックの力に触発されウーマン・リブのミニコミを発行するに至った経緯が述べられている[1]。

また、関西の女性学の団体である日本女性学研究会のニューズレター『Voice of Women』の編集後記にも、「〝ピル〟のレコード聞きながら作業しました。」「おしゃべりしているうちできあがり、なかなか楽しいものですネ[2]」と、イギリスのロックバンドPILを聴きながらみんなで楽しく作業をする様子が綴られている。さらに、主に既婚女性の様々な問題をフェミニズム的視点で扱うミニコミ誌『わいふ』誌上においても、「幼稚園の母親仲間で組んだバンド」で「リードボーカルで、電気楽器と渡り合って絶叫するのが役目」の女性が、家庭や仕事で「目の回るような日常をなんとか生き抜いていく『元気の源』が、週一回のロックバンド」だったと述べている（佐々井 一九九一：九五）。

ここでのフェミニストにとってのロックはまず、男の手によるロック文化の消費ではなく、自分たちが作る女子のロック文化であったと言える。このような文化は、ジェンダー構造への抵抗を日常とする女性の活動を高揚させ、後押しした。しかし、こういった「女性の手による」文化の創造は、男性中心的ロックの文化でのしんどさから女性を自由にし、エンパワーする重要な意義を持つものの、大きな文化としてのロックの持つジェンダー構造に踏み込む形での営みとは言えない。フェミニズム的姿勢を有する女性たちがロック文化を好みつつ、既存のロックに対し疑問を呈した様子について続いて見ていきたい。

批判的精神と発信

一九七二年のウーマン・リブのミニコミ誌『女から女たちへ』では「ロックは男のもの？」と題し、当時の『ニューミュージックマガジン』誌上の女性とロックに関する特集への苦言が呈されている(3)。「女にロックはわからないを前提とした特集でもあるらし」いこと、「女性読者が反撥して」投書を寄せたことなどが記されており、それらに対し、「男二人の『男からみた、女の歌』の対談は、女性蔑視と安手の女性観で貫かれていてヘドがでる」と男性によるロック文化への批判が示されている。また、一九九〇年代の女性学の活動においても、日本女性学研究会『Voice of Women』にて、「ロックンロール空間言説の中で家父長制の読み直しを行なってきた、女性表現者としてのマドンナについて主に写真集を通して語りたい」として、ロックの持つ女性差別的構造への批判から、それらに抵抗する表現としての女性アーティストを評価するという寄稿が見られる(4)。「ロックのイデオロギーには『本当にロックのできる人間は男の子である』という図式が」「七〇年代末あたりまで、ロックの世界で生きる女性には、使い捨てのなぐさみ者という地位しか基本的には存在しなかった」

「マッチョなロックは基本的に白人青年のためのものでした」[5]というように、そこでは、フェミニズムの視点からの男性中心的ロック文化へのいら立ちが示されている。そして、「こんな状況に変化が訪れたのは『私はバカなあばずれ女よ、文句あっか』という姿勢のマドンナをはじめとする〝開き直る女〟たちが台頭する八〇年代」[6]だとして、男性中心的文化への抵抗としての若い女性アーティストのパフォーマンスがフェミニズム的視点で肯定的に評価されている。

ロック文化の有する男性中心的構造への批判から始まった海外の運動として有名なものに、アメリカにおけるライオット・ガール・ムーヴメントが挙げられる。ライオット・ガールとは、「一九九〇年代前半、アメリカ北西部ワシントン州オリンピアと東部ワシントンＤＣから起こった、インディペンデント・パンク・ロック（とくにそのＤＩＹ精神）とフェミニズムが結びついたムーヴメント」だと言われている（大垣 二〇一一：四七）。「白人男性中心のパンクロック」など「日常生活も含めた白人異性愛男性優位主義的な文化やマッチョ・カルチャー、差別的な社会規範そのものへのアンチ」として、「それによる資本主義と搾取構造とは別の、自分たち自身による自分たち自身のための文化・コミュニティ創造のムーヴメント」であるという（大垣 二〇一一：四七）。大垣有香は、「どさくさに紛れて性的に触られるとか、『女は引っ込んでろ』『女のくせに』的発言、音楽フェスでレイプされるとか、ライヴに行ったのに奥でコート持ってる役とか、そんなのにうんざりしてた女の子たちが、憤りを感じフラストレーションも抱えて、それらをエネルギーに変えてしまったのがこのムーヴメントのはじまり、といえるんじゃないか」と述べている（大垣 二〇一一：四八）。

ライオット・ガールムーヴメントもまた、女性たち自身の手によるバンドやジンでの情報発信など、男性中心的文化のオルタナティブとしてのロック文化であるが、その際、「不平等なことはダブル・スタンダード、納得がいかないことなどがあったら、『怒り』という感情は出てきて当然」（大垣 二〇一一：四八）という既存の文化への批判的視点を持ち、かつそれらを発信する活動でもあることが重要である。女性のエンパワーとともに、社会構造への切り込みがここでは行われている。とはいえ、この活動には「怒り狂った女」「男性排除主義」などのレッテルが貼られ「セクシストでレイシストでホモフォビックなメディア」からのバッシングを受け、逆にメディアは「女性ミュージシャンや女性バンドにライオット・ガールという言葉を乱用していった」という（大垣二〇一一：五一）。既存の構造にダメージのない限りは女性独自の新しい文化を賞賛し、社会批判的な側面は切り落とされる様子は、前述の菊地の述べていた、ネオリベラリズム的構造に女性の主体性が回収されるポストフェミニズム的状況に通じるものがある。しかし、女性たちにとっては、「自尊心を取り戻すことの助けになり、自分自身を恐れずに表現することの励みともなり、そしてコミュニティをポジティブに変化させ創造することを可能にしてきた」（大垣二〇一一：五三）、すなわち、ジェンダー構造への批判的視点を共有できる可能性も含め、エンパワーとなったことと言える。

また、一九九〇年代の非商業誌、ジンのカルチャーもまた、女性自身の手による制作、発信すなわちＤＩＹの精神でのフェミニズム的活動であると言える。ジン文化においては、「パンク・コミュニティの一員」であった女性が、「主たる社会の実情を特徴づける権力の力学、抑圧に挑戦するものと主張するパンク文化において「彼女をひとりの人間として認めてはいない」性差別が繰り返される経験から、ジンを通じての女性の手による新たな文化の創造を目指したエピソードなども示されている（Piepmeier 2010＝二〇一一：五三〜五四）。アリスン・ピープマイヤーは、ジンを通じたフェミニズム的行動について、その政治的方法は「希望の教育」であると述べている。それは、「世界のどこが間違っているかに注意を促し、読者の怒りを呼び覚まし、既存の権力構造に挑む手段を提供する」政治であるという（Piepmeier 2010＝二〇一一：二九五）。ピープマイヤーは『ビッチ』誌上で展開されているポップカルチャー批評について、それは「批評的であると同時に歓迎的なもの」「彼女たちはメディアを批判すると同時に貪欲に消費もしているが、どちらにおいても真剣に受け取り、表象領域は民主闘争の重要な場であるとも認識して」「能動的批評の手段を教えて」いると述べている（Piepmeier 2010＝二〇一一：三一五）。

文化を主体的に楽しむことも、批判的視点を持つことも両立させ、情報を発信することで批判の行動に必要な「教育」を行うことは、今後の日本のフェミニズム的活動の方法論においても、大いに参考にしていくべきことだと感じる。

ジェンダー構造との距離の調整——個人的営みとして

既存の男性中心的文化に批判的視点を持ち、かつ文化を楽しむという新たな女性のＤＩＹ文化には、ロックやポップカルチャー周辺のみならず、大きな希望が感じられる。それは、個人が既存の文化を楽しむ際、自分を排除し貶める表現や価値観に屈することなく文化を楽しむ回路を獲得するきっかけにもなりうる。それはジェンダー構造を不問にするオルタナティブな文化としてでも、ジェンダー構造へのあからさまな抵抗でもなく、排除や差別をも含む文化を、自分の方法で楽しむ手段を各自が習得するという、より実践的なエンパワーであるとも言える。たとえばさきほどのウーマン・リブ関連では、一九七二年のミニコミ『炎』では、ローリング・ストーンズのボーカル、ミック・ジャガーについて、「ミックはアンドロギュヌス（両性具有）の如く男にも女にも肉体をさらしていく」、など、そのセクシュアルな魅力について性別を超えた存在であるゆえのものとして讃える文章が掲載されている。[7] ちなみにローリング・ストーンズは、その歌詞の内容からかしばしば女性差別的なバンドとしてフェミニストから嫌われる（女性を「躾ける」ＤＶのような Under My Thumb など）こともあるが、このことに限らず女性差別的な側面をあえて等閑視する選択肢も女性にはある。そしてそのうえで、自分の解釈で、自分のエンパワーに繋がる側面のみも楽しむことは可能である。

水越真紀は、忌野清志郎の「雨上がりの夜空へ」の歌詞の持つセクハラ性について、「鼻歌なんかで口ずさんだときには『あらっ、清志郎ひどい』と思う」が、ライブで一体感を持ち楽しんでいる時は感じたことはなかったと述べている（水越 二〇一一：五四）。このような、ワリキリ、そのうえで批判も賞賛の回路も同時に有することは、女性がロックを楽しむうえでの方法論ではないかと思う。

また、ロックと括ることにはいささか抵抗もあるが、井上陽水の「傘がない」の歌詞について、ウーマン・リブの視点から興味深い記述が見られる。滝川マリは、この歌について、「歌詞の要約は『世界では戦争や事件が起こっているけど、ボクにとっての最大の関心事は、あの娘に会いにいきたいのに（雨が降ってきたから）傘がない、ことだ。』」とし、全共闘運動の男たちは「〝それって、大事な事だよね〟って口実で男たちは終止符をう」ったが、「りぶ運動は〝それって、たいせつー〟、って気づいて始まった」と述べている（滝川 一九九二：八五）。すなわち、男性の運動は、大きな政治的事象よりも身近な問題が大事だからと運動から身を引き、全共闘運動は終息した。しかし、女性の運動、ウーマン・リブは、身近な問題が大事だから、身近な問題を取り巻く政治性について声を上げていこう、考えていこう、として始まった、ということである（だから「個人的なことは政治的である」というスローガンが大切にされた）。「社会性と個人性を分裂させたままどちらかを選ぶ、こんな図式で視るのではなく、全体丸ごとが私という存在だ、と視る見方。そう自覚する意識」（滝川 一九九二：八五）。女性の視点からロック文化を見つめ直し、解釈し、発信することは、男性ホモソーシャルかつ女性差別的文化に抵抗するのに十分力強い手段であると考えられる。

広く社会に発信するものでなくても、女性たち同士でこのようなオルタナティブな解釈の視点を共有することもまたエンパワーとなる。しかし同時に、「男性中心的文化」においては、ジェンダー構造に沿わない女子の文化は反発を受けることもある。次節では筆者自身の経験から、「男性中心的文化」への抵抗の拙い実践に少し触れてみたい。

「私自身の経験」から

筆者は趣味として六〇年代、七〇年代の洋楽ロックを好んで聴いていたが、その際心がけていたことは、純粋に音楽として好きになること、すなわちアーティストの外見がかっこいいなどの理由でファンになることは避ける、ということであった。アーティストをミーハー的に好きになるファンのあり方は女的なファンのあり方で、純粋に聴くのは男的な、正統なファン、という線引きが自分の中にあり、女のロックファンだから見下されたくない、という思いから無意識にファンのあり方の優劣をつけてしまっていた。

しかしある時期から、それまでも音楽としては好きだったとあるバンドのボーカル個人に、いわゆるミーハー的に惚れ込んでしまい、以降、「ストイックにバンドを聴く」という自分の中のルールは崩れ去ることとなる。まず、ミーハーな楽しみ方も、ストイックな聴き方も並行してアリだという開き直りの経験をする。同時に、主にインターネット上で出会った同じくミーハー的な女性ファンたちが、決して表面的にしかアーティストを見ていないわけではないことを知る。それは、音楽や歴史的な知識も十分に備え、ファンによってはバンドのエピソードの中に男同士の仲むつまじさを見る萌えなども楽しみつつ、それぞれの解釈で、豊かに、多様に、ファン活動を営んでいるという心強い現実であった。彼女らの文化と接することにより、男性ロックファンは一流、女性ファンは二流という差別意識が自分の中にあったことに気づき反省した。また、ロック文化に不快感を持つフェミニストである自分とロックファンである自分の両方を違和感なく受け入れることができるようになった(8)。

しかしながら、前述のバンドのファンにおいても、女性同士が楽しむ場はウェブ上には少数であり、当然のことながら一般の（多くの男性中心的文化がそうであるように、一見しては「一般向け」とされているが）男性ファン向けの場が大多数である。

ある時筆者は、そんな「一般向け」のファン掲示板に、明らかに女性による書き込みであり、筆者も好きなボーカルの彼の容姿の美しさを褒め称える書き込みを見つける。同じ思いを持つ書き込みには嬉しくなったが、同時に、これは男性ファンからのバッシングが絶対来るだろう、という一抹の不安を覚えた。そして、「彼女」に対する同意の「レス」をするとともに、女性同士で盛り上がる掲示板のほうにも、あなたがもし見ているのならば、こちらで話すほうがよいのでは、という旨の書き込みを行った。ほどなくして、一般ファンの掲示板には、「腐女子臭い」とのバッシングや、「ふさわしい場所に帰れ！」というようなレスがついた。多少は不快な気分になりつつ、こういう棲み分けはある程度必要ではあるので仕方ないと思っていたが、なんと女性向け掲示板のほうに、（おそらく）最初の書き込みをした「彼女」からのレスがあった。

「姐さん、ここにいますよ！」という文言から始まるそのレスでは、棲み分けが必要であることは承知しつつ、「一般」掲示板で盛り上がったことを反省している旨が書かれていた。一連の流れに「女だから」との理由でバッシングされても、帰ってくる場所がある、そこで自分の楽しみ方ができる心地よさに、フェミニズムでいうところのシスターフッド的な温かさを感じた。

以上のような「男性中心的文化」をサバイブする「女同士の絆」の心強さの経験に加え、一般（男性）ファンとのネット上での「絡み」でも印象に残った出来事があった。この経験は、筆者にとって、ジェンダー構造に抵抗しつつ女性が自尊心を保ち、かつロック文化を楽しむという一つの実践でもあった。

二〇〇八年の秋、音楽としては昔から好きであり、最近ミーハー的にも好き、であった件のバンドが来日した。公演期間、その前後は、インターネット上でのファン同士のかなりの盛り上がりが見られた。「一般的」な場では、普段は女性ファン（とみなされたレス）を排除する空気があったが、一丸となっている来日の盛り上がりの間はそういった空気は薄れ、比較的楽しく情報を楽しむことができた。しかし、そんな中、一時的に非常に女性排除的な状況が生じたことがあった。

それは「意外と女性ファンが多いなあ」というような、(おそらく)男性ファンの何気ない書き込みがきっかけだった。問題は、それに対する(おそらく)女性ファンからの、「よく女性ファンは珍しいといわれるが、なぜ珍しいのか教えてくれ」という旨の反応だった。

女性ファンとして「女のくせにロックなんて」と冷たい仕打ちを受けてきた感覚そのものは十分に共感するところであったが、同時に、この書き方は、悪い意味で「フェミニスト」ぽい。同じファンであるのに、女性ファンのことをことさらに取り上げて珍しがるのはたしかに、「おかしなこと」には違いないが、そんな「おかしい」ことを面と向かって指摘することは、PC(ポリティカル・コレクトネス)的なこととして、つまり、説教くさい、伝わりにくいこととして、今までのフェミニズムの蓄積の中で、反省され格闘されてきた課題でもあった。それゆえ、おそらく反発を招くだろうという不安を覚えた。

そして、案の定、(おそらく)男性ファンからは、「イラっとくる」「子供っぽいレスだ」といった悪意を含んだような反応があった。

その流れ自体が大変不愉快なものであったが、それ以上の女性ファンへのバッシングが来ることを恐れた筆者は、今思うと浅はかな行動であったが、即座に携帯から、次のようなレスをつけた。気持ちは分かるが男性ファンの反感を買う行動は得策ではないという女性ファンへの牽制とともに、男性ファン文化の絶対性にも異義を示したつもりであった。

気持ちはわかるが反応しすぎ
女ファンがミーハーばかりじゃないことぐらい

まともな人間ならわかる

特にこのバンドの場合

情報の提供や誘致の運動など

たまたまとはいえ女性の役割は大きかった

…なのに会場には女ファン少ないんだな〜

「会場に女ファンが少ない」というのは、その前の週の公演での筆者の素直な感想でもあった。しかし、この書き込みが裏目に出てしまい、「女はボーカルの顔にしか興味ない（＝バンドが年配になった今は女の客が少ない）というのがよくわかるライブだった」というような、またしても女性ファンを小馬鹿にするレスがつけられた。

なお、実際には、このバンドに関しての日本での情報発信の場（私設ファンサイトやブログなど）の運営者の多くは女性であり、オフィシャルサイトとの橋渡しの役割を担っていた人物も、来日を実現させるため誘致の活動を積極的に行っていたのも女性ファンであった。すなわち、女性ファンの役割は決して小さくはなく、ファンの間でその情報はある程度共有されていた。どうしても孤立しがちな女性ファンのうち「動ける人」は、人と繋がり情報を得るために自分から積極的に動かざるをえなかった、それゆえの積極性であったと想像する。そして、それ以外の「動けない女性」たちは、ひそやかにファンを続けるしかなく、また女性ファンへの冷たい視線からいつしか離れていく、女性ファンは少なくなる、という流れもあったのかもしれない。会場に女性ファンが少ないというのは事実ではあったが、積極的な女性ファンをミーハーで片付けるのは、「女性の貢献」部分を無視し、「女が少ない」ことのみを過剰にあげつらった書き込みであると憤りを覚えた。また、外見を好きになるなどの「好きになり方」を「女っぽい」として差別すること自体はそもそもおかしい。筆者は、次のような書き込みを行った。

入口はイケメン○○（ボーカル名）だったスイーツ（笑）な私も
明日は本気で参戦させていただきますよ

「スイーツ（笑）」というのは、若い女性を馬鹿にしたネット上の隠語であるが、あえて自虐的に使った。「明日」、とは千秋楽の公演であり、その後の掲示板の展開は「ファンには男も女も関係ない、時代も関係ない」「私はボーカルの彼の現在の姿も好き」というような好意的なレスが続き、若干ほっとした。しかし結局その後も、最初の「女性ファンの何がおかしいのか」という書き込みへの反応は続き、かなり時間が経ってからも、わざわざ蒸し返して、「氏ね」（死ねの意味）というレスをつける様子も見られた。

しかしながら、筆者が一番違和感を覚えたのは、一見穏やかに見える次のような書き込みであった。

○○（バンド名）は昔から男のファンが多かった。
（中略）
その人達も今は年取ったけど、それでもこの何日間かライブ会場に足を運んだんだよ。温かく見守ってやって下さい。

おそらくこういうことであろう。「昔からの男ファン」にとって、せっかくの初の来日なのに、自分たちが昔から守ってきた文化を汚すような「（おそらくミーハーな）女性ファン」がいる。そのことに不快感を示すことぐらい「男として普通のこと」なのに、いちいち批判的な反応をする女性ファンがいる。それに対し、「男の気持ち分かってくれ」と。自分が権力側である自覚も持たず、女がちょっと抵抗したり、風向きがちょっと女に向いてきたりしただけで、まるで女子が権力を持って言いたい放題言っているとみなし反撃をする。当然こういったネット空間に漂う女性ファン同士の無意識の繋がり、それを敏感に感じ取る「男性」による過剰な防衛反応を他の女性ファンもずっと見ていたわけであるが、女性ファンが多く集う方の掲示板では、「バンドに関して得られる情報の、女性ファンへの冷たい仕打ちへのストレスがウェブ上で無意識に爆発するのでは」という考察の書き込みも見られた。このことは「女性同士が繋がる」というよりはむしろ、「女がバラバラにされ否定される状態」を打破することが本当に必要だと筆者が感じた経験であり、「男性中心的文化」へのオルタナティブとしての「女子の文化」が大きくなり、ジェンダー構造への抵抗を実践できるなら、どれだけ心強いものであったかと思う。ただ、残念ながら、バンドの来日で盛り上がった時期が過ぎると、女性の盛り上がりのパワーも勢いを失くしていってしまった。ただ個人的には、その瞬間に、ひとまずは男性中心的文化をおかしい、という気持ちを「女子たちで共有」できただけでも、十分である。

4　「男性中心的文化」への女子の視線の可能性——フェミニズムの観点から

ロック文化が、女性を排除し性的対象化する一方で資本主義の客体として位置づけてきた側面がある。女性の行動がそういったジェンダー構造、資本主義構造に抵抗の意味を持つには、まず、女性たち自身が文化を楽しむ主体となり、エンパワーされることが重要である。そのため、女性独自の、または男性文化をずらし、楽しむオルタナティブな文化を構築していくことは意義深い。しかし同時に、フェミニズム的視点から見た場合、女性が主体となる文化は、社会構造への批判的視点を持たぬならば、「女性の主体的選択」を口実にジェンダー構造を正当化する、ポストフェミニズム的状況に巻き込まれ、それを強化する可能性のあることにも自覚的になる必要がある。女性の主体化は、ジェンダー構造の維持と両立しうる。

ジェンダー構造への抵抗と、文化の主体である女性たちに、批判的態度や政治的意志を強制することでは決してない。が、それが可能であることを知ることには十分に意味がある。また、批判的な視点を持った女子のオルタナティブな解釈の文化や、ロックを楽しむ際の女性たちの「自身の欲望」と「男性中心的文化」への不快感との調整の営み（もしかすると多くの女性が無意識に行っていた営みかもしれない）を再評価し、それらを発信していくことが女子の文化の評価の軸として今後、意義を持つのではないかと考える。

注

（1）高橋栄子「私とROCK」『女一匹どこへいく1』一九七八（溝口明代・三木草子・佐伯洋子編『資料日本ウーマン・リブ史（3）』松香堂書店、一九九五：二四八）。
（2）日本女性学研究会ニューズレター『Voice of Women』四七、一九八四「編集後記」。
（3）「ロックは男のもの?」『女から女たちへ8』一九七二（溝口明代・三木草子・佐伯洋子編『資料日本ウーマン・リブ史（2）』松香堂書店、一九九四：三二三）。
（4）日本女性学研究会ニューズレター『Voice of Women』一四九、一九九四「一月例会報告（「女性学年報」14号合評会論文「政治的意志のスタイル――マドンナのイメージ戦略と写真集『SEX』」をもとに話題提供)」。

(5) 日本女性学研究会ニューズレター『Voice of Women』一五一、一九九四「再び一月例会反響」神川亜矢。

(6) 同前資料。

(7) 舟本恵美「エロスの復権――バイ・セックスにみる解放された性」『炎3』一九七二(溝口明代・三木草子・佐伯洋子編『資料日本ウーマン・リブ史(2)』松香堂書店、一九九四:二九四〜二九七)。

(8) 詳細は、荒木菜穂、二〇〇七、「とあるフェミニストの『洋楽萌え』体験記――あるいはアメイジング・ジャーニー」『年報「少女」文化研究』第二号、「少女」文化研究会:一一四〜一二三。

参考文献

麻鳥澄江、一九九六、「聞き書き　魔女よ翔べ!」女たちの現在(いま)を問う会編『銃後史ノート8　戦後篇　全共闘からリブへ』インパクト出版会:二七四〜二八三。

荒木菜穂、二〇〇七、「とあるフェミニストの『洋楽萌え』体験記――あるいはアメイジング・ジャーニー」『年報「少女」文化研究』第二号、「少女」文化研究会:一一四〜一二三。

荒木菜穂、二〇一二、「ウーマンリブ」大澤真幸・吉見俊哉・鷲田清一編『現代社会学事典』弘文堂。

岩上真珠、二〇一三[二〇〇七]、『ライフコースとジェンダーで読む家族』第三版、有斐閣。

大垣有香、二〇一一、「私たちの革命――ライオット・ガールというムーヴメント」野田努・三田格編『ゼロ年代の音楽――ビッチフォーク編』河出書房新社:四六〜五三。

太田恭子、一九九三、「ビートルズがやってきた!――ビートルズ世代の文化論」女たちの現在(いま)を問う会編『銃後史ノート7　戦後篇　ベトナム戦争の時代』インパクト出版会、七一〜七九。

小此木啓吾、一九七八『モラトリアム人間の時代』中央公論社。

小綱愛子、一九七七、「魔女コンサート」『あごらMINI』七号:七。

菊地夏野、二〇一五、「ポストフェミニズムと日本社会――女子力・婚活・男女共同参画」越智博美・河野真太郎編『ジェンダーにおける「承認」と「再分配」』彩流社:六七〜八八。

北川純子、一九九九、「『日本のポピュラー音楽とジェンダー』への展望」北川純子編『鳴り響く〈性〉』勁草書房：一～三〇。

小嶋さちほ・真保みゆき、一九八六、『乙女のロックだんご』ミュージックマガジン。

佐々井優子、一九九一、「それでもロックはやめられない」『女の言いたい放題誌　わいふ』232、グループわいふ：九五～一〇一。

滝川マリ、一九九二、「個と群れ——心意気りぶ論」『インパクション73　特集リブ二〇年』インパクト出版会：八五。

久田恵編著、一九八七、『女たちのネットワーキング』学陽書房。

水越真紀、二〇一一、「強きもの、汝の名は弱さ——ジンライムのお月さまは『ひどい乗り方』を許したんだ」野田努・三田格編『ゼロ年代の音楽——ビッチフォーク編』河出書房新社：五四～五六。

溝口明代・三木草子・佐伯洋子編、一九九四、『資料日本ウーマン・リブ史（2）』松香堂書店。

溝口明代・三木草子・佐伯洋子編、一九九五、『資料日本ウーマン・リブ史（3）』松香堂書店。

吉光正絵、二〇一三、「ポピュラー音楽と女性ファン」『県立長崎シーボルト大学国際情報学部研究紀要』14。http://hdl.handle.net/10561/950（二〇一五年六月一〇日最終アクセス）

渡辺潤、二〇〇〇、『アイデンティティの音楽——メディア・若者・ポピュラー文化』世界思想社。

Frith, Simon, 1983 [1978], *Sound Effects : Youth, Leisure and the Politics of Rock'n' Roll*, Constable.（＝一九九一、細川周平・竹田賢一訳『サウンドの力』晶文社）

Paglia, Camille, 1992, *Sex, Art, and American Culture.*（＝一九九五、野中邦子訳『セックス、アート、アメリカンカルチャー』河出書房新社.

Piepmeier, Alison, 2010, *GIRL ZINES Making Media, Doing Feminism*, New York University Press.（＝二〇一一、野中モモ訳『ガール・ジン——「フェミニズムする」少女たちの参加型メディア』太田出版）

コラム5　六〇年代『コスモポリタン』、八〇年代「女の時代」、九〇年代 Chick Culture〈女子文化〉からポストフェミニズムを語る
――ヘレン・ガーリー・ブラウンと林真理子の再評価――

吉岡愛子

一九九〇年代後半から世界を席巻した chick culture〈女子文化〉の発端となったのが、ロンドンを舞台にしたヘレン・フィールディングの『ブリジット・ジョーンズの日記』（一九九六年出版、二〇〇一年映画化）であった。同年アメリカでは、キャンディス・ブシュネルがニューヨークの現代風俗を取り上げた『セックス・アンド・ザ・シティ』を出版し、原作をもとにテレビシリーズ（一九九八～二〇〇四年放送）が開始された。ロンドンやニューヨークの独身女性たちの日常生活を描写した小説や映画は、chick lit（女子小説）や chick flicks（女子映画）という新たなジャンルを築き関心を集めるようになる。ブリジット・ジョーンズやキャリー・ブラッドショーのように職業的成功を手にしながらも、結婚相手を求めて奮闘する女性たちの姿は、古い価値観に逆戻りしただけの反フェミニズムとしてのポストフェミニズムであるとの批判があるが、メディア研究者たちは、chick culture を単純に反フェミニズムの現象として軽視することはできないことに気づいている。

New Femininities（二〇一一）の著者ロザリンド・ギルやクリスティナ・シャーフによれば、ポストフェミニズムの定義も一枚岩ではなくなっている。ポストフェミニズムをフェミニズムへの反発と捉える見解のほかに、ポストモダニズム、ポスト構造主義、ポストコロニアリズムなど反原理主義運動と連なるフェミニズム。アングロ・アメリカン主流のフェミニズムへ対抗するフェミニズム。また、フェミニズムの終焉ではなく、第二波フェミニズムからの歴史的転換に言及するフェミニズム（アメリカでは第三波フェミニズムとも称する）。「身体的資産と

しての女らしさ、客体から主体への転換、自己管理、個人主義、選択、エンパワーメントなどについての複雑な分析を試みる感性や識別能力としてのポストフェミニズム」と重層的である。

九〇年代のグローバルな chick culture に接した時、私にはブリジットにもキャリーにも既視感覚があった。「女の時代」と呼ばれた一九八〇年代の林真理子を思い出したからである。さらに、海外研究者たちの中に chick culture の生みの親として、*Sex and the Single Girl*（一九六二）の著者であり、女性誌『コスモポリタン』の元編集長ヘレン・ガーリー・ブラウン（一九二二〜二〇一二）を再評価する動きがある。ブラウンと林には多くの共通点があり、林真理子（一九五四年生まれ）は日本のポストフェミニズムや女子文化を体現する先駆者、ひいては九〇年代に広がるグローバルな chick culture の予兆のような存在とも認識されうるのではないかと考える。

ブラウンと林の役割は、第二波フェミニズムとポストフェミニズムとの橋渡しである。ブラウンの *Sex and the Single Girl* は、三七歳で映画プロデューサー、デイヴィッド・ブラウンと結婚した自身の長い独身生活をもとに、社会に存在する偏った独身女性のイメージにとらわれず、女性は働くことで経済的自立を成し、性的にも自立して生活を楽しむことができると説いた。仕事と女性らしさの両立、男性との交際、ダイエット、ファッション、化粧法、独立した住居を持つこと、お金の使い方、貯蓄の仕方など、働く独身女性へのアドヴァイスを書いたセルフヘルプ本である。林は、一九八二年に東京で独り暮らしをする働く女性としての自身の生活、仕事、性、衣食住についてのエッセイ集『ルンルンを買っておうちに帰ろう』を出版、あけすけな女性の欲望と野心を自虐的なユーモアと皮肉を交えて書き注目を集めた。

アーカンソー州出身であるブラウンは、*Having It All*（一九八二、日本語訳『恋も仕事も思いのまま』一九八八）で自らをコネも学歴もなく、美人でもない「マウスバーガー」と称し、取るに足らない仕事をしていても、努力を重ねてステップアップを続ければ、いつか自分の望む仕事につき成功できる。そして自分の成功に見合った男性と出会うことができるのだと働く女性を鼓舞した。山梨出身の林もいわば、コネもなく一流大卒でもない地方出身女性の出世頭であり、職業的野心と成功への執念を書き、ファッションや消費についての文化仲介者的役割を果たしたことも共通している。容姿にコンプレックスを持ち、美は努力して手に入れるものというポストフェミニスト的スタンスも似ていれば、キャリアや結婚などのライフコース選択も奇妙に重なっている。ともにコピーライターを経て、ブラウンは一九六五年『コスモポリタン』編集長へ、林は以後、『週刊文春』や女性雑誌『an・an』でエッセイを連載する人気ライターとして活躍を続け、一九八六年『最終便に間に合えば／京都まで』で直木賞作家となる。一九九〇年、三六歳で当時としては遅い結婚をした。

ブラウンや林は、リベラル・フェミニストで *The Feminine Mystique*（一九六三、日本語訳『新しい女性の創造』一九六五）の著者であるベティ・フリーダン（ブラウンはフリーダンを評価しており、両者の関係は深い）や日本の第二波フェミニズムが「抑圧の装置」とする家庭から独立し、自ら生活費を稼ぐ有職女性であった。一方ラディカル・フェミニストが強制的な異性愛と非難するヘテロセクシュアルな欲望を公言して、自身の生活をテーマにエッセイを書き続けた。結婚や男女関係、女性らしさを否定的に捉える第二波フェミニズムとは一線を画し、ブラウンや林は、ヘテロセクシュアルな独身女性の「仕事」「恋愛」「性」「自己管理」「選択」「エンパワーメント」「消費」などを取り上げ、九〇年代の chick culture や日本の女子文化に凝縮していくポストフェミニズムの萌芽となった。

二〇〇六年に廃刊した日本版『コスモポリタン』誌（一九八〇年創刊）が一月号特別付録で「林真理子　強運引き寄せ読本」という特集を組んだ。コスモポリタン編集部は明らかに、「コスモ・ガール」の創出者ブラウンと林に共通点を見出しているのではないだろうか。時は流れ、*Having It All*―すべてを手に入れた林はすっかりメインストリームに収まった感があるが、八〇年代の林真理子は前衛的な存在だったのである。ヘレン・ガーリー・ブラウンは六〇年代アメリカの第二波フェミニズムの文脈の中で、学術的フェミニズムとは異なる大衆的フェミニズムの立役者となったが、同様に林真理子は、八〇年代日本における第二波の学術的フェミニズムとは距離を置く大衆的フェミニズムの実践者であり、今日のポストフェミニズムや女子文化の先駆者として再評価されるべきなのである。

参考文献

コスモポリタン編集部、二〇〇六、「林真理子強運引き寄せ読本」（『コスモポリタン』一月号特別付録）、集英社。

林真理子、一九九一［一九八八］、『マリコ・ストリート』第五版、角川文庫。

林真理子、一九九二［一九八六］、『南青山物語』第一八版、角川文庫。

林真理子、二〇〇〇［一九八二］、『ルンルンを買っておうちに帰ろう』第五一版、角川文庫。

ヘレン・ガーリー・ブラウン、矢倉尚子・阿部行子訳、一九九四［一九八八］、『恋も仕事も思いのまま』第五刷、集英社文庫。

Brown, Helen Gurley, 2003 [1962], *Sex and the Single Girl*, Fort Lee: Barricade.

Gill, Rosalind and Christina Scharff, 2013 [2011], *New Femininities: Postfeminism, Neoliberalism, and Subjectivity*, Houndmills, Basingstoke, Hampshire and New York: Palgrave Macmillan.

Scanlon, Jennifer, 2010 [2009], *Bad Girls Go Everywhere: The Life of Helen Gurley Brown, The Woman Behind Cosmopolitan Magazine*, London and New York: Penguin Books.

第6章　歴女と歴史コンテンツツーリズム
――日本史を旅する女性たちと〝ポップ〟スピリチュアリズム――

須川亜紀子

1　歴史と女性ファン――趣味のクロスジェンダー化

「歴女」の登場

日本の歴史にゆかりのある城や城址、墓地、戦場跡、神社仏閣や、日本史にまつわる美術展など、それまで、とくに男性中高年の趣味であったはずの「歴史」関連の地やミュージアムに、近年若い女性が押し寄せている。最近では、『刀剣乱舞―ONLINE―』（通称とうらぶ）の人気から、東京国立博物館で二〇一五年春に展示された日本刀（とくに三日月宗近）目当ての若い女性たちがマスコミで取り上げられた例もある(1)。彼女たちは総じて「歴女」（歴史好きな女性の略）と呼ばれ、今では重要な集客ターゲットとして認識されている。「歴女」という用語が生まれたきっかけは、二〇〇八年に中国の小説『三国志』原作の映画『レッドクリフ』が日本で公開された際、歴史好き女性アイドル（歴ドル）美甘子が宣伝イベントで起用されたことに端を発する（深沢 二〇〇九）。彼女たち歴ドル（ほかにも小日向えり、杏など）の登場で、それまでもっぱら中年男性の趣味領域と思われていた「歴史」の場に、若い女性が顕在化していった。

「歴女」という用語が初めて新聞に現れたのは、二〇〇九年三月三〇日（『朝日新聞』）である。以来流行となり、「歴女」は二〇〇九年の「ユーキャン新語・流行語大賞」のトップテン入りを果たした（受賞者は杏）（自由国民社 二〇〇九）。同時期、「歴女」の一部として「仏像女子（または仏女）」という用語もメディアを賑わした。折しも二〇〇九年に東京国立博物館において「興福寺創建一三〇〇年記念　国宝阿修羅展」が開催され、一日約一万五〇〇〇人の観客を動員し、その年の美術館展の一日平均動員数の世界第一位を記録した（The Art News Paper 2010 : 23）。そこに〝場違いな〟若い女性の姿が目立ち、阿修羅展を成功に導いた〝目新しい現象〟としてマスコミの興味を引いたのである（品田 二〇〇九：七）。仏像や刀剣など古美術品や歴史観光は、若い女性たちの〝ファッショナブルな〟趣味領域として現在も拡大中である。

興味深いことに、同時期に「パワースポットブーム」も勃興している。「パワースポット」とは、主に恋愛成就や大願成就にきくとされる神社仏閣など、霊的パワーを持つとされる場のことで、若い女性向け情報誌『クレア』にも「日本のパワースポット」という特集が組まれたほどであった（『クレア』二〇一〇）。二〇〇九年には伊勢神宮の来訪者が約八六〇万人を数え、戦後最高を記録した（『朝日新聞』二〇一〇a）。二〇一三年の式年遷宮以前の記録であるので、驚異的な数字である。

このように、中年男性中心の趣味領域の一つであった歴史へと「歴女」が侵犯し、その領域のシーンを攪乱した点において、「歴女」現象は社会文化的に、ジェンダー化された趣味領域の越境、または攪乱の表象として捉えることができる。彼女たちの日本の歴史への熱い視線の背景には、二〇〇〇年の男女共同参画社会基本法の施行以降に起こった、若い女性自身の保守主義へのノスタルジックな回帰も挙げられよう。実際、若い女性の間で「主婦」願望が蔓延したり（白河 二〇〇九）、ジェンダー平等によってジェンダー差が表面的にはフラットになっていく中で、懐古的な男性性（阿修羅像など）の称揚（『日本経済新聞』二〇一〇）やスピリチュアルブームなど、日本の伝統の再発見への欲望とノスタルジアが「歴女」現象の背景に垣間見られる。

「歴女」の経済効果

一方で、「歴女」は新しいマーケティング戦略としても利用されている。たとえば、新撰組の土方歳三の足跡を辿る栃木県の「うつのみやヒミツめぐりツアー」は、「歴女」にアピールするように企画された（『朝日新聞』二〇一〇b）。また、滋賀県はJTBと共同し、二〇一一年大河ドラマ『江』の放映に先駆けた観光促進キャンペーンに、「歴女」ブロガーを募集した（県政e新聞 二〇一〇）。JTBもゲーム／アニメ『戦国BASARA』とタイアップし、二〇一〇年一〇月から翌三月まで、東北、信州、上越、関ヶ原、中国、四国地方を巡る戦国武将ゆかりの地ツアーを企画した（JTB 二〇一〇）。参加者の約九〇％は女性だった（オリコンライフ 二〇〇九）。このような観光や関連商品にまつわる「歴女」の経済効果は七〇〇億円だとも言われている（富士フィルム 二〇一〇／Seaton 2015）。このように「歴女」は潜在的ビジネスチャンスとしても、期待されている。

こうしたポピュラーメディア（小説、テレビドラマ、映画、アニメなど）に誘引された観光は、しばしばコンテンツツーリズムと呼ばれている。コンテンツツーリズムとは、媒介するメディアプラットフォームに関係なく、「物語性、キャラクター、舞台などに焦点を当てて行う観光」である（Seaton and Yamamura 2015 : 2）。メディアミックスが当たり前となった今日、あらゆるメディアで世界観やキャラクターが共有され、消費され、利用されている。歴史もその最も古い例の一つとして、小説、映画、ドラマ、マンガ、アニメ、ゲームなど、多角的にメディア展開しているコンテンツである。

コンテンツツーリズムが、地域活性化に直結した成功事例が多く報告され、一躍経済効果としてのコンテンツツーリズムが注目されたが、女性が旅に出ることの社会文化的意味は、経済効果やそれによる地域振興だけではない。次節では、女性とツーリズムの歴史を一九七〇年代から辿り、女性のメディア文化と歴史への視点の意味を考察する。

2　旅と女性——メディア先導型ツーリズムからコンテンツツーリズムへ

一九七〇年代——ディスカバー・ジャパン・キャンペーンとアンノン族

二〇〇〇年代に女性が突然歴史に目覚め、ポップカルチャーとしての歴史を消費し始めた…「歴女」はそのような一回性の現象だと思われがちであるが、実はマスメディアによって歴史ツーリズムをする「歴女」のはしりは、遅くとも一九七〇年代には存在していた。一九七〇、七一年に相次いで創刊された女性向けファッション雑誌『an・an』『non・no』を持って、雑誌で紹介された〝知られざる〟神社仏閣や歴史的観光地を旅する女性個人旅行者は「アンノン族」と呼ばれ、おしゃれな女性の呼称となった（林 二〇〇五：三／赤木 二〇〇七：一九三～一九四／増淵 二〇一〇：三九～四〇）。高度経済成長期を背景に、女性の高学歴化、長期就労化、晩婚化が進み、余剰所得を余暇に費やす独身女性が、社会で可視化された。その頃隆盛した女性解放運動（リブ）とも連動し、消費や行動が女性の社会でのパワーとして受けとめられたのである。

一九七〇年には国鉄（現・JR）が、「ディスカバー・ジャパン」キャンペーンを開始し、「あなたならそこで何を発見しますか？　ディスカバー・ジャパン」というキャッチコピーのもと、テレビCMには地方での一人旅がシリーズ化され、ファッショナブルな若い女性が地方を旅する映像も使用された（国鉄 一九七一）。アイドル歌手山口百恵を起用した「ディスカバー・ジャパン2」のキャンペーンソング「いい日旅立ち」は、女性の一人旅をテーマにしており、女性の一人旅がまだ珍しかった当時、それは女性の精神的・経済的自立として表象された。実際、このキャンペーンにより、鉄道を使用する女性個人旅行者が増加したのである（林 二〇〇五：二～三／増淵 二〇一〇：四〇）。

「アンノン族」とは異なり、ディスカバー・ジャパンで旅する女性たちは、必ずしも歴史的な場所を訪問しているわけではないが、歴史的な場所を含んだ女性ツーリストが個人として社会に可視化することによって、女性は家庭におさまるべき、男性同伴が当然、という当時のジェンダー規範に対する挑戦ともなったのである。

一九八〇年代――NHK大河ドラマと日本テレビ「年末時代劇スペシャル」

一九八〇年代には、いわゆるイケメン俳優の映画やテレビの時代劇起用が、女性の歴史ツーリズムを触発したケースが顕著に現れる。たとえば、赤穂浪士を描いたNHK大河ドラマ『峠の群像』(一九八二)では、アイドル歌手郷ひろみが片岡源五右衛門役に起用された。ドラマにおける片岡の死後、多くの若い女性が義士祭で泉岳寺の彼の墓前に参り、手を合わせる姿が報告されている(『読売新聞』一九八二a／一九八二b)。

また、新撰組の夭折の剣士沖田総司は、一九六〇年代よりテレビドラマで代々イケメン俳優が演じる伝統があった。新撰組きっての剣士でありながら、志半ばの二〇代に結核で亡くなる悲劇性が、色白の薄幸の美少年というイメージと結び付いたのだと思われる。テレビドラマ『新撰組血風録』(一九六五)と『燃えよ剣』(一九七〇)では島田順司が、映画『沖田総司』(一九七四)では、ハーフの草刈正雄が演じている。沖田に若いイケメン俳優をキャスティングする伝統は、日本テレビ「年末時代劇スペシャル」シリーズにも受け継がれた。一九八五～九三年の年末に、一貫して時代劇(多くは幕末期)を描いてきたこのシリーズにおいて、新撰組が登場する『白虎隊』(一九八六)、『奇兵隊』(一九八九)両作品で、ハンサムなロック歌手中川勝彦が沖田を演じ、音楽界の女性ファンを引き寄せた。同じキャストにすることで、物語世界に一貫性が生まれ、一人の俳優による歴史上の人物のイメージ固定を助長している。『白虎隊』の舞台である福島県会津若松市には、ドラマとそのテーマソングである堀内孝雄の「愛しき日々」のヒットで、観光客が増加した。この沖田人気は現在でも健在で、『新撰組血風録』のリメイク(一九九八)では、アイドル俳優中村俊介、大河ドラマ『新撰組！』(二〇〇四)では、実力派若手俳優藤原竜也がそれぞれ演じた。二〇一〇年には、アニメ化されたゲーム『薄桜鬼』で、美しくニヒルな殺人剣士沖田が描かれ、クールな役で定評のある森久保祥太郎が声を担当している。沖田などの新撰組にまつわる「歴女」の歴史ツーリズムについては後述する。

一九九〇年代——『炎の蜃気楼』とミラージュツアー

女性の歴史ツーリズムが、歴史コンテンツツーリズムとなっていくのは、一九九〇年代に見られた「ミラージュツアー」が契機だと思われる（岩井 二〇〇九：四七）。「ミラージュツアー」とは、コバルト文庫の少女向けレーベル（現在のライトノベル的な挿絵付ジュブナイル小説）で、戦国時代の武将が現在に蘇って戦闘を繰り広げる物語『炎の蜃気楼《ミラージュ》』シリーズ（本編一九九〇〜二〇〇四、新シリーズ「昭和編」継続中）（以下、『ミラージュ』）の舞台や登場人物のゆかりの地を、女性読者が訪問した現象のことである。ミラージュツアーをする彼女たちは、タカラジェンヌならぬ「ミラジェンヌ」と呼ばれた。このシリーズは、CDドラマ（一九九二〜九七）、マンガ（二〇〇二）、テレビアニメ（二〇〇二）、OVA（二〇〇四）などいわゆるメディアミックスとして展開し、二〇一四〜一八年には、昭和編の舞台化もされるなど、息の長い人気コンテンツである（図6-1）。

図6-1　小説『炎の蜃気楼第40巻』（集英社）

『ミラージュ』は、戦国時代越後の上杉謙信の後継者争いで、義弟上杉景勝に敗れ自刃した上杉景虎が、一九九〇年代の日本で現代人の身体を借りて、部下（直江信綱、柿崎晴家、安田長秀、色部勝長）とともに、怨霊調伏をする歴史サイキックアクションファンタジー小説である。宿敵織田信長、伊達政宗、武田信玄など歴史上の人物が怨霊大将として、戦国時代のやり直し「闇戦国」を現代で繰り広げるという設定である。御霊信仰、真言密教などがふんだんに盛り込まれ、実際の地名も出てくることから、上杉神社や米沢上杉まつりなどにミラジェンヌが殺到する事例が多数あった。景虎の終焉の地である鮫ヶ尾城址や、菩提寺である正福寺の四二九回忌供養祭にも五〇人余の女性（おそらくミラジェンヌ）が訪れた（『朝日新聞』二〇〇八）。上杉景虎というほぼ無名の歴史上の人物が、ポピュラー文化を通じてとくに若い女性の注目を集めた、メディアミックス状況下での、おそらく最も早い女性の歴史コンテンツツーリズムの事例である。

こうした「ミラージュツアー」は、一九九二年にはすでに現象として確認されている。米沢上杉まつりでは、一五六一年の有名な川中島合戦の再現ショーで、『ミラージュ』の登場人物（色部、安田）の部隊が地元民によって再現されるため、写真を撮ろうとミラジェンヌが殺到する一幕もあった[2]。米沢まつりの常連である作者桑原水菜はあとがきに、「今年はなんだか一部、例年とミョーにノリのちがう少女たちの一群がいて戦々恐々でしたが、えーと、みなさん。あんまり、ほかのお客様たちの迷惑にならないようにしましょうね？　節度は、守りましょうね？」（桑原 一九九二：二四二）とミラジェンヌの高テンションを諫めるような言葉を綴っている。あまりの若い女性人気に、当初戸惑った米沢市は、『ミラージュ』の存在を知り、川中島合戦再現に主要登場人物直江信綱の父の部隊を新たに追加したという（桑原 一九九四：二五五）。

『ミラージュ』人気にあやかって、米沢で『ミラージュ』の挿絵の原画展の開催や、景虎（現世名：仰木高耶）と直江をイメージしたロゼワイン「契」が、地元の女子短大生とのコラボで地元の酒蔵が製造、販売され、ミラジェンヌがお土産に購入するという経済効果もあった（橋本 二〇〇六：一七九／『朝日新聞』一九九七）。

『ミラージュ』の物語は、実在の人物を見事にアレンジし、戦国時代の敗者たちが現代人の身体を借りて戦いを繰り広げるアクションも壮観であるが、ミラジェンヌの心を摑んだもう一つの要素は、生前敵同士であった景虎と直江の愛憎劇である。近年のコンテンツツーリズムの特徴は〝物語性〟重視が一般的であるが、『ミラージュ』に関するコンテンツツーリズムは、物語性に加えて、〝関係性〟が重視されている点が特徴的である。ミラジェンヌたちは、物語世界内では、登場人物同士の関係性（たとえば、高耶と直江）やBL的恋愛関係を妄想（たとえば、直江と好敵手高坂）し、同人誌などの二次創作によって具現化する。現実の世界では、登場人物と読者（直江と〝私〟）、さらに実在の人物の魂との関係性・繋がりという多層的な関係性を求め、観光などで実践することによって関係性を構築するのである。

当然のことながら、読者と登場人物との関係性の構築には、魅力的な物語が不可欠である。実際『ミラージュ』には、一九九〇年代の若い読者に親近性のある様々な社会問題が内包されている。たとえば、親のネグレクト、アイデンティティ危機、人間不信、恋愛問題などである。一九九〇年代は、バブル経済崩壊後、会社の倒産、両親の離婚などで、社会的集団による個人の保護の弱体化（リスク化）と所得格差の「二極化」（山田二〇〇四）が進み、社会不安や児童虐待の報告事例が増加していた。

主人公の〝不良〟高校生の高耶は、父親のアルコール中毒によるDV、両親の離婚によって母親に見捨てられ、教師との対立も経験している。一方、高耶の身体に入っている景虎は、戦国大名北条氏康の息子であるが、故郷の相模で幼少時に兄の部下たちに陵辱され、人質として武田信玄と上杉謙信のもとへ行き、最終的に越後で後継者争いのなか、家臣の裏切りに遭い自刃している。過去と現在の経験がトラウマになり、高耶は深刻な人間不信であり、生きる意味を求めてあがく姿は、類似した問題を抱える思春期の読者に、親近性を持たせた。景虎としての記憶を失くしている高耶は、他人の身体を奪って生き続ける直江を責めるが、初めての怨霊調伏（怨霊の強制的成仏）後、直江に次のように語る。

「あんたが言った『霊も自分たちと同じ』って意味、なんとなく摑めた。過去にいきてたってだけで、奴らも同じ人間だもんな」

「そうですよ」直江がおだやかに言った。「だから、今を生きているってだけで我々が下手に高飛車になってはいけないんです。常に同等の人間として相対するべきだと、私は思います。」

（桑原 二〇〇五：二三六）

自らも怨霊として他人の身体を借りながら生きてきたことを思い出し、高耶（景虎）も罪の意識にさいなまれ、自分の生に後ろめたさを感じるようになる。しかし第二部では、生に執着する怨霊たちの気持ちにも寄り添い、自らの寿命が近いことを知りつつ、高耶は、後悔や怨念を持つ怨霊にならないように今の生を悔いなく生きるよう、全国の人々にテレビを通じて訴える。この高耶の悲劇とひたむきな態度が多くのミラジェンヌたちの琴線に触れ、霊を身近な〝リアル〟に感じさせたのである。

実際、一九九〇年代から二〇〇〇年代初頭にかけ、日本社会は阪神・淡路大震災、オウム真理教による地下鉄サリン事件、バブル崩壊後の経済の低迷など、多大な社会不安を経験していた。とくに、一九九〇年代当時二〇代の若者は、ノストラダムスの大予言ブームを小学校時代に経験している世代である。このブームは、五島勉のベストセラー『ノストラダムスの大予言』（一九七三）と翌年の映画化を契機に引き起こされた。一六世紀のフランスの医者／天文学者ミシェル・ド・ノストラダムスが詩の形で未来を予言したもので、一九九九年に地球滅亡が仄めかされており、この予言に対する恐怖をこの世代は共有していた（井上 一九九九：六〇～六二、六八）。『ちびまる子ちゃん』（一九八六～九六）、『フルーツバスケット』（一九九八～二〇〇六）、『最終兵器彼女』（二〇〇〇～〇一）など、一九九九年前後に発表されたマンガの一コマにも、ノストラダムスの予言は世界の終わりへの不安として取り上げられた。こうした社会不安の文脈において、『ミラージュ』で描かれた生死の問題は、若い女性読者に受容されたのである。

さらに、高耶と直江の関係もミラジェンヌの熱狂を誘引した。元敵方の景勝の家臣だったにもかかわらず、約四〇〇年間直江は景虎を尊敬しつつ、その知性と絶対的な力に嫉妬している。複雑な心情を抱きながらも景虎を愛してしまう直江だが、高耶は人間不信で人を愛することができない。こうした愛憎関係と、最終的に直江の愛を受け入れるに至る過程は、BLのフォーマットを使いつつも、愛とは何かを問いかける重要な要素となっている。この関係性も、ミラジェンヌたちをツーリズムに誘引する契機となった。たとえば、登場人物や物語に関係する神社に、高耶と直江の幸せを願う絵馬を奉納するミラジェンヌの例が報告されている（桑原 一九九三：二六六～二六七／コバルト編集部・黒崎 一九九八：八七）。ミラジェンヌのブログでも、しばしば「高耶さんと直江に会いに行きます」という書き込みが見受けられる（ミラージュツアーコミュニティ 二〇一二）。これらのミラジェンヌたちは、高耶（景虎）と直江をカップルと捉え、彼らと「私」と歴史上実在した人物という繋がりを探求しているのは明らかである。

こうした関係性を重視した女性のツーリズムの要因の一つは、他者との繋がりへの希求である。この女性の特性について、精神分析医・批評家の斎藤環（二〇〇九）は、次のように論じている。

> 男性は自分の立ち位置、つまり「立場」を所有していないと、けっして安心できない。（中略）しかし女性は、男性ほど「立場」にこだわらない。女性は「関係」によって自分を支えようとする傾向が強いからだ。
>
> （斎藤 二〇〇九：一一八）

さらに斎藤は、榎本ナリ子のBL作品に言及し、関係性への注目について次のように述べている。

榎本氏によれば、腐女子は「位相萌え」ということになる。「位相」とはすなわち、関係性の位相を指している。ある少年もの漫画作品において、男同士の友情や確執といった関係が描かれるとしよう。彼女たちが熱く注目するのは、まさにこの関係性なのである。

（斎藤 二〇〇九：一五二）

もちろん斎藤の分析がすべての女性に適用するとは限らないし、本質主義的な議論へと還元してしまう危険性もある。しかし、関係性や繋がりに熱狂するという女性の「特質」は、ミラジェンヌが登場人物同士、登場人物と読者、読者と登場人物のモデルとなった歴史上の人物との間に繋がりを作るためにミラージュツアーを敢行する動機の説明の一つとして可能である。

ミラージュツアーは、メディアの特集を通じても誘引された（コバルト編集部・黒崎 一九九八／桑原 一九九四b）。『ミラージュ』の出版社である集英社は、詳細な地図、写真、当該小説の一説とともに舞台のガイドブック『炎の蜃気楼を巡る』を出版している。作者の桑原水菜自身も一九九四年に『炎の蜃気楼』紀行』を集英社から出版している。二〇〇〇年代に入るとSNSやブログの発達により、写真とともに自分のミラージュツアーでの体験をアップし、他の見知らぬミラジェンヌとネットを通じてのコミュニケーションが可能となった。m:i:x:iを例にとると、『ミラージュ』関連のコミュニティは、確認可能なものだけでも一二組織存在している（二〇一六年八月現在）。ミラージュツアーに特化したコミュニティだけを見ると、四〇〇人以上が登録をしている。『ミラージュ』の過去編である「昭和編」が二〇一四年から連載開始され、すでに舞台化も三回されるなど、人気が再燃している。[3]

二〇〇〇年代以降――『戦国BASARA』『薄桜鬼』を中心に

二〇〇〇年代以降、ゲームからアニメ、舞台などメディアミックス展開をしている『戦国BASARA』（二〇〇五〜）、『薄桜鬼』の登場により「歴女」となった女性が多数見受けられる（岩井 二〇〇九：四八）。「データベース消費」（東 二〇〇二）あるいは「物語消費」（大塚 二〇一二：一九三）とも言われる、キャラクター中心に〝世界観〟を共有した二次創作、消費の実践が加速する中、歴史上の人物もデータベースとして使用された。たとえば、戦国時代を中心にした歴史を、現代ドラマや音楽番組パロディなどで紹介したバラエティ番組『戦国鍋TV～なんとなく歴史が学べる映像～』（二〇一〇～一二）[4]も、戦国・幕末ブームを牽引した。さらには日本刀をイケメンに擬人化したオンラインゲーム『刀剣乱舞―ONLINE―』（二〇一五）（舞台・ミュージカル 二〇一六～、アニメ二〇一六、一七）の登場により、日本刀、刀鍛冶、刀の所有者（武将など）などへの興味が繋がり、すでに展覧会やゆかりの地へのコンテンツツーリズムが行われている（『読売新聞』二〇一五）。『戦国BASARA』（以下、『BASARA』）では、史実に基づいた大胆な解釈のキャラ設定により、英語を話すヤンキー風伊達政宗、熱血青年の真田幸村、ロボットの本多忠勝などが話題を呼び人気を得た。同様に、新撰組と幕末史をベースにした乙女ゲーム『薄桜鬼』は、テレビアニメ（二〇一〇、二〇一二）、OVA（二〇一二）、劇場版アニメ（二〇一三、二〇一四）、舞台（二〇一〇～）、ミュージカル（二〇一二～）と多メディアで展開している人気コンテンツであり、ゆかりの地である京都、東京、北海道などへのコンテンツツーリズムを促進させた。

歴女たちのこれらの作品への熱狂の背景には、次の要因が挙げられる。ゲームが苦手な女性ユーザーにも容易に扱えるコンソールとなり、女性ユーザーが増加したこと（『朝日新聞』二〇〇九a／中村 二〇〇九）、贔屓のキャラクターをコスプレする場やイベントが増加したこと、男性キャラクターがデータベース化され、BLカップリングなどをする妄想（チーム男子萌え（川口 二〇一〇））の余地があり、二次創作意欲を促したこと、魅力的な歴史の脇役や、悲劇的な死を迎える若い男性キャラクターが多く、女性ファンの共感をもたらしたことなどである。ここでは、とくに最後の二つの要因に注目して、歴女の歴史コンテンツツーリズムとの関係を論じる。

「歴女」の目——既存の歴史観への異論と敗者への眼施

歴史は主に男性中心に言説が作られている。『BASARA』にも、市（織田信長の妹で浅井長政の正妻）や雑賀孫市などの実在の人物に基づいた女性キャラクターや、女忍者《くのいち》の春日などの虚構の女性キャラクターが登場するが、彼女たちは常に周縁化されている。また『薄桜鬼』の主人公は千鶴という少女であるが、彼女は男たちのホモソーシャルな絆の媒介者として機能している。女性視聴者は、自分を女性主人公に過度に同一化せず、外部の第三者の他者としての立場から男性たちを眺めることができる。多様なタイプの男性キャラクターは、歴女の妄想を刺激し、登場人物同士のカップリングだけでなく、自分と好みの登場人物とのバーチャルな関係を構築することを可能にさせる。そうした現実と虚構の間で行われる実践が、女性の歴史コンテンツツーリズムで行われている。

たとえば、図6-2～6-4は、新撰組が壬生浪士組と呼ばれていた頃に駐屯していた京都壬生寺の壬生塚に置かれているビジターズノートからの抜粋である。図6-2のイラストは、『薄桜鬼』の藤堂平助で、平助が壬生寺訪問の動機だと書かれている。図6-3のゆいさんもおそらくはアニメを通じた沖田総司への愛を書き綴っている。図6-4のイラストは『薄桜鬼』の沖田である。二〇一二年の筆者の訪問時、置かれていた八冊のノートには、『薄桜鬼』や『銀魂』（新撰組をベースにしたキャラクターが登場するマンガ原作アニメ）の新撰組へのメッセージとイラストで満ちていた。これらのコンテンツを通じて、虚構のキャラクターとの繋がりを実際のゆかりの地の訪問によって彼女たちが確認していたのは明らかである。

史実と同じく、『薄桜鬼』の新撰組も〝賊軍〟として戦い、散っていく。この歴史的敗者というのが、女性たちを魅了させる要素でもある。こうした敗者への同情は、『BASARA』でも顕著である。伊達政宗の側近片倉小十郎が城主として治めた白石城（宮城県白石市）に二〇〇六～七年に急激に女性客

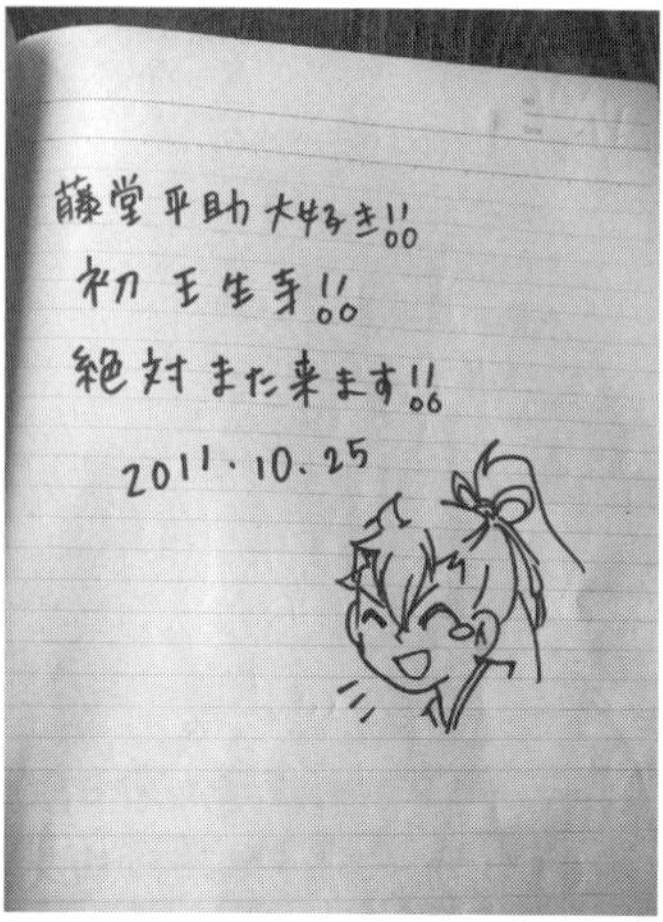

図６−２　藤堂平助についての書き込み

図６−４　沖田総司についての書き込み（２）

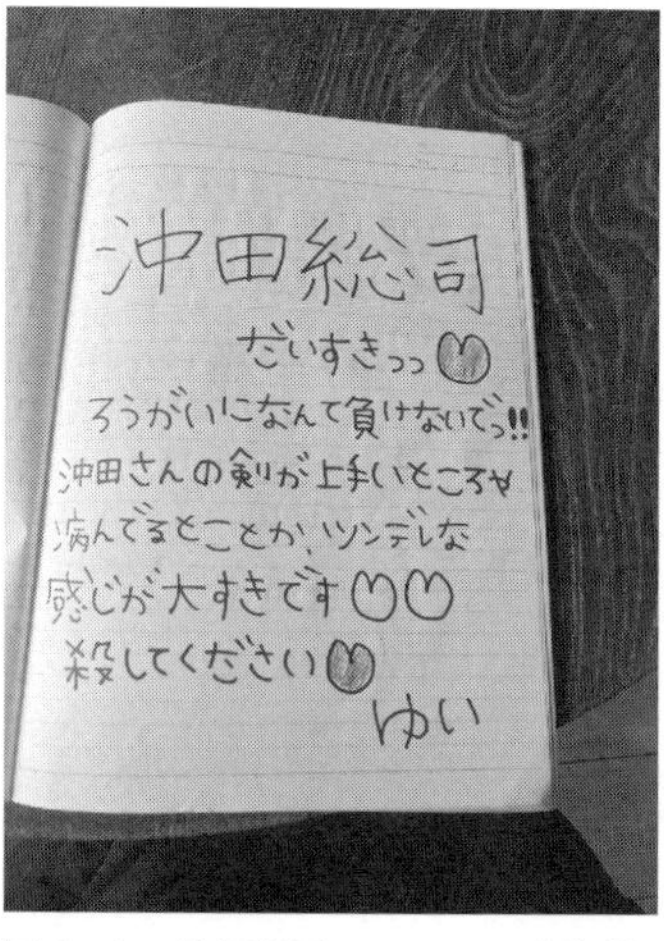

図６−３　沖田総司についての書き込み（１）

が増加し、主役の政宗よりも脇役小十郎への歴女の注目が顕在化した（山村 二〇一一：七九〜八〇）。そのほか、石田三成や長宗我部元親に関する事例は、特記すべきものがある。三成は豊臣秀吉の側近で、一六〇〇年の関ヶ原の戦後、処刑された〝逆賊〟である。出身地の滋賀県長浜市石田町（元石田村）は、江戸時代から反逆者の出身地として冷遇されたという。一九四一年に八幡神社（現・石田神社）の敷地から三成由来の墓が発見されたが、観光地としてはマイナーであった。三成の顕彰碑が建てられたものの、訪れるのは月に年配の男性二、三人だけだった（『朝日新聞』二〇〇九a）。しかし、石田町へのツーリズムシーンは、大河ドラマ『天地人』（二〇〇九）、『江』（二〇一一）、そして『BASARA』によって劇的に変化する。たとえば、それまで参加者が少なかった三成の供養祭には、二〇〇九年一一月には一六〇人以上が参加した。そのうちの多くが女性であった（『朝日新聞』二〇〇九b）。二〇〇九年を境に、三成を求めて町を訪れる観光客は年一〇〇〇人を超え、その九割が女性だという（『朝日新聞』二〇〇九b）。二〇一六年には、日本航空が石田三成ゆかりの地のみをめぐるオンリーツアーを開催している（図6-5）。

『BASARA』では、石田は若いイケメンであるが、亡き秀吉のために伊達政宗と徳川家康を執拗に復讐する狂気の青年として描かれている。三成ファンという女性（二三歳）は、「ゲームの中で豊臣秀吉に従う三成はかわいい」（『読売新聞』二〇一〇b）とコメントしている。前記大河ドラマの石田役には、小栗旬、萩原聖人という、若いイケメン俳優がキャストされ、ゲームやアニメでも肯定的に描かれることによって、歴史やそれまでのドラマなどにおける否定的イメージが払拭されたのである。

敗者の再評価は、長宗我部元親にも顕著である。元親は秀吉に占領される以前の四国（土佐）の大名である。地元以外ではほぼ無名の歴史的人物だったが、『BASARA』で若いイケメンの頼れるアニキタイプとして描かれたため、人気が急上昇。元親の像が建っている高知市の若宮八幡宮には、観光客

図6－5　日本航空主催の石田三成ツアーのホームページ（ジャルパック提供）

の劇的な増加が見られた。

銅像近くの記帳台には「元親公への手紙」と題したノートが置かれ、ざっと繰っただけでも北は宮城県、南は熊本県まで全国各地のファンがメッセージを残す。目立つのは若い女性だ。「アニキ、輝いてます」「全国有数のカッコ良さ」。まるでアイドルへの声援だ。（『読売新聞』二〇一〇a）

このような『ＢＡＳＡＲＡ』が誘引した歴女の歴史コンテンツツーリズムは、地方の共同体にも影響を与えている。二〇〇九年一月には、「長宗我部ファンクラブ」が発足。同年四月には、高知県立歴史民俗資料館に長宗我部家に関する常設展が設置された。博物館員によると「全国のファンが後押ししてくれた展示室。若者の強い好奇心に応える資料を紹介したい」（『読売新聞』二〇一〇a）ということで、若いファンの力の存在を強調する。

二〇一一年には、第一回長宗我部まつりが開催されている（高知市観光推進課二〇一二）。

このような歴史の中の敗者への熱い眼差しは、戦国時代、武将たちは野心に燃えていたが、歴女は野心を達成できず悲劇的な最期を迎えた武将に同情する。そして母性本能を刺激され、「守ってあげたい」と思うのではないかと推測される（『日経トレンディ』二〇〇八：二一七）。ミラージュツアーと同様に、二〇〇〇年代の歴女も、ゲーム、アニメ、ドラマで若いイケメンとして描かれた歴史上の人物を消費する過程で、精神的繫がり（関係性）を求めていることが分かる。歴史は、ポップカルチャーにおける表象を通じて、コンテンツの一つとして女性によって消費・利用されているのである。

3　「歴女」現象と〝ポップ〟スピリチュアリズム

「歴女」現象、パワースポットブームから見る集合的無意識

前述したように、ポップカルチャーを通じた、神社仏閣、史跡への歴女の歴史コンテンツツーリズムは、キャラクターと歴史上の人物と「私」の精神的繫がりを求める欲求によって誘引された。もちろん、こうした要素は女性だけの事例ではない。佐藤（二〇〇九）が指摘するように、アニメ『らき☆すた』の事例では、鷲宮神社がファンにとっての聖地になったのは、作品の舞台の一つであり、登場人物の設定にも関係するからであった。しかし、『らき☆すた』の登場人物は虚構であり、歴女によって表現された同種のスピリチュアリズムのようなものは、『らき☆すた』ファンと登場人物の間にはほぼ介在しない。たまたま舞台が神社だったが、たとえば学校でも商店街でも野原でも可能であった。対照的に、歴女の聖地巡礼は、歴史上の人物の霊魂との繫がりを（キャラクターというフィルターを通して）求めている点において、スピリチュアリズムと密接に関係している。多くの歴史上の人物の霊魂が、歴女が訪れる神社に廟祀されたり、寺院の墓石に安

置されている。史実と史跡（墓石、寺院、神社、城址など）が、歴女のイマジネーションを刺激し、そのイマジネーションを通じて、彼女たちの好きなポップカルチャーのキャラクターとの精神的繋がりを構築するのである。この歴女たちの霊魂を意識した精神的な繋がりの強調が、男性主導のコンテンツツーリズムとは異なる点である。

スピリチュアリズムとは、⑴霊魂（スピリット）が現実の主要要素であり、⑵死者の霊魂と生者たちは、霊媒者を通じて交流できるという信仰のことである（Spiritualism 2015：188）。日本では、八百万の神の存在や神通力、幽霊や死者の魂などを文化として受容しているが、近年とくに、そうした類に無縁なはずの若者の間に神社仏閣や霊的存在への関心が（少なくとも表面上）高まっている。精神分析医／批評家の香山リカによると、精神内科の女性患者の多くは、フェミニズムカウンセリング（彼女たちの悩みは個人に限定されたものではなく、「女性であること」が生む社会的、政治的問題に帰結する）には納得せず、「ありのままの自分」を受け入れてくれる霊的な存在を求めているというのだ（香山 二〇〇六：一一一～一一六）。景気の低迷やそれに伴う社会不安により、悩みを抱えた女性は論理的説明や解決よりも、超越的世界の霊的な存在による無条件の受容を求めるという（香山 二〇〇六：一一六）。

こうした表面的なスピリチュアリズムは、若者の愛国主義的行動やセンチメントと類似している。日本代表サッカーチームの応援や、小林よしのりのマンガの若者のポップナショナリズムに言及し、サカモトルミは次のように述べている。「ポップナショナリズムは、普通の人々が自分と国家を関係させる様式であり、それはしばしばポップカルチャーが媒介している。しかも歴史的文脈から分断されたイメージや意匠にかなり負っている」（Sakamoto 2008：10，引用者訳）。香山はこの若者の傾向を「ぷちナショナリズム症候群」（香山 二〇〇二：二七～二八）と呼んでいる。(5) 若者たちは自分たちの行動が戦時中の愛国主義やファシズムと容易に結び付く可能性があることを想像だにしないのだ。サカモトはさらに、ポップナショナリズムの脱歴史的、政治的文脈化は「高度資本主義／大量消費社会における生きる意味やアイデンティティの欠如や、バブル経済崩壊後の大きな社会不安」(Sakamoto 2008：2) から生じていると論じる。

同じような構造で、社会の不確実性を背景に、信仰や伝統とは無縁であり、金銭、社会的地位、物的所有にも固執する一方で、霊的パワー、神、超自然的なものに熱狂し、受容する振る舞いを、本章では「〝ポップ〟スピリチュアリズム」と呼びたい。日本でのポップスピリチュアリズム的雰囲気は、実質的には、宜保愛子、江原啓之などの〝霊能者〟を特集したテレビ番組、佳川奈未の著書、一九八〇年代末から二〇〇〇年代初頭に盛況を極めた自己啓発セミナーなどを通じて培われたと言える。とくにテレビなどのマスメディアが果たした役割は大きい。

一九七〇年代のオカルト、超能力ブームを背景に、心霊写真鑑定などを扱っていた『怪奇特集！あなたの知らない世界』(6) にゲスト出演していた主婦の霊能者宜保愛子は、八〇～九〇年代初頭まで特番で取り上げられ、彼女が芸能人の祖先の霊との交信や霊障の除霊を行う様子が放送された。スピリチュアリズムへの関心の高さは、関連書籍の売り上げやTBS「驚異の霊能力者宜保愛子」などの特集テレビ番組の増加に見ることができる。しかし、物理学者の大槻義彦（当時早稲田大学教授）を常に同じ場に置き、科学的観点から宜保の言説にコメントさせて客観性を担保するなど、番組がスピリチュアリズムに中立の立場にあることを明示し、オカルト、超能力ブームとは異なるエンターテインメント性を強調する振る舞いがあった。一九九五年のオウム真理教のテロ事件を契機にこうした番組が自粛されるまで、この宜保中心のスピリチュアルブームは続いた。

しかし、二〇〇〇年代には江原啓之らを中心に、かなりカジュアルな雰囲気でスピリチュアリズムが復活する。神道や英国心霊主義を学んだ霊能者である江原は、自らを〝スピリチュアルカウンセラー〟

と名乗り、心霊に対する否定的イメージを回避している（香山 二〇〇六：七二／磯村 二〇〇七：一三四／苫米地 二〇〇七：五五〜五六）。TOKIOの国分太一の司会で江原や美輪明宏が出演したテレビ朝日系列の「オーラの泉」（二〇〇五〜一〇）は、深夜番組として始まったが、二〇〇七年からはゴールデンタイムに移動した。宜保と同じく、江原はゲストの芸能人の先祖の霊や守護霊と交信し、霊障がある場合には〝除霊〟してみせた。しかし、宜保などの番組とは異なり、科学者の介入は皆無であった。江原は、あくまでカウンセラーという立場を出ず、落ち着いた低いトーンの声で霊のメッセージを「夢物語程度の話」と前置きし、信用の強制はしなかった。こうした態度は、視聴者に猜疑心を抱かせることなくスピリチュアリズムに親近性を持たせることに繫がったと言えよう。

佳川奈未は、ミラクルハッピー奈未ちゃんのニックネームを持つ『おもしろいほどお金を惹きよせる心の持ち方』（二〇一一）などの啓蒙書の著者である。本来、「あの世」を信じるはずの心霊主義と、俗世／現世の執着とは相容れないものである。しかし佳川は、金儲けや物欲を否定せず、自分が幸せになるためにスピリチュアルを用いてさえいる。したがって、こうした大衆化した心霊主義、つまりポップスピリチュアリズムとは、俗世の物質主義的生活を否定することなく、悩みや不幸を前世の行いのせいとして棚上げし、先祖の守護霊や超越的存在を信じ委ねることで、自分を肯定する手軽な手段なのだ。パワースポットブームが同時期に生じたのは、偶然ではないだろう。

こうした、ポップカルチャーを通じて、過去と現在を霊的に、かつカジュアルに結び付けるポップスピリチュアリズムの〝癒し〟効果が、二〇〇〇年代の歴女の歴史コンテンツツーリズムには顕著である。二〇〇〇年代以前にも、女性の歴史ツーリズムは存在していた。しかし、『ミラージュ』『BASARA』『薄桜鬼』が誘引した歴女の歴史コンテンツツーリズムは、ポップスピリチュアリズムを背景とした、〝関係性〟構築のために、神社仏閣、城址、墓地などの霊場も繰り返し訪問するという点で、アニメの舞台や映画のロケ地を訪ねる既存のコンテンツツーリズムとは一線を画している。戦国、幕末の歴史上の人物たちは、実際に神社に祀られていることが多い。それらを訪ねることで、彼女たちの好きな武将や志士の霊魂を実感する。したがって、歴女の歴史ツーリズムは、死者の魂と虚構のキャラクターと自分との繋がりを作り上げる儀式である。しかも、歴女たちの熱狂によって、前述した日本航空の「石田三成ツアー」のように既存の観光ツアーでは採算の取れない歴史上の敗者にまつわる地を、観光地として活性化させた。また、勝者によって語られてきた「史実」というヘゲモニックな歴史観を不安定化させ、歴史上の敗者の再評価にも繋がったのである。二〇一〇年の石田三成生誕四五〇年祭の盛り上がりや、二〇一二年の長宗我部まつりの開始など、歴女の歴史コンテンツツーリズムの貢献は大きい。

4　「歴女」の社会文化的意味とは

本章では、女性の歴史ツーリズムを通史的に整理し、各メディア誘引型の歴史ツーリズムから、メディアミックスやネット環境の変化を背景にした、コンテンツを消費、利用する歴史コンテンツツーリズムへの変化を論じた。こうした女性の観光や行動の社会文化的意味をまとめてみよう。

一九六〇年代後半、高度経済成長期によって、公共交通手段が発達した結果、女性たちも気軽に自由に旅行に行けるようになった。一九七〇年代に入ると、ファッション雑誌や国鉄のキャンペーンによって、女性が自立した個人旅行者として社会に顕在化し、しかもそれがおしゃれなトレンドとして表象された。各メディア誘引型のツーリズムは、一九九〇年代から多メディアプラットフォームで展開する世界観の共有（コンテンツ）として変容し、物語性、キャラクター、舞台、そして〝関係性〟への注目を特徴とした女性のコンテンツツーリズムの萌芽が見え始める。女性の歴史コンテンツツーリズムで顕著なのは、実際の歴史上の人物が祀られた神社、墓所、城址など、神聖とされる場所を訪問することで、日本史の見直しだけでなく、その行動を通じてスピリチュアリズムへの敬意や受容という意味も生成したところである。現実の舞台を訪問することで虚構の世界を実感することは、コンテンツツーリズムには珍しくないのだが、歴女のコンテンツツーリズムの場合、実在した人物の霊魂と触れること、そして虚構（アニメ、ゲームなど）のキャラクターのイメージを通じて、キャラクター、霊魂、そして「私」との繋がりを実感・構築するところが、既存のコンテンツツーリズムと差別化されている点である。だが、歴女たちは特別信心深いというわけではなく、即物的な欲望を排除することなくスピリチュアリズムを楽しむような「ポップスピリチュアリズム」というべき特性を、彼女たちは持ちあわせているのである。もちろん、ポピュラー文化を契機に、ポップスピリチュアリズムから、本格的な信仰へと進展した歴女たちも皆無ではないだろう。また、〝史実〟や実在の人物が、コンテンツとして消費、二次利用されることに問題がないわけではない。神社に残されるアニメの「痛絵馬」(7)に不快感を表す人や、アニメと史実を混同した行いが地元の不評を買う例もある。が、歴女の歴史コンテンツツーリズムによって顕在化した、新しい視座の意味生成過程やその有効性を析出する方が、女子文化に関する知見を問う際には有益であろう。

白石市や高知市などの経済効果もさることながら、歴女たちのコンテンツツーリズムが照射した点は、「繋がり」のパワーと、ヘゲモニックな歴史へのオルタナティブを与えていることである。「繋がり」のパワーとは、前述した三者（虚構のキャラクター、元ネタとなった歴史上の人物、そして「私」）との繋がり（関係性）の構築だけでなく、地域共同体との繋がりにも発展しているケースが多いことである。たとえば、石田町では、歴女の歴史コンテンツツーリズムによって、町が活気づいたことは確かであるが、土産物屋やバスの本数の顕著な増加など、表面上あからさまな変化は見られない。しかし、歴女の訪問によって、地元の顕彰会が行う石田三成の法要祭の維持の大義名分ができ、地域共同体への若者参加に繋がった例もある。また、長宗我部元親の人気上昇のおかげで、高知市に祭りが新たに作られたり、常設展示、つまりアーカイブの構築が開始されたり、『刀剣乱舞』人気で日本刀の展示会が各地で開催されるなど、地方アイデンティティの構築や、ヘゲモニックな歴史からは逸脱していた資料の掘り起こしに繋がっている。こうしたことは、ヘゲモニックな歴史の見方を変える視座の提供と言えるのである。

二〇一六年現在、「歴女」はブームをいったん終え、刀剣女子、城女子など、趣味領域の細分化や、多様なコンテンツツーリズムの事例が登場している。こうした細分化された領域で、女性によって何が生み出されているのか、そこにジェンダーがどう関わっているのか、継続的な検証が必要であろう。

注

（1）たとえば、二〇一五年六月二日のNHKの朝の帯番組「あさイチ」では、「日本刀女子」として、博物館に殺到した女性たちを紹介している。そのほか、舞台、ミュージカル化（二〇一六）も後押しし、各地域での日本刀展示会にも女性ファンが押し寄せている。

（2）川中島合戦に参加しているのは、登場人物の中では色部と安田のみ。直江の父景綱も参戦しているが、景綱は物語には出ていない。

（3）フェイスブック、ツイッターでも、閲覧可能な新規投稿としてミラージュツアーの書き込みが多数検索できる。

（4）『戦国鍋TV～なんとなく歴史が学べる映像～』は、独立ローカル局であるテレビ神奈川、千葉テレビ、テレビ埼玉、サンテレビの共同制作バラエティ番組。あまりの人気のため全国ネットでも放映され、DVD化もされたユニークな事例である。

（5）香山は二〇一五年に『がちナショナリズム――「愛国者」たちの不安の正体』（ちくま書房）で、もはや

「ぷちナショナリズム」が、深刻な右傾化へと変化していると述べている。

（6）『怪奇特集！あなたの知らない世界』（一九七三〜）は日本テレビ系列の昼の帯番組の一部として放映された。心霊に関する出来事を再現ドラマで見せ、人気があった。

（7）絵馬にアニメのキャラクターを描いたもの。オタクの熱意が〝痛い〟と表現され、痛○○（○○には媒体の名称）と呼ばれる。（例、痛車）

参考文献

赤木洋一、二〇〇七、『「アンアン」1970』平凡社。

井上順孝、一九九九、『若者と現代宗教——失われた座標軸』ちくま新書。

東浩紀、二〇〇一、『動物化するポストモダン——オタクからみる日本社会』講談社。

磯村健太郎、二〇〇七、『〈スピリチュアル〉はなぜ流行るのか』PHP研究所。

岩井敏明、二〇〇九、「歴史系ゲーム・歴史系アニメの変遷と『歴女』を生み出すメカニズム」『調査情報』九一〇月、四九〇号：四六〜四九。

大塚英志、二〇一二、『物語消費論改』アスキー・メディアワークス。

オリコンライフ、二〇〇九、「『戦国BASARA』のキャラ起用——『歴女』に向けた武将巡礼ガイド本発売」二〇〇九年九月三日。

香山リカ、二〇〇二、『ぷちナショナリズム症候群——若者たちのニッポン主義』中央公論社。

香山リカ、二〇〇六、『スピリチュアリズムにハマる人々、ハマらない人』幻冬社。

川口有希、二〇一〇、「BL、歴女…オタク女子の新世界　私たちみ〜んな〝乙女〟萌え！」『アエラ』二〇一〇年七月二六日号：四四〜四七。

桑原水菜、一九九二、『炎の蜃気楼8　覇者の魔鏡（後編）』集英社。

桑原水菜、一九九三、『炎の蜃気楼11　わだつみの楊貴妃（中編）』集英社。

桑原水菜、一九九四、『炎の蜃気楼14　黄泉への風穴（後編）』集英社。

桑原水菜、一九九四、『炎の蜃気楼「炎の蜃気楼」紀行』コバルト文庫。

桑原水菜、二〇〇五、『炎の蜃気楼2　緋の残影』集英社。

県政e新聞、「『近江路歴女ブロガー旅紀行』参加者決定！」二〇一〇年八月三一日、http://pref.shiga.jp/hodo/e-shinbun/fb01/20100831.html（二〇一一年四月二日最終アクセス）

高知市観光推進課、「第一回長宗我部まつり」、二〇一二年四月一二日、http://www.city.kochi.kochi.jp/soshiki/39/chosokabematsuri-1.html（二〇一六年九月一日最終アクセス）

国鉄、「ディスカバー・ジャパン木曽路篇」、一九七一年、https://www.youtube.com/watch?v=5wLmnhtn7Es&list=PLNFMW4Dn_seo10syPTiUR4o3e2hZTOw0A&index=1（二〇一六年九月二五日最終アクセス）

コバルト編集部・黒崎彰、一九九八、『炎の蜃気楼を巡る――ミラージュ・フォト紀行（東日本編）』集英社。

斎藤環、二〇〇九、『関係する女 所有する男』講談社新書。

佐藤善之、二〇〇九、「いかにして神社は聖地となったか――公共性と非日常性が生み出す聖地の発展」北海道大学文化資源マネジメント研究室編『CATSライブラリー――メディアとコンテンツツーリズム』北海道大学高等観光研究院：七一～八四。

JTB、二〇一〇、「戦国武将ゆかりの地を訪ねて」、http://www.jtb.co.jp/kokunai/pkg/basara.

品田英雄、二〇〇九、「女性が阿修羅にうっとり。仏像ブームを見に行った！」『日経トレンディ』二〇〇九年四月二〇日、http://trendy.nikkeibp.co.jp/article/column/20090415/1025472/

自由国民社、二〇〇九、「『現代用語の基礎知識』選　第二六回二〇〇九（平成二一年）ユーキャン新語・流行語大賞」、http://singo.jiyu.co.jp

白河桃子、二〇〇九、「なぜ二〇代高学歴女子は〝専業主婦〟ねらいなのか」『プレジデント』二〇〇九年六月二九日：六八～七五。

苫米地英人、二〇〇七、『スピリチュアリズム』にんげん出版。

中村彰徳、二〇〇九、「今どきゲーム事情『歴女』ってなんだ?：戦国アクションゲームを取り巻く慟哭を徹底解明！」、Gamebusiness.jp、二〇〇九年六月一七日、http://www.gamebusiness.jp/article.php?id=36（リンク切れ)。

『日経トレンディ』、二〇〇八、「不思議ヒットを斬る四五――戦国武将」二〇〇八年四月号:二二六~二二七。

橋本裕之、二〇〇六、「まつり――創られる旅」小口孝司編『観光の社会心理学――ひと、こと、もの三つの視点から』北大路書房:一六七~一八三。

林真希、二〇〇五、「ディスカバージャパンキャンペーンにおける観光の視点と対象に関する研究」、東京工業大学大学院社会工学専攻修士論文 http://www.soc.titech.ac.jp/publication/Theses2005/master/03M43228.pdf
深沢真紀、二〇〇九、「深沢真紀の平成女子図鑑――歴女と和女子」『日経ビジネスオンライン』二〇〇九年五月二二日、http://business.nikkeibp.co.jp/article/skillup/20090520/195263/

富士フィルム、二〇一〇、「歴史ブームにみる新ビジネスの期待」『クラブGC』二〇一〇年六月一〇日。https://net-fbs.com/dyn/member/gc/gr/1006/index.html
増淵敏之、二〇一〇、『物語を旅するひとびと――コンテンツツーリズムとは何か』彩流社。

ミラージュツアーコミュニティ、MIXI, http://mixi.jp/view_community.pl?id=1041393.

山田昌弘、二〇〇四、『希望格差社会』筑摩書房。

山村高淑、二〇一一、『アニメ、マンガで地域振興――まちのファンを生むコンテンツツーリズム開発法』東京法令出版。

『クレア』「四七都道府県のパワースポット」二〇一〇年三月号:一二六~一一六。

『朝日新聞』山形県版、一九九七年四月二〇日付朝刊、「炎色のワイン　芸工大生が商品企画　上杉まつり前に限定販売」。

『朝日新聞』新潟県版、二〇〇八年六月一二日付「知将直江兼続足跡を訪ねて15――鮫ヶ尾城跡に『最後の食事』」、三四面。

『朝日新聞』二〇〇九年五月二〇日付a、「押し寄せる歴女　ゲームで人物像に共感」、二五面。

『朝日新聞』滋賀県版、二〇〇九年一二月九日付b、「恋する人は戦国武将　『歴女』先陣、湖東・湖北の町元気に」、三四面。

『朝日新聞』二〇一〇年一二月二〇日付a、「八六〇万人が伊勢参り　過去最高　〝パワースポット〟効果?」、http://www.asahi.com/travel/news/NGY201012200009.html
『朝日新聞』栃木県版、二〇一〇年九月二四日付、「土方歳三に着目『歴女』呼び込め　うつのみやヒミツめぐりツアー」、三五面。
『日本経済新聞』二〇一〇年五月三一日付、「『イケてる』若者の仏像ブームを語る　イラストレーターみうらじゅんさん」、http://www.nikkei.com/article/DGXDZO06450660X20C10A4BE0P00/（二〇一五年一〇月七日最終アクセス）
『読売新聞』一九八二年一二月一三日付a、「江戸から昭和へ　東京の史跡をあるく――泉岳寺」、二一面。
『読売新聞』一九八二年一二月一五日付b、「不況へ討ち入りだ　義士祭、吉良祭に五万人」、二〇面。
『読売新聞』高知県版、二〇一〇年一二月二日付a、「夏草の腑　元親の豪気　若者魅了」、二八面。
『読売新聞』二〇一〇年七月二四日付b、「イケメン武将の刀紹介　長船博物館に五〇点　『歴女』に人気」、二五面。
『読売新聞』二〇一五年七月一七日付、「刀剣女子　全国乱舞　ゲームが口火　展示に殺到」、一八面。
Sakamoto, Rumi, 2008, "Will you go to war? Or will you stop being Japanese? Nationalism and history in Kobayashi Yoshinori's Sensoron," Michael Heazle and Nick Knight（eds.）, *China-Japan relations in the twenty-first century: creating a future past?* Cheltenham: Edward Edgar. Posted at Japan Focus. 14 Jan. http://japanfocus.org/-RUMI-SAKAMOTO/2632.
Seaton, Philip, 2015, "Taiga dramas and tourism: Historical contents as sustainable tourist resources," *Japan Forum*, 27（1）: 1–22.
Seaton, Philip, and Yamamura, Takayoshi, 2015, "Japanese Popular Culture and Contents Tourism: Introduction," *Japan Forum*, 27（1）: 1–11.
Spiritualism, 2015, Merriam-Webster Dictionary, www. merriam-webster_com/dictionary/spiritualism?show=O&T=1300523904.（二〇一六年九月一日最終アクセス）

Sugawa-Shimada, Akiko, 2015, "Rekijo, pilgrimage and 'pop-spiritualism': pop-culture-induced heritage tourism of/for young women," *Japan Forum*, 27（１）：37–58.

The Art News Paper, 2010, "Exhibition and museum attendance figures, 2009, 23–30. http://www.theartnewspaper.com/attfig/attfig09.pdf.

［付記］この章は "Rekijo, pilgrimage and 'pop-spiritualism': pop-culture-induced heritage tourism of/for young women"（*Japan Forum*, 27（１）：37–58, 2015）を大幅に加筆・改変したものである。

コラム6　『毎日新聞』「現代女子論」を取材して

反橋希美

娘の気持ちが分からない。妻の趣味が理解できない。悩める男性たちにも分かるように、価値観やライフスタイルの変化著しい現代女子文化の現在形を切り取る。

『毎日新聞』（大阪本社版）夕刊の「現代女子論」は、こんなコンセプトを掲げ、二〇一六年春までの三年間、連載が続いた異色企画だ。企画を立てたのは私と先輩女性記者だが、甲南女子大学で開催されている「女子学研究会」にヒントを得たのがきっかけだった。初めてのぞいた時の興奮は今でも覚えている。大学の「センセイ」方が、額をつきあわせて「ロリータ服のトレンドの変遷」について語る姿が最高におかしく刺激的で、「これを新聞でも！」と思った。

こうして二〇一三年四月、(1)比較的年代が若い女性の、(2)生活文化（なかでもポップカルチャー）――という、新聞でもマイナーな題材を扱う異色の企画が始まった。

四週に一度の掲載で、最終回の二〇一六年三月まで、三六のテーマを扱った。執筆したのは、普段「くらし面」を担当している三〇～四〇代の女性記者四人。取り上げた題材は、大きく、(A)男性の愛好者が多い趣味の分野に女性が進出している系（例：DIY、カメラ、鉄子、カープ女子、囲碁ガール、恋愛ゲーム、官能など）、(B)女性の生活文化、価値観を掘り下げ系（例：壁ドン、美魔女、ぽっちゃり、化粧のビフォーアフターを公開する女子など）、(C)女性特有のサブカルチャー系（例：ゴスロリ、アイドルになりたい女子、古墳女子、きのこ女子など）――に分けられる。

(A)のキーワードは、本書タイトルにもある「カワイイ」。「空や子供をかわいく撮りたい」と語るカメラ女子に、「チームカラーの赤がかわいい」というカープ女子、天体観測グッズに「かわいさ」を求める宙ガール――。くわえて「思い描いたものができあがれば、どうやって作ったかは問題じゃない」（DIY女子）、「大切なのはF値だの露出だのと小難しいテクニックや写真論ではなく『私らしさ』」（カメラ女子）と〝ユルさ〟が特徴的だ。

　こうした男性の愛好者が多い趣味は、ネットで男性と見られる投稿者から「クオリティーが低い」「邪道」と馬鹿にされがちだが、連載を読んだ男性記者は「男が同じ趣味を持つ者同士で集まると、知識自慢などの競争が生まれるのに、これほど繋がれるのはうらやましい」と漏らした。カメラ女子の回で、甲南女子大学の馬場伸彦教授が「『かわいい』は一つのモード（流行）。この言葉を通じて、自分の世界を他者と共有できる」「『私らしさ』を互いに大事にすることで、競争のない居心地のいいコミュニティーが作れる」と指摘しているが、納得だ。
　(A)～(C)を通じて垣間見える現代女性の恋愛観も興味深い。女性向けの恋愛ゲームや官能商品、「壁ドン」ブームのいずれもが「男性から強く迫られる私」「守られる私」を求めていた。草食男子が増えているとされる中、「せめてファンタジーで」との女性の願望の現れかと思いきや、「壁ドン」の回では、実際に壁ドンされたことがある女子高生のインタビューも紹介されている。こうした「女性向けファンタジー」が現実の恋愛関係に変化をもたらしているのか、今後要チェックの現象だ。
　最後に、登場する女性たちについて。ざっくり総括してしまうと、共通するのは皆「自分好き」で「めちゃくちゃ楽しそう」なこと。美魔女、アイドルといった、自らの女性性を存分に楽しみ、アピールしているかのように見える女性たちも「女性に美しさや若さを求める社会の犠牲になっている」わけではなく「自分が輝くため」に頑張っている。「きのこ」「古墳」といったニッチ過ぎる趣味も、「何でそれにハマる？」と不思議がる世間の目を楽しんでいる。女子たちの熱に浮かされて自らもハマったり、時には「最後まで共感できない」とぼやいたりしながら取材した記者たちだが、毎回女性たちから勇気や力をもらえた。男女平等度が先進国の中でも低いとされる日本。だが「現代女子論」の取材では、そんな数値では分からない、女子の底力やしなやかさを教えられている気がした。

第7章　都市のハロウィンを生み出した日本社会
──需要される偶有的なコミュニケーション──

松谷創一郎

1　盛り上がる都市のハロウィン

二〇一五年一〇月三一日の夜、東京の街はハロウィンに覆われた。この年は土曜日ということもあり、多くの若者がコスプレをして都市に繰り出した。

ハロウィン(1)が日本で盛り上がり始めたのは、二一世紀に入ってから、とくに二〇一〇年以降のことだ。渋谷や六本木だけでなく、二〇一五年の段階では大阪や福岡などの地方の大都市でもハロウィンは定着しつつある。

渋谷や六本木などの都市のハロウィンの特徴は、それが自然発生的（創発的）な現象であることだ。イベントを仕掛ける地方自治体やグッズを販売する小売店、そして街の盛り上がりを報じるマスコミなど、ハロウィンを盛り上げるさまざまな要素もあるが、あくまでもそれを主導していたのは、一般の人々だった。つまり、ボトムアップ型の草の根イベントなのである。

それにしても若者たちは、なぜハロウィンで都市に集うのだろうか。本章では、それを二〇一四、一五年の参与観察を踏まえて考察する。さらには、それを歴史、メディア、商業、コミュニケーション等、多角的な見地から分析していく。

2　ハロウィンの歴史

まず振り返っておくのは、ハロウィンの源流と変遷、そして日本に流入し、浸透していったプロセスである。

一九八〇年代

ハロウィンは、紀元前にヨーロッパで栄華を極めた古代ケルト人の収穫祭・サムハイン祭に起源を持つ。その後、八世紀半ばにキリスト教の祝祭日と合流し、他のさまざまな文化の影響を受けてかたちを変えながら続いていった。庶民に浸透し、子供を中心とした祭として定着していくのは、アメリカ大陸に渡った一九世紀に入ってからだ。カボチャをくり抜いて作る人形、ジャック・オー・ランタンが普及するのも、この時期のアメリカからである。そして二〇世紀以降は、アメリカ発のサブカルチャーとして商業性を強めながら世界に拡がっていった。

日本において確認できる最古のハロウィンの記録は、開国直後の一八七六年に遡る。横浜の外国人居留地で、スイカをくり抜いたジャック・オー・ランタンで若い女性を驚かせた外国人の新聞記事が残っている。(2) しかし、日本でハロウィンが目立ち始めるのは、それからさらに一世紀の歳月を要することとなる。

「ハロウィン」という言葉が日本でも一般にも広く知られるようになったのは、一九七九年以降のことだ。きっかけとなったのは、アメリカのホラー映画『ハロウィン』の公開である。ジョン・カーペンター監督の出世作となったこの映画は、低予算にもかかわらずアメリカで大ヒットし、それもあって日本でも中規模ながら公開された。(3)

もちろんそれまでにもハリウッド映画でハロウィンの描写は幾度も見られたが、それが「ハロウィン」という言葉とともに明確に一般に認知されたのはやはりこの作品がきっかけだ。同時にこの映画タイトルが「ハロウィーン」ではなく「ハロウィン」だったことも、後に日本における表記の混在を招くきっかけになったのかもしれない。

その後もハリウッド映画を中心に、ハロウィンは徐々に認知を広げていく。たとえば一九八二年に公開され、当時としては歴代最大のヒットとなったスティーヴン・スピルバーグ監督の『E．T．』にもハロウィンの描写は見られる。ハロウィンの夜、子供たちは仮装し、宇宙人・E．T．にも白い布をかぶせて連れ出す。ハロウィンだからこそ夜の外出も可能であり、布を被ったE．T．も珍奇な姿だと見なされなかったのである。このようにして、ハロウィンが子供たちの「怖い祭」という認識が広がっていく。そして八五年には、朝日ソノラマから月刊のホラー少女マンガ誌『ハロウィン』が創刊される。ハリウッド映画などによって認知が広がるのと並行し、都市でも徐々にハロウィンのイベントが行われるようになっていく。一九八三年からは東京・表参道で玩具・雑貨店であるキデイランド主催の仮装パレードが開催されるようになり、八七年には恵比寿・代官山でも二〇〇〇人を集めたパレードが行われる（キデイランド 二〇〇九）。

一九九〇年代

八〇年代に徐々に拡がっていったハロウィンは、九〇年代もさらなる拡がりを見せていく。一つの大きなポイントとなったのは、やはりハリウッド映画であった。一九九四年に公開されたティム・バートン監督の『ナイトメア・ビフォア・クリスマス』もハロウィンをモチーフとした作品だった。

九七年からは、神奈川・川崎で現在まで続く仮装パレード・KAWASAKI HALLOWEENが始まる。また、九〇年代中期頃からは欧米の外国人を中心とした非公式の草の根イベントが開催されるようになる。それは東京都心の環状線であるJR山手線の一両を専有して、走る電車のなかで大騒ぎするというものだった。ネットがまだ広く普及していないこの時代、一部の外国人コミュニティで盛り上がっていたこのイベントは、九七年に公務執行妨害と外国人登録法違反で二人が逮捕されるという騒動にもなる(4)。

一九九七年からは、ディズニーランドでも現在にまで続くイベント「ディズニー・ハロウィーン」が開催されるようになる。当初は一〇月三一日のみだったが、その規模は段階的に拡大していく。二〇〇〇年からは一〇月いっぱいがハロウィン期間となり、〇一年からは三一日に限ってディズニーキャラクターの仮装が許され、〇二年からは仮装パレードも始まる。そしてその後、ハロウィン期間のディズニーランドは、条件付きで入場者の仮装が許されるようになる（ディズニーファン編集部編 二〇一三）。

九〇年代の日本におけるハロウィンの認知においては、アメリカで起きたある事件についても記しておかなければならない。一九九二年一〇月一七日、アメリカ・ルイジアナ州バトンルージュに留学していた日本人の男子高校生が、仮装してハロウィンパーティーで訪問する家を間違え、そこの住人に拳銃（マグナム）で射殺される事件が起こった。この一件は、アメリカにおける市民の銃所持が日本で問題視される大きな契機となったが、同時に事件が細かく報道されることにより、ハロウィンそのものの認知をより広めることにも繋がった。

二〇〇〇年代に入ると、ネットと携帯電話のさらなる普及、自治体の「まちおこし」を目的とした積極的なイベントの推進、さらにさまざまな小売店のハロウィングッズ販売、そしてマスメディアの強い注目により、ハロウィンは盛り上がっていくこととなる。

ノンフィクション作家のリサ・モートンは、アメリカを中心としたハロウィンの特徴を以下の四つにまとめる。

1、異教的歴史とキリスト教的歴史の両方を持つこと
2、秋の終わりで冬の始まりに行われること
3、世界中の死者の祭と関わりがあり、陰鬱かつぞっとさせる要素を保ち続けていること
4、新年祝典と収穫祭が結び付いているために騒々しい一面を持ち合わせ、パーティーや迷惑行為を伴って祝われてきたこと

(Morton 2012：14)

これらの側面は、日本でも十分確認できるものだ。ハロウィンは二〇世紀以降も姿を変えていったように、日本に流入してからも独自の変化を見せている。モートンがハロウィンを「サブカルチャー」とも説明するように、それはクリスマスなど他の宗教的祝祭とは異なり、伝統的要素をある程度は含みながらも変容する可能性を常に秘めている。

3　都市のハロウィン

ここからは、近年に東京で生じたハロウィンの様子を確認する。主にそこで注目するのは、渋谷・センター街に集う若者たちの様相である。筆者は、二〇一四、一五年の一〇月三一日に自らも仮装して渋谷に赴き、三〇人以上の人々に話を聞いた。また、渋谷だけでなく、池袋や六本木、原宿にも足を運び、それぞれの都市でハロウィンがどのように行われているか参与観察した。

とはいえ、それは調査としてさほどの精度を持ったものとは言えない。ハロウィンは年に一日限りであり、混雑もあって全容を把握することは難しい。しかし、それ以上の調査が簡単でもないことも確かである。

以下、そうした限定的な調査であるという前提をもとに、都市のハロウィンの状況についてそれぞれの要素ごとに記述していく。

図7－1　2015年10月31日の渋谷センター街（筆者撮影）

渋谷ハロウィン概況

二〇一五年、ハロウィン前日の一〇月三〇日金曜日の夜、渋谷にはすでにコスプレをした若者たちが散見された。とはいえ、混雑はいつもの金曜日とそれほど大きな差はない。人通りは多いが、センター街を歩いて移動することもまったく困難はない程度であった。

しかし、翌三一日のハロウィン当日は、その様子が一変する。渋谷駅前のハチ公前広場からセンター街にかけて、数多くの人々が集ったのである。具体的な人数は分からないが、推定五〜一五万人ほどが半径五〇〇メートルほどの場所に集中していたと推定できる。自動車がすれ違うのがやっとなほどの幅しかないセンター街は、完全に一方通行状態となり、歩くのもままならない満員電車並みの混雑を見せた。前年（二〇一四年）と比較すると、その混雑は体感的に一・五倍ほど増した印象だった。

こうした混雑は、センター街を中心に渋谷駅西口全域に広がっていた。具体的には、センター街から一つ南側の大通りである東急本店通りやその並びにある渋谷109、センター街の入り口からパルコ方面に上がる公園通り、センター街からパルコに抜ける細い路地・スペイン坂にも人が溢れている状況だった。

二〇一四年と一五年の違いは、参加人数が大きく増えたことだけでなく、コスプレ（仮装）をしていない人の割合も増加したことでもある。とくに目立ったのは一人で来ている中年男性だ。おそらく、マスコミの報道などで渋谷の状況を知った見物人（野次馬）であり、おもに撮影を目的としていた。これは一五年が土曜日だったことと関係しているのかもしれない。

参加者、コスプレ、コミュニケーション　渋谷ハロウィンにコスプレをして集まる多くの若者には、明確な特徴がある。それは大学生が圧倒的に多いことだ。これには分かりやすい理由がある。一〇月末は、大学の学園祭の時期と重なるからである。学生は授業停止期間の時間を使ってコスプレの準備をし、学園祭のノリで、あるいは学園祭には参加せずともハロウィンには参加する。都市のハロウィンとは、学園祭的な大学生文化と共振して盛り上がってきた側面が大きいのである。

こうした若者たちの構成比は、女性七に対し男性三という割合だ。そして、その多くは男女それぞれのグループで構成されていた。とくに目立つのは二～三人組の女性である。対して男性グループは三～五人と、その集団性がやや大きくなる傾向がうかがえた。その一方で、男女混成の集団はほとんど見かけない。恋人同士、あるいは異性同士の集団はほとんどいないのである。これは、恋人や恋愛関係を軸としたクリスマスやバレンタインデーなどとは、明確に異なる点だ。

若者以外の参加者ももちろんいる。金曜日だった二〇一四年のハロウィンでは、会社帰りの女性たちが目元や頬にちょっとしたメイクを施して参加気分を味わうなどの光景も見られた。また、仮装した子供を連れた大人も、多くはないが見られる。なかには、まだ立つのもやっとの幼児がコスプレ姿で注目されているケースもあった。

二〇一五年は見物目的と思しき人も増えたが、参加者の多くはコスプレをしている。コスプレといっても、コミケなどで見られる日本のアニメやマンガなどのキャラクターを入念に模したものはごく少数で、その多くはとてもカジュアルなものだ。ほとんどがドン・キホーテなどの量販店やネット通販（Ａｍａｚｏｎや楽天）などで三〇〇〇～六〇〇〇円ほどで一式買えるパーティーグッズ用の衣装である。

図7－2　ゾンビメイクのハロウィン参加者
（2014年10月31日／筆者撮影）

もっとも「定番」と言えるコスプレは、学校制服にゾンビメイクである。制服は高校生時代に着用していたものを使い、それに加えて顔や腕に傷や血のメイクを施すものだ。傷口はただ描くのではなく、特殊なパテを使って生々しく表現する。これも専用のメイクグッズが量販店で安価（一〇〇〇円ほど）で売られるようになったことで可能となった。

他の定番的なコスプレとして挙げられるのは、『スーパーマリオ』や『ウォーリーをさがせ！』『スパイダーマン』などのキャラクターである。また「かぶりもの」と呼ばれるようなコスプレも少なくない。大きなバナナやパイナップルなど、なんらかのキャラクターではない仮装である。

コスプレには流行もある。顕著なのは、その年に流行った映画などの影響だ。たとえば二〇一四年の場合は、この年に大ヒットしたディズニーのアニメ映画『アナと雪の女王』や、同じくディズニーのファンタジー映画『マレフィセント』のコスプレが目立った。また、この年の後半に瞬間的にブレイクしたお笑いコンビ・日本エレキテル連合のコスプレも少なくなかった。だが翌一五年では、これらのコスプレはほとんど見かけなかった。かわりに目立ったのは、やはりこの年にヒットしたハリウッドのアニメ映画『ミニオンズ』のキャラクターや、この年に実写映画が公開された『進撃の巨人』の隊員コスプレなどである。また、ドン・キホーテなどの小売店がより一層ハロウィン衣装に力を入れたこともあり、若い女性による小悪魔スタイルが増えたのも特徴であった。

都市のハロウィンにおいて人々の最大の目的は、こうしたコスプレにあるといっても過言ではない。

普段はしない格好をして、非日常なイベントを友人たちとともに楽しむのである。

もう一つの目的は、そのコスプレ姿を写真に撮って共有することである。それは友人たち同士でプリクラに行き記念撮影することよりも、見知らぬ者同士で声をかけあって記念撮影することが主目的である。撮影する機材はデジカメのケースもあるが、ほとんどはスマートフォンである。撮られた写真は、インスタグラムやLINE、フェイスブック、ツイッターなどネットのソーシャルサービスで公開・共有されるケースが多い。撮影時に一緒に撮った相手と連絡先を交換し、その場で互いをソーシャルサービスでフォローするケースも少なくない。

こうした撮影の流れは、声をかけ、撮影し、ネットで共有する、というプロセスを踏む。写真（記録）を残すことだけが目的ではなく、撮影によってコミュニケーションをとり、それをネットで公開・共有することによってさらにコミュニケーションの可能性を広げるのである。「撮影のためにコミュニケーションをとる」ことだけでなく、「コミュニケーションのために撮影する」という側面も強いのである。

4　ハロウィンの背景

都市のハロウィンがここまで大きくなったのには、いくつかの文脈がある。そのときに決して看過できないのが、九〇年代から一般にも浸透していった日本独自のコスプレ文化、〇〇年代に入ってから見られるようになったフラッシュモブ、そして一〇年代に広く普及したSNSとスマートフォンのそれぞれの影響である。以下、この三点について、それぞれ確認していく。

オタク文化におけるコスプレ

先に確認したように、都市のハロウィンの大きな目的の一つはコスプレ（仮装）にある。渋谷ハロウィンで見られるそれは、非常にカジュアルなものである。ただ、こうした仮装があくまでもコスチューム・プレイの短縮形である「コスプレ」と呼ばれ、認識されることは、決して看過できない。そこで必要となるのは、日本のコスプレ文化の確認である。

コスプレ文化は、大きく分けると二つの文脈を持つ。一つはオタク文化のコスプレであり、もう一つはオタク文化に影響を受けて拡がった一般向けのコスプレである。

まずオタク文化のコスプレは、その源流を辿ると一九七〇年代に遡る。この当時からSFファンやアニメファンによる同人誌イベントでコスプレは行われていたが、広く注目されるようになるのはオタク文化が一般にも浸透していく九〇年代後半以降のことだ。電気街だった秋葉原は九〇年代後半から〝萌え〟の街へと変貌していき、アニメやマンガのキャラクターのコスプレやメイド服などの姿でビラ配りをする女性たちが目立ち始める。九五年には、既存キャラクターのライセンス許諾を受けて衣装を販売する会社も創業された。

このプロセスにおいて大きな役割を果たしたのはインターネットである。コスプレイヤー自身や、「カメラ小僧」と呼ばれる彼女たちの写真を撮るカメラマンによるホームページが増え、コスプレ文化はさらに活性化していった。〇〇年代に入ると、メイド喫茶などコスプレ姿の店員が接客をする飲食店も増え、コスプレは完全に一般的な認知を得る。

コスプレイヤーの増加は、日本最大級のイベントに成長したコミックマーケット（通称コミケ）でも明らかだ。夏と冬の年二回、東京ビッグサイトで開催されるコミケは毎回五〇万人以上を動員するイベントとなっているが、コスプレイヤーの増加も著しい。〇〇年代中期は一万人台前半で推移していたが、一五年冬には二万九三八〇人まで激増している。

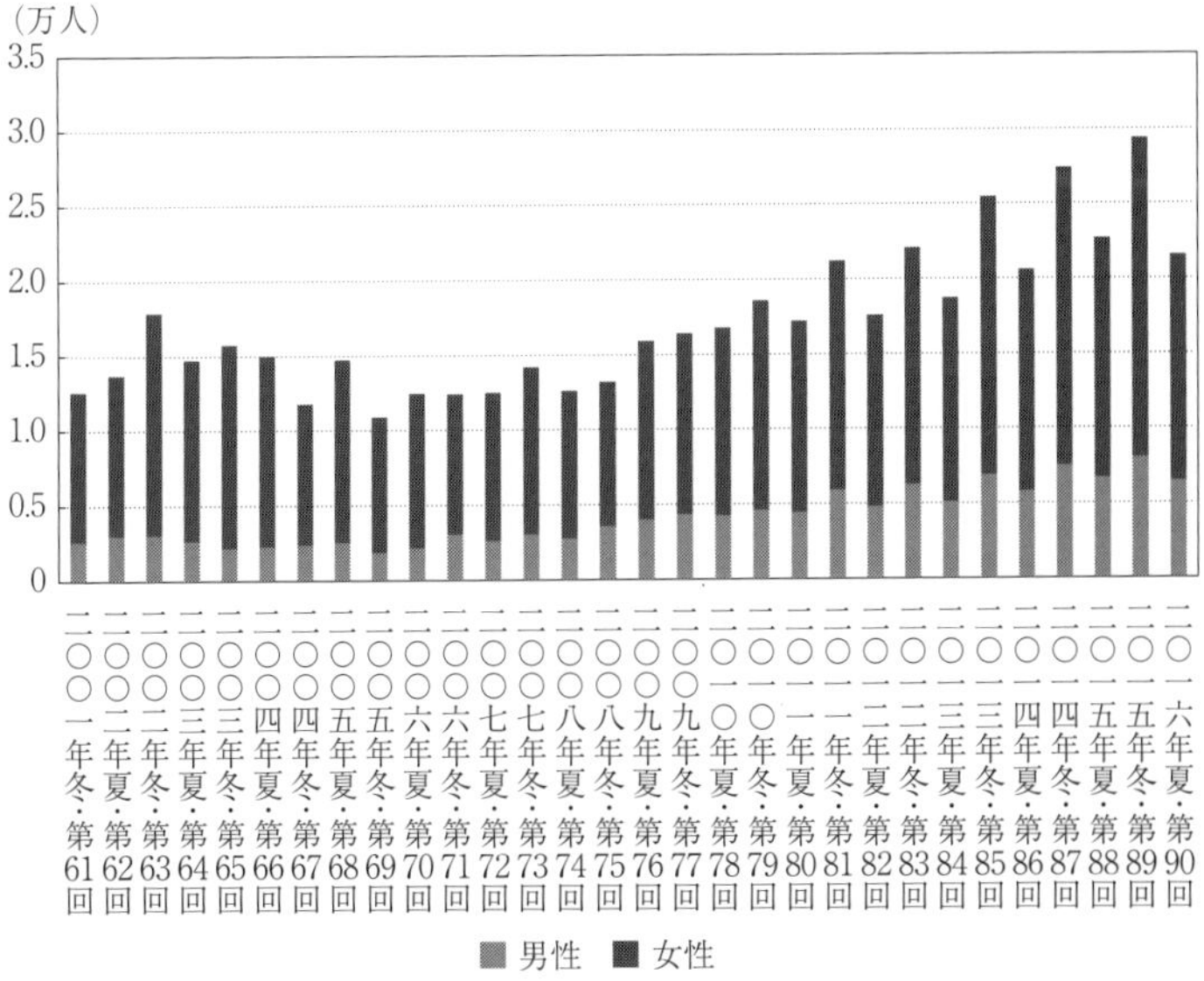

図7－3　コミックマーケットにおける更衣室利用者数

出典：コミックマーケット準備会「コミックマーケット年表」，http://www.comiket.co.jp/archives/Chronology.html（2016年9月25日最終アクセス）

コスプレが一般化していくのも〇〇年代以降のことだ。それは、日常的な娯楽からも見て取れる。具体的には、プリクラやカラオケボックス、ラブホテルにサービスとしてコスプレ衣装が用意されるようになっていった。こうして、オタク層以外でも日常的にコスプレを楽しむハードルが下がったのである。

そもそもコスプレとは、非日常的な異装をすることを指す。そこで重要なのは、当人が普段の恰好とは異なる衣装を着ることでコスプレが成立することだ。たとえば、現役の女子高校生が制服を着ても、それはコスプレとは見なされない。それゆえ、非日常性の強いファンタジー世界観のアニメやゲームのコスチュームは、誰が着てもコスプレ的性質が強くなる。

他方で、「コスプレ」とは呼べないものの、日常空間で非日常的なスタイルをする人々も増えていく。その一つが、

〈コ〉ギャルムーヴメントの延長線上に位置するガングロである。「ヤマンバ」とも呼ばれた彼女たちは、世紀末の一九九九年、渋谷・センター街に突如として現れた。その語源が「ガンガン黒い」、あるいは「顔黒《ガングロ》」であるように、彼女たちの特徴は、黒人用ファンデーションや日焼けによって極端に肌を黒くしていたことだ。その姿は、それまでの〈コ〉ギャルとは明確に一線を画す非日常性の高さを見せており、きわめてコスプレ〝的〟であった。

ガングロは二〇〇〇年後半に急激に失速したが、二〇〇三年にはガングロの延長線上にある〝マンバ〟と呼ばれる存在が登場する。マンバはガングロのように褐色の肌をしていたが、目もとと唇を白く塗り、髪の毛にメッシュを入れるなどして、より異装性を強めていた（松谷 二〇一二）。

一般にも浸透したカジュアルなコスプレは、〇〇年代中期からはディズニーランドでも見られるようになってくる。九〇年代後半からディズニーランドでハロウィンイベントが行われるようになったことは前述した通りだが、〇〇年代中期から流行るのは「制服ディズニー」と呼ばれるものだ。これは大学生を中心とした二〇歳前後の人々が、高校時代の学校制服を着てディズニーランドを楽しむというものである。

多くの人がコスプレをして集まるイベントとしては、二〇〇七年から始まった東京マラソンの影響も小さくない。もちろんそれはスポーツイベントではあるが、参加者には独自の派手な格好をしていたり、走ることよりもコスプレに目的を置いたりする人も少なくない。それがニュースなどで報道されることにより、コスプレのハードルはさらに下がることに繋がったのである。

池袋ハロウィン

こうした流れを整理すると、オタク文化特有のコスプレと、その影響を受けてよりカジュアルに一般に普及したコスプレの延長線上に、都市のハロウィンは位置づけられる。

だが、オタク文化におけるコスプレと、一般に普及したコスプレでは明確な違いもある。それは前者がマンガやアニメのキャラクターを模すことに主眼が置かれており、そのコミュニケーションにも明確な作法があるのに対し、一般に普及したコスプレはあくまでもカジュアルだということである。そうした違いは、都市のハロウィンにおいても顕現している。

二〇一四年から、東京・池袋では、「池袋ハロウィンコスプレフェス」が開催されている。動画サイト・ニコニコ動画を運営するドワンゴが主催し、豊島区やサンシャインシティ（商業ビル）、地元の商店街が共催するこのイベントは、街ぐるみでハロウィンに取り組んでいる。一四、一五年とも週末二日間にわたって開催され、サンシャインシティに隣接する東池袋中央公園をメイン会場に、池袋駅東口一帯のさまざまな場所で断続的にイベントが開かれる。またこれらのイベントの模様は、逐一ニコニコ生放送で中継されており、ステージも置かれたメイン会場の大きなスクリーンには配信時のコメント（いわゆる「弾幕」）も映し出される。

池袋ハロウィンにおけるコスプレは、渋谷ハロウィンのようなカジュアルなものではなく、オタク文化の文脈を強く引いている。それは、サンシャインシティと道路を挟んだ向かい側が、〇〇年代中期から「乙女ロード」と呼ばれるオタクスポットとして注目されており、この動きに連動して池袋ハロウィンが生まれたことも関係している。

「レイヤー」と短縮形で呼ばれるコスプレイヤーたちは、マンガやアニメなどのなんらかのキャラクターを模しており、ウィッグやカラーコンタクトレンズなどを使い、コスプレにも力が入っている。逆にそこでは、渋谷ハロウィンでは定番のゾンビメイクはほとんど見かけることはなく、ハロウィンらしさはジャック・オー・ランタンをデザインした小物を身に付けている程度にとどまっている。ハロウィンとはいうものの、その内実はほぼオタク文化のコスプレイベントなのである。

参加者の主目的は、他のオタク文化のコスプレイベント同様に撮影にある。コスプレイヤー同士で一緒に撮影することもあるが、目立つのは「カメラ小僧＝カメコ」と呼ばれるカメラマンによる撮影である。そこには明確なルールがある。コスプレイヤーはキャラクターになりきることが目的のため、撮影時はカメラマンが必ず一声かけ、コスプレイヤーはカメラに向けて独自のポーズをとる。また、場合によってはＳＮＳのＩＤなどが明記された写真入りの名刺を交換することもある。これらは長年のオタク文化におけるコスプレで培われた明確な規範として、参加者たちには周知されている。

また、池袋東口一帯が会場とはいえ、その界隈をコスプレ姿のまま積極的に移動する参加者はそれほど多くない。池袋でもっとも人通りが多いサンシャイン通りでも、コスプレイヤーはあまり見かけない。この現象は、たとえそれが都市を使ったハロウィンイベントではあっても、オタク文化固有の文脈にあることを意味している。

そもそもコミケなどのイベントでは、現場には更衣室や荷物置き場が準備されており、特定のスペースやコミケ会場外でコスプレすることが禁止されている。またコスプレ姿で来場することも禁止されている。これはコスプレ衣装によってなんらかの衝突や混乱を回避するためである。

池袋ハロウィンでもサンシャインシティに更衣室が準備されており、特定場所以外での撮影は禁止されていたが、街全体を使うので会場外禁止の規定はなかった。それでもコスプレイヤーたちの多くが衣装を着たままストリートを出歩かなかったのは、従来のコスプレイベントにおける規範が池袋の街路では共有されないことを想定していたのではないかと推察される。コスプレは限定的な空間で明確なルールのもとに楽しむ「日常的な非日常」――池袋ハロウィンには、オタク文化で培われてきた落ち着いた雰囲気が漂っていたのである。

ただし、コスプレ姿での来場も原則的には禁止されていたものの、実際には駅からコスプレ姿で会場に向かう参加者もわずかではあるが見かけた。そこから見えてくることは、従来のオタク文化におけるコスプレ文脈を強く踏襲していながらも、従来のルールが若干緩和された都市のハロウィンとしての一側面である。これは、社会のコスプレに対する理解とも関係しており、それゆえこうした都市を使ったオタク文脈のコスプレイベントが可能になったことも意味している。

フラッシュモブ、コギャル、ワールドカップ　次に都市のハロウィンの文脈として確認するのは、群衆が都市に集う現象である。具体的には、フラッシュモブ、コギャル、そしてワールドカップ・サッカーにおける騒乱である。

まずフラッシュモブは、互いに面識のない多くの人々が、ネットや携帯電話などで示し合わせて公共空間で起こす突発的なイベントのことを指す。〇〇年代以降、外国や日本でさまざまなフラッシュモブが行われてきた。

たとえばイギリス発の「モバイル・クラビング」もその一つだ。これは、参加者が個々に携帯型音楽プレイヤーを持って集い、イヤフォンやヘッドフォンで自分だけ音楽を聴きながら激しく踊るものだ。つまり、同じ時間に同じ場所を共有してダンスをしながらも、実はみな違う音楽を聴いているのである。対して非参加者には、雑踏で多くの人々が身体を揺らしているだけにしか見えない。それゆえ「サイレント・レイヴ」と呼ばれることもある。二〇〇三年以降に生じるようになったこのイベントは、二〇〇九年にトラファルガー広場に約五〇〇〇人が集まる大きなイベントとなり、アメリカ・ニューヨークやオーストラリア・シドニーなどにも波及していった。

こうしたフラッシュモブは、二〇〇五年にサービスを開始した動画サービス・ＹｏｕＴｕｂｅで映像を公開することによって、全世界に伝播していった背景を持つ。たとえば二〇〇八年以降に見られるようになった「フリーズ」はその代表例である。これは、駅のコンコースなどの雑踏で、多くの参加者が一斉にその動きを止める《フリーズ》というフラッシュモブだ。そして一定時間を過ぎると、その動かなかった参加者は何事もなかったように動き出すのである（伊藤 二〇一一）。

日本でもフラッシュモブは早い段階から見られた。ただし、それらは「フラッシュモブ」とは呼ばれず、匿名掲示板・2ちゃんねる発による「大規模オフ」と認識されていた。その端緒は、二〇〇一年に行われた「吉野家オフ」である。これは、全国の2ちゃんねるユーザーたちが牛丼屋・吉野家に行き、「大盛りねぎだく玉」を注文して食べるイベントである。こうした「大規模オフ」は、その後も頻繁に企画されるようになり、2ちゃんねるには「大規模オフ」という独自のスレッドも設けられた（澁川 二〇〇三）。

日本において大規模オフが強く注目されるきっかけとなったのは、二〇〇三年六月から七月にかけて起きた「MATRIXオフ」である。これは映画『マトリックス・リローデッド』の公開に際して行われた、コスプレのイベントである。映画の登場人物のコスプレをしてただ集うのである。このとき週末の東京駅のホームには二五〇人以上が集まったと言われる（『AERA』二〇〇三）。

海外と日本のフラッシュモブと大規模オフには、根本的に大きな違いはない。ネットなどで示し合わせて、公共空間においてなんらかの共通した行動をするという点は共通する。また、そこでなされる行動に明確な目的や意味も期待されていない。参加者にとっては楽しいバカ騒ぎであり、その場にたまたま居合わせた人にとっては「ドッキリ企画」でしかない。そこに強い政治的な意味が含まれると、それらはフラッシュモブではなく市民による政治デモとして区別されるだろう(5)。

海外と日本のフラッシュモブの差異を確認するならば、日本の大規模オフは2ちゃんねる発ということもあり、「馴れ合い禁止」というルールが共有されていた点が挙げられる。そこでは、参加者同士の積極的なコミュニケーションは期待されていないどころか、禁止されることが多かった。

　こうしたフラッシュモブの前提には、ストリート（都市空間）に滞留する若者文化もある。日本において、その大きなムーヴメントとなったのは九〇年代のコギャルである。女子高生たちが、学校制服のスカートを短くし、ルーズソックスを履いて、都市に集ったのである。その中心地は、やはり渋谷センター街であった。彼女たちは、普及し始めたポケベルや携帯電話でコミュニケーションを取り合うことによって、学校や地域（地元）以外の空間に居場所を構築したのである。一九九三年には、渋谷で高校生が一斉補導されるなどもしたが、逆にこうした報道によってさらに渋谷にコギャルが集うこととなる。そして、センター街を中心とした〈コ〉ギャルムーヴメントは〇〇年代前半まで続いていく。前述したガングロもこの延長線上に登場したのである（松谷 二〇一二）。

図7－4　ワールドカップサッカー・アジア最終予選の日本代表勝利を祝う渋谷の群衆（2005年6月8日／筆者撮影）

　フラッシュモブとは異なるが、それに連なる出来事として特筆すべきは、サッカーの代表戦における騒動だろう。その契機となったのは、二〇〇二年の日韓共催のワールドカップである。日本代表チームの勝利に酔う若者たちは、渋谷のスクランブル交差点をハイタッチしながら行き交い、ハチ公前で大騒ぎをした。この騒ぎは、現在も大きな大会における日本代表チームの勝利では生じている。なお二〇一三年六月、日本代表がワールドカップ出場を決めたとき、群衆の交通整理のために現れたのが「ＤＪポリス」と呼ばれる警察である。

　九〇年代から〇〇年代にかけてのコギャル、大規模オフ、サッカー代表戦――都市に集う群衆（モブ）は、ストリートの公空間を自由に使って遊んだのである。

コスプレの進展や、都市のコギャルやフラッシュモブなどの成立には、九〇年代中期以降に一般に普及したネットと携帯電話の影響が色濃く見える。一般の人たちが独自にそれらでコミュニケーションを取ることによって、都市のサブカルチャーは浸透・拡大していった。

二〇一〇年代から広まった渋谷ハロウィンでも、そうしたネットと携帯電話の影響は強くうかがえる。具体的には、SNSとスマートフォンの影響だ。

SNSとスマートフォン

日本では〇〇年代中期からmixiが浸透したが、一〇年代に入るとユーザーはツイッターやフェイスブック、インスタグラム、LINEなどのサービスに移っていった。これらのSNSの動勢に強い影響を与えたのは、アップル社のiPhoneが二〇〇八年に日本で発売されたことに端を発した、スマートフォンの普及である。

それ以前の携帯電話とスマートフォンの大きな違いは、音楽プレイヤーやインターネットデヴァイスとしての機能はもとより、大きな画面を備えたことによるヴィジュアル性の強化である。なかでももっとも大きな変化は、単体のデジタルカメラと遜色ないカメラ機能を備えていたことだ。

SNSはそうしたスマートフォンの特性に対応し、ユーザー数を拡大していった。なかでも特徴的なSNSはインスタグラムであろう。二〇一〇年からスタートしたこのサービスは、写真（画像）投稿を基本としており、アップロードもスマートフォンのアプリケーション以外ではできない（閲覧はパソコンからも可能）。まさにスマホ時代のSNSなのである。フェイスブックやツイッターも早い段階でスマートフォンに対応し、画像投稿を簡便にした。逆に、スマートフォン対応が遅れたmixiは、ユーザーを失っていった。

こうしたスマートフォンは、若年層を中心に普及していった。総務省の調査によると二〇一四年の段階でスマートフォンの普及率は全体（一三〜六九歳）で六二・三％だが、一〇代では六八・六％、二〇代で九四・一％、三〇代で八二・二％と高い割合となっている。SNS（ソーシャルメディア）の利用率も、一〇代は七八・六％、二〇代は九五・〇％、三〇代は八二・〇％と、いずれも高い割合となっている。SNSの利用率の高さでは、LINEが五五・一％、フェイスブックが二八・一％、ツイッターが二一・九％と続く。なお、インスタグラムは調査対象とはなっていない（総務省 二〇一五）。

スマートフォンとSNSの浸透によって生じたのは、コミュニケーション・チャンネルの多様化・多層化と、ヴィジュアル・コミュニケーションの増加である。

前者については、それまでよく見られてきたネット空間／現実空間という二分法的な認識枠組みから、ネット空間が現実空間の一部だとする認識に変化してきたことを意味する。しかし、それは単に現実と地続きだということではない。現実空間とは異なるレイヤーにネット空間はあるが、現実に多くの穴が開いてそこに随時アクセスするような状況である。たとえば、毎日顔を合わせる同僚の目の前で、なかなか会えない親友とLINEでやり取りすることがあるとする。このとき、ネットを介してコミュニケーションをとる親友とは、距離がある関係だと言えるだろうか。あるいは、飲み会の場で出た知らない話題について、即座にスマートフォンで検索して調べることは、多くの人が日常的に行っている。このように現在の現実空間は、ネットの情報も含んで成立しているような状況にある。社会学者の鈴木謙介は、このように現実空間に情報の出入りする穴がいくつも開いている状態を「多孔化」と呼ぶ（鈴木 二〇一三）。

後者については、それまでのメールやSMS（ショート・メッセージ・サービス）とは異なり、写真やイラストのスタンプなど、イメージでのコミュニケーションがより一層進展していることを指す。前述したように、インスタグラムは写真が中心であり、LINEはテキストだけでなくスタンプによってヒットした。対面コミュニケーションは、言葉による言語コミュニケーションと身振りや表情による非言語《ノンバーバル》コミュニケーションに分けられるが、ネットにおけるコミュニケーションも、テキストによるそれと、写真やイラストなどイメージによるそれに分けることができるだろう。

このようにSNSとスマートフォンは、現実空間の多孔化とイメージによるコミュニケーションをより浸透させている。こうしたサービスや技術が現実社会に影響を与えている側面もあるが、どちらかと言えば、人々のニーズやウォンツ（潜在的なニーズ）にサービスや技術が対応したと見るのが正確なところだろう。

5 都市と「キャラ」の関係

それにしても、なぜ若者たちはハロウィンを楽しむのだろうか。ここまででは、ハロウィンの歴史的文脈やコスプレ文化の浸透、そして都市に集うイベント、ネットおよびスマートフォンなどコミュニケーションツールの普及など、さまざまな要素が確認された。ここからは、若者たちがいかなる心理メカニズムとしてハロウィンに参加するのかを考察する。

「仮面」から「キャラ」へ

ここ二〇年ほどの研究で明らかになってきていることに、若者たちの対人関係の変容がある。辻泉は、若者たちの携帯電話使用の調査を通して、「足し算の関係」から「引き算の関係」に変化したと論じた（辻泉 二〇一一）。

携帯電話が普及する以前の「足し算の関係」とは、段階的に交友を深めていく関係性である。だが、携帯電話の普及以降は「引き算の関係」に変わった。これはひとまず連絡先を交換し、その後関係を深

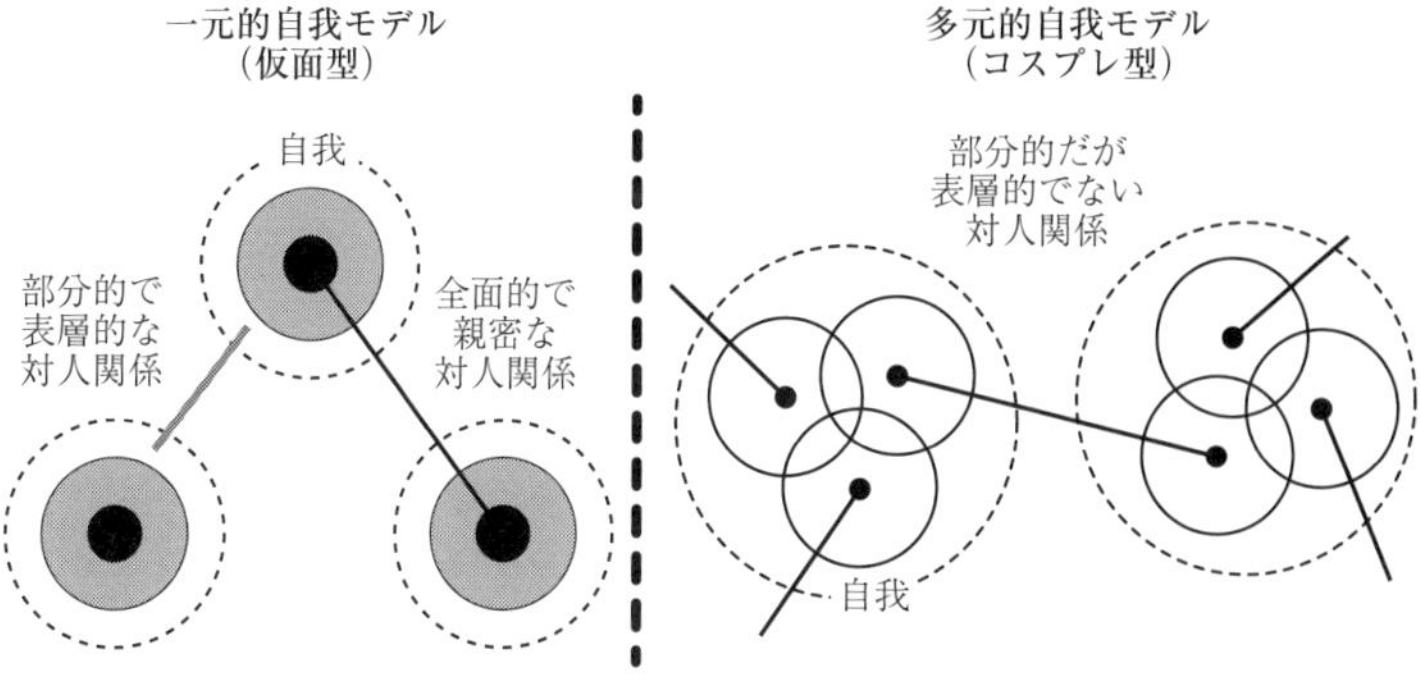

図7－5　一元的自我モデルと多元的自我モデルの違い
出典：辻大介 1999：24。

めるか、あるいは関係を断つかを判断する姿勢である。若者たちの交友関係は、携帯電話によって増大したのである。

こうした変化は、しばしば若者たちの関係が希薄化したともみなされた。しかし辻大介は、若者たちはさまざまな関係性を使い分ける「フリッパー志向」になっていると論じた。辻が図示した自我モデルの二つは、それを分かりやすく説明する（辻大介 一九九九）。

左の同心円上のモデルは、「一元的自我」と呼べるものだ。これは、「本当の自分」がその中心にあるモデルだと考えると分かりやすいだろう。そこで他者とは、「深い関係／浅い関係」と認識される。「足し算の関係」とは、こうした自我モデルに対応する。

一方、右の複数の円があるモデルは、「多元的自我」と呼べるだろう。それは、相手や場面に応じて複数の顔を使い分けるのである。複雑な他者関係に応じた自我の様相だと言える。こちらは、コミュニケーションの総量が増大した「引き算の関係」に対応する。

それは、「仮面」から「キャラ」への変容とも言い換えることができるだろう。「本当の自分」を覆う「仮面」を幾重にもつけるのではなく、相手や場面に応じて仮装／コスプレをして

「キャラ＝複数の自分」を呈示するのである。「コスプレ的振る舞い」とも呼べるキャラは、携帯電話やインターネット、さらには都市化によって流動化・複雑化する社会状況でこそ生じる適応形態（状況志向）である。

それは、「自己同一性」と訳されることもあるアイデンティティという概念が、日本では耐用年数を過ぎたことを意味しているのかもしれない。「キャラかぶり」という言葉が若者の間で使われ始めたのは二〇〇〇年頃からだが、それは「（本当の）自分探し」から「（もうひとつの）キャラ探し」に移行していた事態を表しているとも捉えられる。

若者の誰もが「キャラ」を使い分けながら、流動化する社会を渡っていく――ハロウィンは、そうした時代にこそ生じた象徴的な現象だと言える。共同体を基盤とした地域（地元）のお祭と異なり、ハロウィンは見ず知らずの人と街中で交流する。撮影を介したカジュアルなコミュニケーションやSNSによる接続などは、まさに「引き算の関係」である。

また、そこでのコスプレとは、言うまでもなく一夜限りの「キャラ」である。それは、流動性が極限まで高まっている一〇月三一日において必須の手続きだ。都市化が地域の祭よりもハロウィンを需要させ、さらにそこではキャラが必要となる。

行き交う人々は、一夜限りのキャラを通し、写真を撮ってＬＩＮＥの連絡先を交換しても、実際には二度と会うことはないかもしれない。逆に、ハロウィンを契機に、ディズニーランドやカラオケなどさまざまな場所で仮装を楽しむ関係となるかもしれない――。

ハロウィンの未来

二〇一五年にそれまでにないほど盛り上がった都市のハロウィンは、前述したように、それが土曜日だったことと関係している。二〇一九年までのハロウィンは平日となり、次の週末は東京オリンピックが行われる予定の二〇二〇年だ。よって、一五年ほどの騒動からは、若干収まると予想される。

しかし、それでも都市のハロウィンは、少しずつ変化を見せながらこれからも続いていくだろう。おそらくその過程で生じるのは、他の地方都市へのさらなる波及である。都市のハロウィンは、自治体が積極的に推進したことによって拡大した経緯もあり、地方都市も町おこしとしてハロウィンを活用することは十分ありうるだろう。

また、ハロウィンの機能のみに目を向ければ、多くの若者が必要としたのは都市におけるキャラを介した偶有的なコミュニケーションである。よって、その機能と等価であれば、ハロウィン以外の事象が生じる可能性もあるだろう。たとえば、スマートフォンとSNSがまたかたちを変えることで、日本では下火となっているフラッシュモブが再興する可能性もある。あるいは、まだ現在の我々が想像もしないような事象が生じるかもしれない。

注

(1) Halloweenは、新聞やテレビでは「ハロウィーン」と表記されることが多いが、本章では日常的な発音やネット上での一般的な表記に準じて「ハロウィン」と表記する。

(2) 『読売新聞』一八七六年八月二五日付。
「〇一昨日の晩、横浜北方諏訪町の字天沼というところで、キャアという声がしたから巡査が駆けつけてみると、14、5の娘が気絶している。／引き起こして介抱され、だんだん様子を聞かれると、「ただいまここを通りかかりますと、大きな青い玉が眼の前へ飛んでまいりましたので、びっくりして倒れました」という。／それから親もとへ送り届けて、あとでだんだん調べられると、まったく居留地の外国人が西瓜の中をくりぬいて目鼻をこしらえ、眼玉にガラスを入れ、中へ火を灯して長竿の先へつけ、洋妾（らしゃめん）などと追い回して遊んでいたのだと知れました。こんなひとの驚くような遊びをするとは。」

（3）日本においては、配給収入一億一〇〇〇万円（興行収入換算・約二億円強）、動員は約二五万人だと推定できる（『キネマ旬報』一九八〇）。この年の外国映画配給収入ランキングでは五〇位に位置するが、小規模公開としてはまずまずのヒットだと言える。

（4）『朝日新聞』一九九七年一一月二日付「ハロウィーン仮装、JR山手線で大騒動　公務妨害容疑など2人逮捕」。

（5）フラッシュモブには、匿名の人々が交流するだけでなく、明確な志向性を持った人々が行うタイプのものもある。日本で二〇〇三年に行われた「折り鶴オフ」は、広島・平和公園で燃やされた折り鶴を2ちゃんねるの有志たちが折ろうとするイベントであり、そこには政治性が含まれていた。また、欧米でしばしば行われるのは、K-POPファンによるダンスのフラッシュモブだ。これは欧米では少数派のK-POPファンが自国でのコンサートを要求するために行われることが多い。

参考文献

伊藤昌亮、二〇一一、『フラッシュモブズ——儀礼と運動の交わるところ』NTT出版。

キデイランド、二〇〇九、「CORPORATIION DATA」キデイランドホームページ、http://www.kiddyland.co.jp/pr/images/corp2009.pdf

澁川修一、二〇〇三、「スマートモブズ的活動は日本ではどう受容されているのか——2ch大規模オフとフラッシュモブ@東京との比較から（情報社会学若手研究会レポート『スマートモブズ』を読む）」『知日場』二〇〇三年一二月、国際大学グローバルコミュニケーションセンター。

鈴木謙介、二〇一三、『ウェブ社会のゆくえ——〈多孔化〉した現実のなかで』NHKブックス。

総務省、二〇一五、「平成二六年情報通信メディアの利用時間と情報行動に関する調査報告書」、http://www.soumu.go.jp/menu_news/s-news/01iicp01_02000028.html

辻泉、二〇一一、「ケータイは友人関係を広げたか」『デジタルメディアの社会学——問題を発見し、可能性を探る』北樹出版。

辻大介、一九九九、「若者のコミュニケーションの変容と新しいメディア」『シリーズ情報環境と社会心理3——子ども・青少年とコミュニケーション』北樹出版。

ディズニーファン編集部編、二〇一三、『東京ディズニーリゾート クロニクル30年史（My Tokyo Disney Resort）』講談社。

松谷創一郎、二〇一二、『ギャルと不思議ちゃん論——女の子たちの三十年戦争』原書房。

『AERA』二〇〇三年九月一日号、「薄さが快感！2ちゃん心理——ネット公募1回きり匿名大集団イベント」。

キネマ旬報社、『キネマ旬報』一九八〇年二月下旬号。

『読売新聞』一九八七年一〇月一八日付、「ハロウィン仮装楽しいゾ——恵比寿、代官山に二〇〇〇人　商店会など企画」。

『朝日新聞』一九八七年一〇月二八日付、「ハロウィン——不気味さが受けてます」。

Lemert, Edwin M., 1951, *Social pathology: A systematic approach to the theory of sociopathic behavior*, New York: McGraw-Hill. London, UK.

Morton, Lisa, 2012, *Trick or Treat: A History of Halloween*, Reaktion Books.（＝二〇一四、大久保庸子訳『ハロウィーンの文化史』原書房）

コラム7　Japan Expo（2015）に見られた日本文化受容の成熟

上松恵理子

日本のゲーム、アニメ、マンガ、食文化がフランス人の一つのカルチャーとなっている例にJapan Expo（ジャパン・エキスポ）開催がある。Japan Expoとは、二〇〇〇年からフランスで毎年開催されている博覧会で、日本の伝統文化だけでなく、アニメ、マンガ、ゲームなどの大衆文化を含んだ日本のカルチャーをテーマとし、毎年何万人もの来場者があり、盛況を博している。

ここに来る若者たちは、幼少期から日本のゲーム機を購入して遊んだり、アニメやマンガを観たりして育った世代である。キャラクターの格好をした若者がその様子を互いに写真に撮り合う姿があちこちで見られる。筆者が多く目にしたのは、女子が男子キャラクターの格好をしている姿だった。たとえば、『黒子のバスケ』の男子キャラクターの格好をしていたのはほとんどが女子だった。また、男子キャラクターの鎧を身にまとい、刀を振り回し、サムライになりきっていた女子もいた。男性の気を引くような女子力満点のファッションを身にまとった例がなかったわけではないが、自分がなりきりたいと思って選んだものが「たまたま男子キャラクターであった」という。

ゲームでは、レーシングカーなどのコーナーは男子が多かったが、体を動かして行うエクササイズなどのコーナーの多くは、体を大きく揺り動かし、一体感を楽しむ女子で盛り上がりを見せていた。また、浴衣の着付けコーナーに多く女子が集っていた。着付けの手伝いは、現地のフランス人女子が浴衣姿で行っていた。アニメのクリアファイルなどの小物等の販売でも浴衣姿が見られ、フランス人男子たちが多く集っており、その様子は微笑ましかった。

とくに女子が多く賑わいをみせていたのはBento（＝お弁当）箱の販売コーナーだった。お弁当箱には桜や梅、菊の絵柄や日本古来のデザインがほどこされ、「日本的」と「かわいい」が強調されているようであった。手にとっている女子は、料理を詰めるシチュエーションに思いをめぐらせているのであろうか。

Japan Expo には、本物の日本を嗅ぎ分けられる現地オーディエンスが多く来ているようである。そうめんのコーナーでは、お箸を使いこなしている多くのフランス人に出会った。日本食のコーナーで塩むすびのおにぎりが盛況だったことが象徴しているように、日本的をカムフラージュしているブースよりも直球勝負で日本の伝統の真髄を伝え、フランスのオーディエンスたちに媚びないブースが盛況であった。人気ブースの特徴は「真の日本」であり、日本「的」を売り物にしているようでは、現地のオーディエンスを満足させることはできないフェーズに来ているように思われた。Japan Expo に見られた日本文化のフランスでの「カワイイ」の受容は、成熟度を増している感があった。

参考文献

河原和枝、二〇一二、「『女子』の意味作用」『「女子」の時代』青弓社。

http://nihongo.japan-expo.com/　ホームページ
（すべて二〇一五年七月、筆者撮影）

コラム8　グローバル化時代における　タイ女性絵師の新しいコミュニケーション形態

パーワン・カーンソンジャイ

※ここでは、日本のマンガやアニメ、ゲーム風のような絵を描く者のことを「絵師」という言葉で表す。また、「やおい・BLを好むタイのやおい女性のファン」のことを「腐女子」と呼ぶことにする。

一九五〇年代に日本のアニメ・マンガがタイに流入して以来、あっという間に人気を獲得し、タイ人の生活の一部に浸透していった。タイの絵師は小さい頃から日本のアニメを観たりマンガを読んだりしてきたので、日本のポピュラー文化の「美意識」の影響を強く受けていた。そのため、タイ人絵師が描くイラストのスタイルや、ストーリーの展開などは日本のアニメ・マンガと同時並行的に変容した（Wanitwattanakul 2006）。そしてタイ風のマンガ・アニメは徐々に姿を消し、今では「アニメ・マンガを描くこと＝日本のアニメ・マンガ風の絵を描くこと」と認識されている。

彼らが絵師活動を始める動機は、「絵柄が好き」という気持ちからであり、日本のアニメ・マンガは自分たちの好みに合い、他の国のものより魅力的に感じるのだという。日本のアニメ・マンガは絵師らの想像力を育み、現実という壁を越えさせ、無限のファンタジーの世界に導き、絵心を動かしていった。

現在、タイの社会において絵師らは、電子メディアの発展とともに、随所で作品を公開するとともに、インターネット上に形成されたコミュニティを通じて様々な形で活動している。その中でも、タイの国内外を問わず、最も積極的に活動しているのは女性絵師である。

筆者が行ったインタビュー調査によると、タイ女性絵師のほとんどは「ファンアート（Fanart）」、つまり二次創作を描くのが好きだと答えていた。彼女らがファンアートを描く動機は、

「萌え」すなわちキャラクターや作品への愛情であり、たとえば、映画、コンサートなどを観た後、印象に残っている場面に対する高まった感情を自分の絵で再現しようとするのである。タイの女性絵師たちが好きで描いているファンアートは、日本のアニメ・マンガのみならず、洋画、歌い手、スポーツ選手など様々なジャンルがあるが、彼女らは違和感を覚えずにすべてを日本風の絵柄で描く。

ここで一つ、タイ女性絵師に見られるポピュラー文化の独特な融合例を紹介しよう。それはExteen Hogwarts（以下、ＥＨ）という。ＥＨとは、二〇一〇年一二月にタイの有名なオンライン・コミュニティであるExteen.comにおいて開始された絵師専用のRole Playing Community である。絵師らは小説の『ハリー・ポッター』に登場する架空の学校である「ホグワーツ魔法技術学校」の設定を利用し、自らキャラクターを作りだし、それらのキャラクターにこの架空の学校で勉強、スポーツ、恋愛などからなる日常生活を送らせる（時には同性愛要素の場面もある）。

イギリスのファンタジー小説の設定を利用するＥＨであるが、参加しているのは日本のアニメ・マンガに馴染んでいるタイ女性絵師であり、キャラクターの表情、ポーズ、服のシワの描き方など細かいところまで日本のアニメ・マンガの独特な雰囲気を無意識に似せる傾向がある。彼女らによる日本のアニメ・マンガ風の表現力、およびタイの絵師なりの解釈の仕方が結合した結果として、独特の想像力／創造力が生まれている。たとえば、ホグワーツ学校内にメイドカフェがあること、タイ東北地方でよく飼育される水牛、または日本の特別天然記念物であるマリモをペットにすることなど、イギリスおよび日本ではなかなか思い浮かばないような自由度の高い発想がよく見られる。タイ女性絵師らの間では、このような形式が一般化されており、それらの二次創作を好むタイのファンらも違和感を覚えずに消費している。また、インターネット上の作品公開により他国のファンたちからも好評を博し、日本人絵師の作品と同様に扱われ、まさにグローバル化時代に生じているボーダーレス状態を表している。

この現象から考えると、外国人絵師によるポピュラー文化商品であるアニメ・マンガの絵でも十分な国際性があり、国籍、言語の壁を越え、受容者にメッセージを与えることが可能であろう。このようにタイをはじめ、様々な国の女性絵師は、これからもインターネット時代の次に誕生する新たなメディアを巧みに利用し、彼女らの新たなコミュニケーション形態をまた生じさせると考えられる。

『ハリー・ポッター』の設定に用いてデザインされたキャラクター

ペットのマリモ，および擬人化姿

（左右とも，http://opormore.exteen.com：2015年６月最終アクセス）

第8章　オタク女子の「ホーム」
――オタク的自己の承認の場としてのメイド喫茶――

池田太臣

1　メイド喫茶で働く意義――問題の所在

「おかえりなさいませ、ご主人様／お嬢様」。喫茶店のドアをくぐるなり、いきなりこんな言葉を聞かされたら、どんな気持ちになるだろうか。おそらく、多くの人々が戸惑いを感じるに違いない。しかし、このような〝ちょっと変わった〟挨拶が日常的に行われている場所がある。それが〝メイド喫茶〟である。

メイド喫茶とは「メイドの服装をした従業員が接客をする喫茶店」と言える。二〇〇五年から二〇〇六年にかけて全国的なブームとなり、一躍注目を浴びた飲食店のスタイルである。現在では、この形式の喫茶店が耳目を引くことは少なくなった。しかし、後に示すように、数的に見ればブームの時期よりもずっと増えているのである。

メイド喫茶の魅力の一つとして、これも後に示すように〝客とメイドとの会話〟が挙げられる。メイド喫茶は、単なる飲食店であるのみならず、メイドとちょっとした会話が楽しめる場所なのである。

それゆえ、接客をする従業員にとっては、通常の喫茶店よりも心的な負担が大きいと言える。だからといって、その分、アルバイトの時給が高いわけではない。もちろん店にもよるが、通常の飲食店のバイト料とそれほど差はない。それにもかかわらず、パトリック・ガルブレイスが指摘するように「メイドたちは、意外にも、彼女らの仕事の経験についてポジティブ」なのである（Galbraith 2011：sec. 32）。これは一体なぜなのであろうか。

筆者は、大阪市日本橋地区（以下、「大阪日本橋」）にあるKカフェでメイドとして働く女性九名にインタビューをすることができた。大阪日本橋は、よく知られるように、秋葉原と並んで〝オタク街〟と称される地域である。本章では、そのインタビュー結果をもとに、メイドとして働く女性たちが、自分たちの仕事に対してどのような意義を見出しているのかを明らかにしたい。

まず、第二節では、メイド喫茶とはどのようなところかについて説明する。続いて第三節で、メイド喫茶の成立と普及の経緯について述べる。第四節では、Kカフェおよび大阪日本橋でのメイド喫茶などのメイド（コスプレ）系サービス店数の推移について説明する。そして、第五節および第六節では、メイドとして働く女性たちの意識について、インタビュー結果をもとに提示したい。そして、最後の第七節では、全体をまとめ、結論をあらためて述べておきたい。

2 メイド喫茶という場所

メイド喫茶とは

メイド喫茶の定義は、すでに述べた通り、「メイドの服装をした従業員が接客をする喫茶店」である。メイドの服装（以下、メイドスタイル）の基本は、(1)黒または濃紺のワンピース、(2)フリルのついた白いエプロンドレス、(3)同じく白いフリルのついたカチューシャである（図8-1）。もちろんこうした基本にこだわらず、現在は、様々にアレンジされたメイドスタイルが存在している。

メイドスタイルの多様さと同様、メイド喫茶で提供されるサービスも様々である。そのため、メイド喫茶の一般的な特徴を明確に述べるのは難しい。ここでは、堀田純司の抽出したメイド喫茶の一般的イメージを参考に、メイド喫茶の特徴を挙げておこう（堀田 二〇〇五：三四～三五）。ただ繰り返すが、メイド喫茶は多様なところなので、以下で挙げるサービスがすべてのメイド喫茶で行われているとは限らない。

・接客をする従業員の服装は、メイド服（あるいはそのバリエーション）である。
・「おかえりなさいませ、ご主人様／お嬢様」や「いってらっしゃいませ、ご主人様／お嬢様」などといった特徴的な挨拶がなされる。
・接客をする従業員は独自の名前を持ち、名札をつけている。
・テーマを決めたコスプレを伴うイベントが頻繁に行われる。たとえば、巫女の格好をしたウェイトレスがいる巫女イベントなどである。
・オムライスに絵を描くサービスがある。
・ブログやSNSによる情報発信がある。
・注文したものをウェイトレスが運んできた時などに、ちょっとした会話を楽しむことができる。

図8－1　メイドさん
写真：dyna/PIXTA（ピクスタ）

ここで重視したいのは、最後の特徴である。藤山哲人は、メイド喫茶と一般的な喫茶店の大きな違いとして、この店内での会話を挙げる（藤山 二〇〇六：一一七）。通常の喫茶店では、従業員と客が注文のやり取り以外で話をする機会はほとんどないだろう。一般の喫茶店は、互いの「儀礼的無関心」(1)が支配する場所である。しかし、メイド喫茶では、後述するが、従業員のメイドと客との会話が楽しみの一つとなっている。つまり「儀礼的無関心」をあえて乗り越える場所が、メイド喫茶なのである。

派生的サービス

このメイド喫茶から、二つの派生的なサービスが生まれる。一つは、メイドではない服装をした従業員が接客をする喫茶店である。これらは、コスプレ喫茶と呼ばれる。ある特定の作品の登場人物のコスプレの場合もあれば、魔法使いやシスター、アイドル、妹といった役割による差異化がなされる場合もある。くわえて、メイド喫茶の女性向け版といってよいと思うが、執事の格好をした従業員がいる執事喫茶というものもある。また、これらの制服と結び付くのは、言うまでもなく喫茶店だけではない。バーや居酒屋、キャバクラなどもある。ここでは、これらを「メイド（コスプレ）系飲食店」と呼んでおきたい。

もちろん、後に説明するように、時系列的に言えば、コスプレ喫茶の方がメイド喫茶に先行する。ただここではメイド喫茶を中心に位置づけている。

もう一つは、メイドスタイルは変わらないのだが、喫茶（ないし飲食業）ではない場合である。たとえば、リフレクソロジー（足裏をマッサージして、血行をよくしたりストレスを和らげたりする療法）(2)、美容室、ゲームセンターなどである。もちろん、メイド服ではなく、コスプレをした店員がこれらのサービスを行う場合もあるだろう。これらは「メイド（コスプレ）系非飲食店」と総称する。そして、「メイド（コスプレ）系飲食店」と「メイド（コスプレ）系非飲食店」とを包括して「メイド（コスプレ）系サービス店」と呼ぶことにしよう。

メイド喫茶でのコミュニケーション

先に指摘したように、メイド喫茶が通常の喫茶店と大きく違う点として、接客をする従業員と客との会話がある。赤堀卓士は、『メイド喫茶開業マニュアル』と題した本の中で、メイドビジネスの魅力を「メイドさんと客とのコミュニケーション」に求め、「メイドビジネスの最大の武器なのである」と明確に書いている（赤堀 二〇〇六：一二二）。

もちろん、会話ができるといっても、メイド喫茶の場合は、それほどじっくり話せるわけではない。『コス&メイド――最新全国メイドサービス六六店』（二〇〇五）によれば、メイドと会話を楽しむタイミングは、大きく分けて四つあるという（九八頁）。すなわち「オーダーする時」「オーダーが届いた時」「オプションのサービスを頼んだ時」「それ以外の時」である。「オプションのサービスを頼んだ時」というのは、店によって設定されているサービスである。先のムック本によれば、メイドと有料でゲームを楽しむことができる店もある。「それ以外の時」とは、たとえば、テーブルで会計をしてもらう時などが当たるだろう。

ただ、メイド喫茶では、メイドと客が一対一で話をするわけではない。メイドは、わずかな時間、多くの客と話すことになる。ディズニーワールドのキャラクターたちが、数多くのゲストたちとコミュニケーションをするのと同様である。それゆえ、別所温の言葉を借りるならば、メイド喫茶は「『お話をしてあげる』のではなく『お話を「含めた」環境づくりで楽しませる』」ところである（別所 二〇一〇：一九九）。メイド喫茶という〝非日常的な場の面白さ〟を演出する一つの要素として、会話があると考えてもらえればいいだろう。あくまで、主たる業務は喫茶業務である。

このように「ちょっとした会話」が魅力であるメイド喫茶は、通常の喫茶店よりは従業員と客との間の距離が近いと言える。それゆえに、次のような禁止事項が明示されることが多い（別所 二〇一〇：一三七）。

・お触りは禁止。
・メールアドレスや電話番号を聞き出すことは禁止。
・勝手に席を移動しない。
・メイドさんの写真を無断で撮影しない。

これらの禁止事項の提示の意味するところは、別所が指摘するように、「『ご主人さま』としての遊び方の型」の提示である（別所 二〇一〇：一三七）。「ご主人さま／お嬢様」は、単なる呼称ではなく一つの役割である。メイド喫茶では、メイドへの相応の配慮が要求されるのである。

3 メイド喫茶の成立と普及の経緯

成人向けゲームからコスプレ喫茶へ

このようなメイド喫茶は、どのようにして成立したのであろうか。ここでメイド喫茶の由来について簡単に説明しておきたい(3)。メイド喫茶の直接の嚆矢は、成人向けゲームを題材にしたコスプレ喫茶であった。それは『Ｐｉａ♥キャロットへようこそ!!』という成人向けゲームに登場したファミリーレストランを模した店である（アキバ経済新聞編 二〇〇七：一八～一九／メイドカフェブック製作委員会編 二〇〇五：ｉなど）。この店では、ゲームと同じユニフォームを着たウェイトレスが接客した（『Ｐｉａ♥キャロットへようこそ!!2 ビジュアルファンブック』二〇〇〇：一〇三）。『Ｐｉａ♥キャロットへようこそ!!』（カクテルソフト）は、一九九六年に発売された成人向け恋愛シミュレーションゲームである。宮本直毅によれば、ファミリーレストランの店員たちが繰り広げる人間模様を、軽快なタッチで描いた作品であるという（宮本 二〇一三：一三四）。一九九七年には、このタイトルの第二作目『Ｐｉａ♥キャロットへようこそ!!2』が発売される。この発売を受けて、株式会社ブロッコリー[4]が、一九九八年八月の「東京キャラクターショー」（主催はニッポン放送）の場で、ゲームの舞台となっているレストランを再現した「Ｐｉａ♥キャロットブース」を出店した（アキバ経済新聞編二〇〇七：一九）。

この店は、ゲーム内のレストランの再現という意味合いが強いため、メイド喫茶というよりも、コスプレ喫茶である（早川・山崎 二〇〇八：二七）。ただ、ゲームに登場するキャラクターの衣装の中でも、メイドタイプのものの人気が高かったことも確かである。『Ｐｉａ♥キャロットへようこそ!!2　ビジュアルファンブック』（二〇〇〇）によれば、一九九七年二月から四月にかけて、「Ｐｉａ♥キャロットへようこそ!!2制服コンテスト」という企画が、美少女ゲームの情報誌『E-LOGIN』（エンターブレイン）誌上で行われたという（一〇三頁）。その結果、一位を獲得したのが、メイドタイプの制服だったのである（一〇三頁）。

同ファンブックには、一九九八年の東京キャラクターショーでのイベントの様子も紹介されている（図8-2）。そこには、人気投票で一位を獲得した制服を着た店員も見られる（図8-3）。コスプレという意味合いが確かに強いが、メイドスタイル自体の魅力も自覚されていたと見ていいだろう。

メイド喫茶の成立——コスプレ喫茶からメイド喫茶へ

翌年の一九九九年七月、株式会社ブロッコリーは、「ゲーマーズスクエア店」の店舗内に「Ｐｉａ♥キャロレストラン」を期間限定でオープンする（アキバ経済新聞編 二〇〇七：一九／メイドカフェブック製作委員会編 二〇〇五：ｉ）。秋葉原初のコスプレ喫茶となったこの店は、大きな反響を呼んだという（アキバ経済新聞 二〇〇七：一九／メイドカフェブック製作委員会編 二〇〇五：ｉ）。その後も二回、期間限定で開店している（メイドカフェブック製作委員会編 二〇〇五：ｉ）。

同年、株式会社ブロッコリーは「ゲーマーズ本店」を秋葉原に開店した。そして、二〇〇〇年二月には、そこで「ゲーマーズカフェ」をオープンする。この店では、店員たちは「デ・ジ・キャラット」（一九九八年に作られた、ブロッコリーと「ゲーマーズ」のマスコットキャラクター。通称「でじこ」）等のコスプレをしていたという（渋井 二〇〇五：一〇〇／メイドカフェブック製作委員会編 二〇〇五：i）。この「デ・ジ・キャラット」は、メイド服を着ている。そのため、この「ゲーマーズカフェ」も、あくまでキャラのコスプレという形ではあるが、喫茶店とメイドスタイルが結び付いた店と言えるだろう。

他方、「スクエア店」では、二〇〇〇年五月に「Cafe de COSPA」がオープンする（メイドカフェブック製作委員会編 二〇〇五：i）。これは、先に書いた「P・i a♥キャロレストラン」の路線をほぼ踏襲し

図８−２　「Pia♥キャロットブース」の様子（『Pia♥キャロットへようこそ!! 2　ビジュアルファンブック』2000：103）

図８−３　ウェイトレスの制服
２人並んでいる写真の右側がメイドの服装である（『Pia♥キャロットへようこそ!! 2　ビジュアルファンブック』2000：103）

たものであった（メイドカフェブック製作委員会編 二〇〇五：i）。

二〇〇一年三月には、この店舗の運営権が株式会社コスパに移譲されることとなる（メイドカフェブック製作委員会編 二〇〇五：i）。コスパは、コスプレ衣装などの、アニメ関連グッズの企画・制作・販売事業を手掛ける会社である。その結果、「Cafe de COSPA」はいったん閉店する。そして同年同月に、コスパの経営する「CURE MAID CAFÉ」がオープンすることになる（アキバ経済新聞 二〇〇七：一九／メイドカフェブック製作委員会編 二〇〇五：i〜ii）。その際に、ウェイトレスのコスチュームは、メイド服に統一された。ここに初めて、コスプレ喫茶と一線を画すメイド喫茶が成立したと言える。メイドスタイルは〝何かのコスプレ〟ではなく、〝メイド喫茶の従業員のスタイル〟になったのである。

メイドブーム、アキバブーム　大手パソコン専門ショップであったT・ZONEが、二〇〇二年七月に「Mary's（メアリーズ）」というメイド喫茶を出店した（その後、二〇〇二年一〇月からは、「Cafe Mai:lish（カフェ メイリッシュ）」に店名を変更）。この店がメディアに頻繁に取り上げられることによって、一般の人々の認知が進み、メイド喫茶という業態が定着したとの指摘がある（アキバ経済新聞 二〇〇七：二二）。

森川嘉一郎によれば、メイド喫茶のメジャー化は、やはりテレビメディアの力によるところが大きいようである（森川 二〇〇八：二六二〜二六九）。その背景には、「テレビや雑誌、新聞などのマスコミが主導する形」で引き起こされた、メディア上の「アキバブーム」があったのである（森川 二〇〇八：二五四）。

森川は、秋葉原のオタク街化がテレビ番組で最初に本格的に特集されたのは、二〇〇三年三月九日放送の『ガイアの夜明け』（テレビ東京系）であったと指摘している（森川 二〇〇八：二六四）。最初に特集したのがワイドショーやバラエティ番組などではなく「日経をスポンサーとするビジネス番組」だったところが象徴的である（森川 二〇〇八：二六四）。

これに先立つ二〇〇三年二月に、宮崎駿監督の『千と千尋の神隠し』が第七五回アカデミー賞長編アニメーション部門の候補作品としてノミネートされた。この時期は、日本のアニメが有望な輸出商品として注目を集めていた時期である。その理由で「それまで取るに足りないものと見なされてきたサブカルチャーが、肥沃な新市場であるかのように紹介されたとたんに衆目を集め」るようになる（森川 二〇〇八：二六四〜二六五）。そして、「メディア上でブームが煽られる」のである（森川 二〇〇八：二六五）。

森川は、この時に格好の被写体になったのがメイド喫茶だったと指摘する（森川 二〇〇八：二六五）。『ガイアの夜明け』の特集では、先に紹介した「Cafe Mai:lish（カフェ メイリッシュ）」が冒頭近くで紹介され、「オタクビジネスの先鋒を担う新手の風俗店であるかのような、好奇を強く刺激するイメージが発信された」としている（森川 二〇〇八：二六六）。

森川によれば、この番組の放送以降、テレビや雑誌、新聞などメディア上で頻繁に秋葉原がオタクの街として紹介されるようになった（森川 二〇〇八：二六七）。その中で「毎回のようにメイド喫茶がメインビジュアルにされ」たのである（森川 二〇〇八：二六七）。

メイドのアイドル化

こうしたメディア主導のアキバブームを背景にしつつ、メイド喫茶がさらに巷に知られるようになるのは、やはり二〇〇五年と言えるだろう。まず、テレビドラマ版『電車男』（CX系、二〇〇五年七月七日から九月二二日まで放送）に秋葉原のメイド喫茶が登場した。このドラマは、二二時台の枠で、平均視聴率は関東地区で二一％、最高視聴率は二五・五％であった（森川 二〇〇八：二六二〜二六三）。森川は、この時期をアキバブームのピークと位置づけている（森川 二〇〇八：二六二）。

続いて、流行語大賞に「萌え〜」という言葉がトップテン入りを果たし、「完全メイド宣言」という秋葉原のメイドグループが受賞者となる(5)。

この「完全メイド宣言」は、二〇〇五年七月に、秋葉原のメイド喫茶「@ほぉ〜むカフェ」で実際に働いていたメイドたちで構成される音楽ユニットである。(6) この「完全メイド宣言」の後、いくつかのメイドグループのCDデビューが相次ぐことになる。(7)「メイド＋アイドル」で「メイドル」という言葉も生まれた。

このメイドのアイドル化は、少なくとも、メイド喫茶で働きたいという女性には大きな影響を与えたと考えられる。というのも、今回のインタビューで、まず最初にメイドないしメイド喫茶を知ったきっかけを問いかけると、このアイドル化した時期のメイド（喫茶）のイメージが挙げられるからである（九名中五名）。成人向けゲーム由来のメイドスタイルが、やがて喫茶店と結び付いてコスプレを脱し、さらにはアイドルとしての地位を獲得する。(8) メイドスタイルという〝表層〟が、次々と意味づけを変えて展開していく様子は、きわめて興味深い。メイドスタイルは、まさに〝旅するスタイル〟であり、〝旅する表象〟であると言えるだろう。

全国的なメイド喫茶の広がり

ここで、全国的なメイド（コスプレ）系飲食店数の推移について、貴重な統計があるので紹介しておきたい。

メイド喫茶データバンクが発行する『mccomplex　メイド喫茶のデータブック vol.0』（二〇一二）は、二〇一一年までに出店した日本全国のメイド（コスプレ）系サービス店約一〇〇〇店の店名、オープン日、閉店日、住所、電話番号、mixiコミュニティのIDが収録されている貴重な資料である（メイド喫茶データバンク 二〇一二：表紙）。この本のデータを利用して、メイド（コスプレ）系飲食店の数的推移を見ておきたい。(9)

まず、図8-4を見てもらいたい。これは、全国にあるメイド（コスプレ）系飲食店の数的推移をグラフ化したものである。

グラフによれば、二〇〇五年にグラフが一気に伸びている（前年に比べほぼ三・六倍）。二〇〇五年はメイド（コスプレ）系飲食店が急激に伸びた年なのである。さらに二〇〇六年もさらに一・四倍になっ

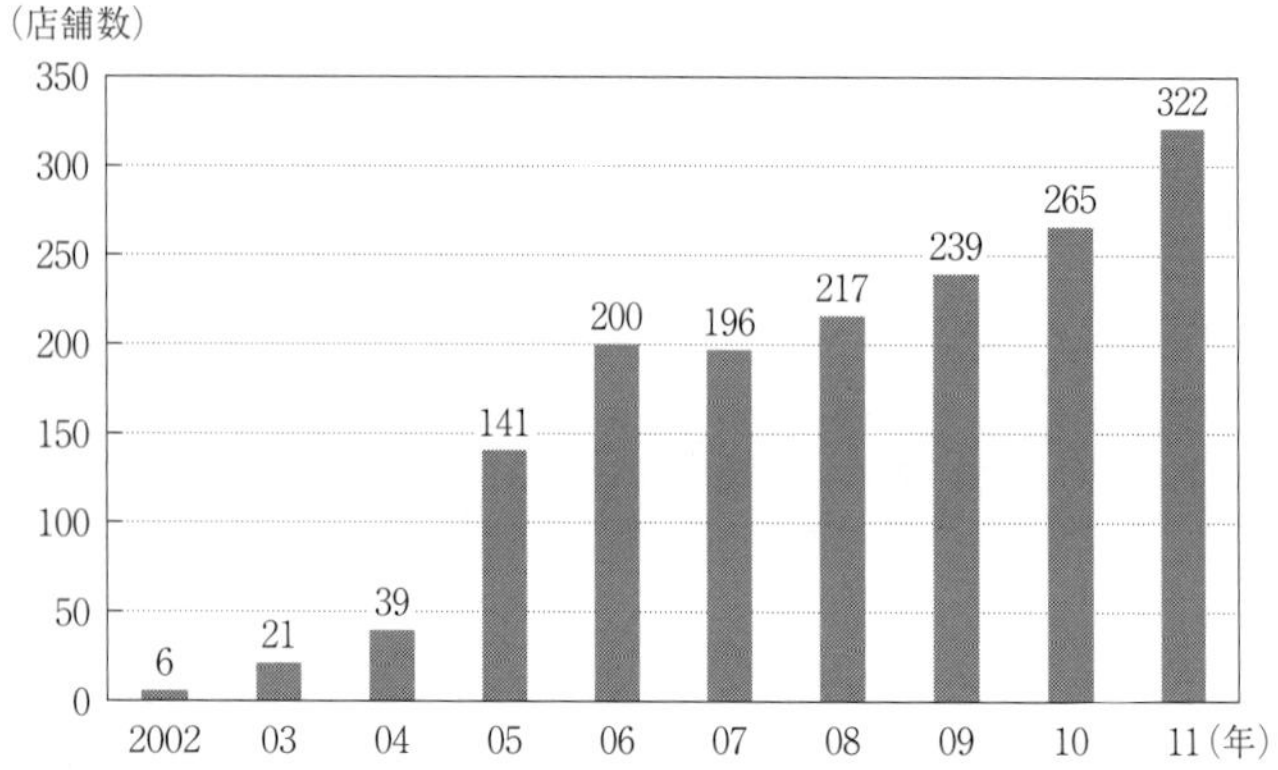

図8－4　全国的なメイド（コスプレ）系飲食店数の推移
出所：メイド喫茶データバンク（2012：36)。グラフ化は筆者による。

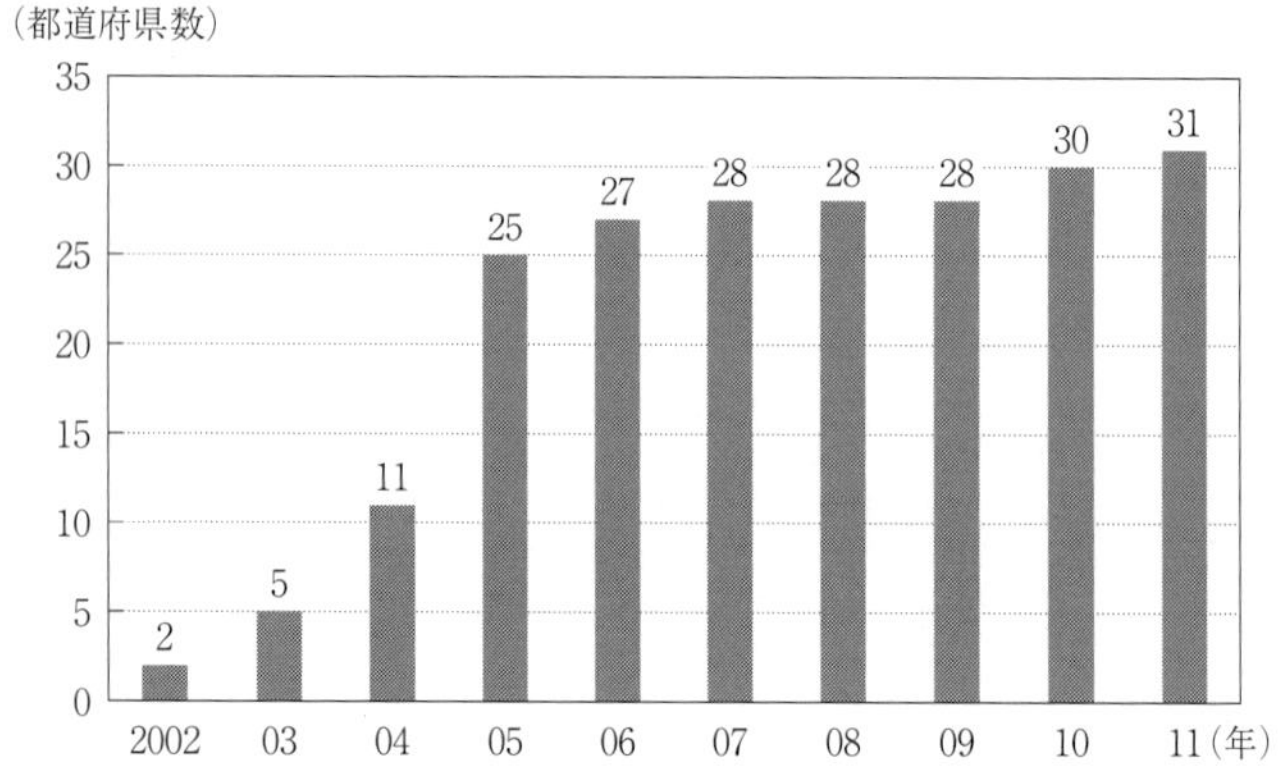

図8－5　メイド（コスプレ）系飲食店のある都道府県数の推移
出所：メイド喫茶データバンク（2012：36)。グラフ化は筆者による。

ている。

二〇〇七年にいったん落ち込むが、二〇〇八年から二〇一一年までは一貫して増え続けている。つまりブームであった二〇〇五年ないし二〇〇六年よりも、さらに数値が伸びているのである。たしかに世間の耳目を集めることは少なくなった印象があるが、その人気は、数値的に見れば衰えていない。

続いて図8-5を見てほしい。こちらは、メイド（コスプレ）系飲食店のある都道府県の数の推移を示したグラフである。二〇〇四年には、メイド（コスプレ）系飲食店のある都道府県は、一一しかなかった。しかし、二〇〇五年には二五に増えている。もちろんそれまでも伸びてきているが、やはり二〇〇五年の増加は目を引く。つまり、メイド（コスプレ）系飲食店のある都道府県の数も、二〇〇五年に一気に増えたことが分かる。二〇〇五年は、数が増えただけでなく、全国的にも広がりを見せた年なのである。

これらの数値を見れば、森川の指摘するメディアによるブームの演出とあわせて、やはり二〇〇五年から二〇〇六年あたりは全国的なメイドブームであったと判断できる。しかし、数字だけを見るならば、その後も増え続けているのである。

4　Kカフェおよび大阪日本橋について

メイドへのインタビュー内容を紹介する前に、Kカフェおよび大阪日本橋についても紹介しておきたい。Kカフェは、最初に述べた通り、大阪日本橋では古い方に属するメイド喫茶である（二〇〇五年開店）。メイドとしての従業員（全員女性で、アルバイト）は、一五名在籍している。ほかに、店長兼キッチンスタッフの男性が一人いる。アルバイトの時給は、八〇〇～一二〇〇円に設定されている（二〇一五年四月二九日時点）。

Kカフェの紹介

Kカフェは、内装は白壁で、ウッド調のテーブルやイスが配置されており、落ち着いた雰囲気の店である。席数は四〇席程度である。客層の年齢は二〇代〜四〇代半ば、客の性別について言えば、だいたい男女比は八対二くらいである。

Kカフェ開業時の店長であったG氏によれば、二〇〇五年にKカフェを開いたのは、「東京ではすでにメイド喫茶があるのに、日本橋にメイド喫茶がなぜないのかと思っていた」からだという（二〇〇五年九月一二日のインタビューより）。後述するように、日本橋にメイド（コスプレ）系飲食店ができ始めるのは、二〇〇四年である。しかし、二〇〇四年は、三店舗しかなかった。次の二〇〇五年になるとKカフェをはじめとして、一五のメイド（コスプレ）系飲食店ができる。まさに、大阪日本橋におけるメイドブームの時期に、Kカフェは開店した。

Kカフェのある大阪日本橋についても、手短に説明しておきたい。大阪日本橋は、秋葉原と同様に、電気街であったところからオタク向けの商品やサービスを扱う店舗が集積するエリアへと変貌を遂げてきた地区である。(10) 周知の通り、大阪市には、二つの大きな商業集積地がある。一つは、阪急梅田駅およびJR大阪駅周辺であり、通称「キタ」と呼ばれる。もう一つは、大阪市営地下鉄難波駅や南海電鉄難波駅等の周辺で、通称は「ミナミ」である。日本橋はこの「ミナミ」の一角をなす地区（南海電鉄難波駅の東側のエリア）と言えるだろう（和田 二〇一四：二四）。この地区の中でも、オタク向け専門店がとりわけ集積しているのは、浪速区日本橋三〜五丁目と、難波中二丁目になる（和田 二〇一四：二四）。このエリアの中にある日本橋筋西通商店街は「オタロード」と呼ばれており、この通りが大阪日本橋のオタク街の中心となる。

日本橋におけるメイド（コスプレ）系サービス店数の推移

さて、ここで大阪日本橋における、メイド喫茶を含めたメイド（コスプレ）系サービス店数の推移を見ておきたい。ここでの数値は、先に紹介したメイド喫茶データバンク発刊の『mccomplex　メイド喫茶データブック vol.0』を土台にしつつ、それにさらに『住宅地図』、『Pombashimap（ポンバシマップ）』[11]、各店舗のウェブサイト、各種のウェブサイトなど[12]を参考にして、筆者があらためて集計したものである。対象となる期間は、二〇〇四年八月一日から二〇一五年八月三一日までである。なお、ここで対象としたエリアは、先にオタク街として紹介した大阪市浪速区難波中二丁目、日本橋三～五丁目に、日本橋西一～二丁目、日本橋東一～三丁目を加えた範囲である。オタク街としての日本橋をほぼ網羅した範囲であると言えるだろう。

　前記のエリアで、筆者が名前だけでも確認できたメイド（コスプレ）系サービス店は、二一一店舗ある。そのうち、開店日ないし閉店日のいずれかが月のレベルで確定できなかった店が二〇店舗ある。今回は、この二〇店舗を除いた一九一店舗を対象としている。なお、開店した年月日に関して確定できない場合、店のブログやTwitterなどの最も古い書き込みの日付をそれに代えたケースがある。また、閉店日も同様に、店のブログやTwitterなどの最も新しい書き込みの日付をそれに代えている場合がある。

　年別の店舗の数え方には注意が必要である。年別の数値は、その年に一日でも存在が確認された店すべてを数えた数値である。極端な例を挙げれば、二〇〇四年の一二月三一日に開店した店舗が、翌年の二〇〇五年の一月一日の営業のみで閉店したとしても、二〇〇四年に一店舗そして二〇〇五年に一店舗と数えている。実際は二日しか営業していないのに、このグラフの数え方では、二〇〇四年と二〇〇五年とに存在したことになる。その意味では、実態を正確に把握しているとは言い難い。しかし、全体的な趨勢は分かるだろう。

　大阪日本橋に初めてできたメイド喫茶は、「JUNGLE CAFE（ジャングルカフェ）」（二〇〇二年七月）である（メイドカフェブック製作委員会編 二〇〇五：ii）。フィギュア・おもちゃなどの中古商品販売を手掛ける「ジャングル」の一スペースに、喫茶スペースが設けられた。この「JUNGLE CAFE（ジャングル

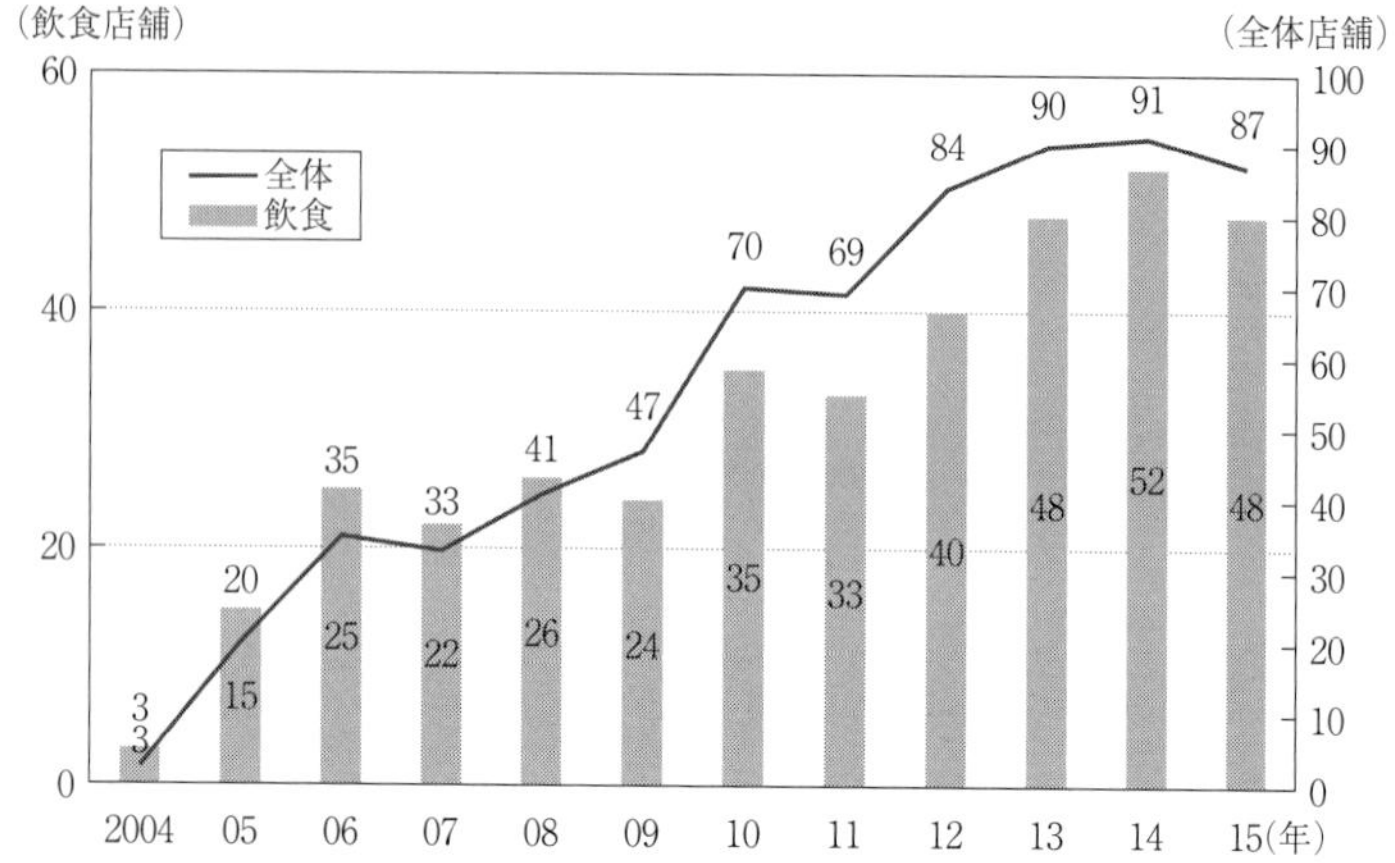

図8-6　大阪日本橋におけるメイド（コスプレ）系サービス店および飲食店の数的推移

カフェ）」は、二〇〇三年五月に通常営業を終了し、イベントのみの営業に切り替えられた（メイドカフェブック製作委員会編 二〇〇五：iv）。

本格的にメイド（コスプレ）系サービス店が日本橋にでき始めるのは、二〇〇四年に入ってからである（二〇〇四年は飲食店のみ）。その後の変化の様子は、図8-6を見ていただきたい。

この図8-6を見る限り、日本橋地区におけるメイド（コスプレ）系サービス店全体の数は、全期間を通して増加傾向にあると言える（二〇〇七年と二〇一一年だけが、前年に比べて、わずかに店舗数が減っている）。二〇一五年は減っているが、二〇一五年は八月三一日現在の数値なので、他の年よりも少ない数値になっている可能性がある。これらの数値から見て、この種のサービスには、依然として確固とした需要があると言える。

メイド（コスプレ）系飲食店数は、全国的にメイドブームであった二〇〇五年、二〇〇六年はやはり増えている。日本橋においても、二〇〇五年、二〇〇六年はメイドブームだったといってよいだろう。その後、二〇〇七年からは二〇〇九年までは減ったり増えたりで伸び悩むが、二〇一〇年にはメイドブーム期に並ぶ伸びを見せる。二〇一一年には少し減るが、二〇一二年から増加に転じ、二〇一四年まで増えている。二〇一五年は、先ほども述べた通り、八月三一日現在の数値なので、他の年よりも少ない数値になっている可能性がある。

こうして見ると、大阪日本橋においても、メイド（コスプレ）系サービス店の人気は衰えていないように見える。もちろん、実際の集客がどうなっているかは分からない。しかし、店舗の数としては、二〇〇八年以降、ブーム期の数（二〇〇六年の三五）を超えた数値を維持している。

5　メイドスタイルへの意味づけ――インタビュー結果から（1）

最初に述べたように、筆者は、Kカフェにメイドとして働く女性たち九名に、匿名を条件にインタビューを行った。インタビュー内容は、メイド喫茶でメイドとして働こうと思った動機、趣味（マンガやアニメ、ゲームといったオタク文化との近さ）、メイドとして働く面白さ・仕事の魅力などである。人選の方法は、Kカフェの当時のオーナーG氏および当時の店長のL氏による紹介である。

各九名のインタビュー日時、当時の年齢、社会的地位、Kカフェでのメイド歴などは表8-1にまとめたので、そちらをご参照いただきたい。

本節と次節において、この九名のインタビュー結果をわずかではあるが紹介しつつ、メイドとして働く女性たちの意識を再構成していきたい[13]。その場合、二つのテーマに絞って紹介する。すなわち、(1)メイドスタイルへの意味づけ、(2)メイド喫茶という場所で働く意味である。

なお、彼女たちの発言は、読みやすさを考えて、ある程度こちらで整えてある。〔　〕内は、筆者の〝あいづち〟や質問、あるいは補足である。発言を略した時は、〔中略〕と記している。また、（笑い）は

表8－1　インタビュー日時等の一覧

	インタビュー日時	仮名	年齢	地位	メイド歴
第1回	2011年3月13日 17:30–18:25	Aさん	21歳	大学生	1年4カ月
		Bさん	20歳	大学生	1年8カ月
第2回	2011年11月6日 16:20–17:40	Cさん	23歳	会社員 （始めた当時は，大学生）	2年6カ月
		Dさん	25歳	フリーター	6カ月弱
第3回	2011年11月13日 17:30–18:25	Eさん	21歳	フリーター	6カ月
		Fさん	19歳	大学生	2カ月
第4回	2013年9月11日 15:23–16:25	Hさん	21歳	フリーター	1年4カ月
第5回	2013年9月11日 17:50–18:53	Iさん	20代	フリーター	5カ月
第6回	2013年9月11日 19:05–20:00	Jさん	23歳	フリーター	1年4カ月
番外	2005年9月12日 22:00–23：05	G氏	23歳	店長	店長になってから，4カ月半

＊場所はいずれもＫカフェ近くの喫茶店である。

発言者の笑いを、（一同　笑い）は同席した全員が笑っている状態を指す。

メイドスタイルへのあこがれ

メイドとしてメイド喫茶で働こうと思った理由の中で、一番に挙げなければならないのは、「かわいい服を着て仕事をしたい」というものである。[14] この動機を明示的に語ってくれたのは四名である（Cさん、Eさん、Iさん、Jさん）。さらに「かわいい女の子が好き」という動機（Bさん、Cさん、Jさん）、「メイドへのあこがれがあった」（Hさん）も加えると、六名が（制服のかわいさも含めた）メイドスタイルあるいはイメージを好んでいたと言えるだろう。

先に述べたように、メイド喫茶の源流は、成人向けゲームだった。また、メイド喫茶自体も男性向けのサービスとして成立したと言っていいだろう。

したがって、メイドスタイルは、男性に受けるためのスタイルでもある。にもかかわらず、女性たちがそれを〝カワイイ〟ものと再解釈している点が非常に興味深い（同様の指摘は『メイド探索倶楽部　めいたん』にもある（二〇〇六：四））。

〝萌え〟からの距離

メイドスタイルあるいはメイドイメージをめぐっては、男性側からの「萌え」の意味づけと、女性側からの「カワイイ」という意味づけの二つがあると言える。Kカフェで働いてる女性たちは、一般的に流布しているような〝萌え的なサービスをするメイド喫茶〟というイメージとは距離をとろうとする態度をうかがわせている。彼女たちの「カワイイ」というメイドスタイルの評価は、その点に関わっているようである。

たとえば、Eさんは日本橋にあるメイド喫茶の中でも、Kカフェを働く場所に選んだ理由を次のように述べている。

〔他のメイド喫茶の〕**制服は、かわいいすぎたんです**。いわゆる、黒と白のあれです。〔Kカフェは〕落ち着いている雰囲気かなと思って。〔中略〕〔萌えは苦手だけど、メイド喫茶で働きたい？〕。はい（笑い）。

Kカフェの当時の制服は、茶色のロングドレスに、クリーム色のエプロン、カチューシャであった。やや落ち着いた感じの制服である。Eさんは、その制服が好きだったという。また、Iさんも自分がKカフェを選んだ心境を以下のように語っている。

その時メイドさんとかも流行ってて、一番、Kカフェがいいなぁって。雰囲気とか、お店の感じとかも、**〝萌え萌え〟の感じではなくて**、落ち着いた感じだけど、活気のあるカフェって感じなので……。

続いて、Jさんは、「メイド喫茶を知ったのはいつ頃か」というこちらの問いに対して、次のように答えている。

高校生の時です。同級生の子がメイド喫茶で働いていたんです。〔中略〕〔その時のイメージは、どんなイメージでしたか〕萌え萌えですね。萌え萌え、ニャンニャン（笑い）。〔しかし、その「萌え萌えニャンニャン」などところで、よく働きたいと思いましたね？〕**そういうのが、あんまりないところに行こうと思ったんです。**

この三名はいずれも、〝メイドになった動機〟を「かわいい服を着て仕事をしたいから」と語っていた。であるにもかかわらず、〝萌え〟から距離をとろうとしている。三名の発言から推測するに、メディア上で流布していたメイド喫茶のイメージは、「萌え萌え」的なものだったのだろう。そうしたイメージに影響を受けながらも、実際に自分が働く時は、「萌え萌え」なところを避け、「落ち着いた感じ」のところを選んでいる。つまり「カワイイ」を指向しつつ、しかし「萌え」とは距離をとる。そのために、Kカフェを選んでいると考えられる。

この「萌え萌えな感じ／落ち着いた感じ」という二分法が、事実として正しいかどうかは措くとしても、そういう枠組みを使って、自分たちの働く場所を解釈し、選択しているという事実が重要なのである。

このことは、次のことを意味している。すなわち、メディアや友達の影響でメイド喫茶を知り、それにあこがれを抱きながらも、働き手としての女性たちは主体的に場所を選んでいるということである。決して、メディアのイメージをそのまま再現することを目指して、女性たちがメイド喫茶を選んでいるのではない。そこには、彼女たちなりのアクティブな意味づけがある。

ここで付け加えておく必要があると思うが、彼女たち（そして筆者も）は決していわゆる「萌え萌え」なメイド喫茶を否定しているわけではない。ただ、彼女たちは、自分たちが働く場所としては選んでいないというだけである。「萌え萌え」な場所で働きたいと思う女性がいたとしても、それは一つの選択である。そしてそこにも、やはり同じように主体的な決断の過程がある。

6　メイド喫茶という場所の意味——インタビュー結果から（2）

オタク（ファン）的交流の魅力　再三述べてきたように、メイド喫茶は、従業員と客の距離が比較的近い喫茶店である。そしてそれが魅力であると指摘した。しかし、それは客側（ないし経営側）の視点とも言える。そこで働いているメイドたちにとっては、どうなのだろうか。

今回のインタビューでは、メイドと客とのやりとりは、オタク（ファン）的な交流の側面を持っており、それゆえにメイドたちは一定のやりがいと自己肯定感を得ていることが分かった。つまり、メイド喫茶という場では、一見負担と思える〝客との近さ〟の部分に、オタク（ファン）的交流が代入されることで、その〝近さ〟がかえって彼女たちにポジティブな影響を与えているのである。[15] メイド喫茶は、喫茶の業務にファン的な交流の面白さを組み合わせた、〝趣味と労働の汽水域〟をなしている。

まず二名のメイドが〝メイド喫茶で働こうと思った動機〟に〝客とのファン的交流〟を挙げている（Bさん、Iさん）。続いて六名が、言い方は様々だが、何らかの形で客と趣味的な交流をする楽しさ・面白さを語ってくれた。ここで、〝メイドから見たメイド喫茶での仕事〟のイメージを一番分かりやすく語ってくれたIさんの発言を引用しておこう。「アイドルオタク」である彼女がKカフェにメイドとして応募した動機は、次のようなものであった。

アイドルオタクなので、なんていうんだろ、周りにアイドルオタクの人って、あんまり、女の子でもいないし、男の人でも〔自分がアイドルオタクだと〕いう人がいなかったので、そういう話もご主人様とだったら楽しくできるかなっていう理由で。で、普通のカフェよりは、**自分が楽しみながら接客ができるなあって**。お客さんが来たら注文聞いて出してという単純作業を繰り返す中でも、〔通常の〕**カフェとは違う部分がいっぱいある**のがメイド喫茶だなと思ったので選びました。

Iさんの言葉にあるように、通常の喫茶業務をこなす中でも、「違う部分がいっぱいある」。その一つがおそらく客との交流であり、とくにその交流の中でもファン的交流なのである。とはいうものの、あくまでKカフェは喫茶店であり、喫茶業務が主であることは自覚されている。たとえば、Cさんは「喫茶店が主であり、しゃべることが目的ではない」と語り、Iさんは「ちゃんとウェイトレスの業務をこなしたうえで、空き時間があったら」と述べている。またFさんは、実際にメイド喫茶で働いてみて「普通の接客ができていないとダメだと、働き始めてから思いました」と語っている。店員と客という距離感はしっかりと保たれているのである。

オタク的自己の承認の場所　最初に指摘したように、メイド喫茶でのアルバイト代は、決して高いわけではない。にもかかわらず、通常の喫茶店と違い、客との会話で心的な負担を余計に背負い込む可能性がある。それでもなお、彼女たちはメイド喫茶で働くことを楽しんでいるのである。それはなぜかといえば、すでに示したように、オタク（ファン）的交流があるからである。

渋井哲也やガルブレイスは、メイドにとってのメイド喫茶の魅力として、コンプレックスの埋め合わせを挙げた（Galbraith 2011：sec. 32／渋井 二〇〇五：一〇五）。たとえば、ガルブレイスの挙げるコンプレックスとは、趣味（オタク）に関することやルックスないし人格に関することである。

もちろん、そういう面もないではない。ただ、今回インタビューをしてみて、彼女たちは、もっと単純に〝オタク（ファン）的交流を楽しんでいる〟だけのようにも思われた。いずれにせよ、オタク（ファン）的交流は、彼女たちに自己肯定感とやりがいをもたらしているようである。

少し長くなるが、Aさんの発言を引用しておきたい。Aさんに、メイド喫茶で働こうと思った動機について尋ねた時の答えである。

> それは、やっぱり、あんまり自慢するんじゃないんですけど、結構、オタクなので、今のKカフェのメイド中でもかなりオタクだと思っているので、そういうので、**なんか……持て余してるっていうか**（笑い）、すごい、〔何をどう持て余すんですか？（笑い）〕私が培ってきた、この一〇年くらいのオタク知識を持て余して、何にも使いどころがないと。**でも何かしら使えるかなと思って働き始めたら、ほんとに使えると思えたのがとてももうれしかった**です。**働き始めて、無駄じゃなかった**と。〔使えるというイメージも、お持ちだったわけですね？〕はい、すごいオタクな女の子がいっぱい来ているイメージがあったので。〔で、働いてみたら、十分に使えると〕はいもう、もうこれしかない（一同　笑い）、**私にはむしろ、それしかない**と思いました。

このように〝オタクとしての自己の承認〟の感覚をはっきりと語ったのは、Aさんだけである。しかし、多かれ少なかれ、他のメイドたちも感じているのではないだろうか。中川嶺子も指摘するように、同じ趣味を持っている客とのやりとりによって、「お客さんの楽しんでいるリアクションが目に見えると自分の接客にも自信を持つことができる」のである（中川 二〇一五：五五）。メイド喫茶という場では、自分の〝オタク知識〟は「働き始めて、無駄じゃなかった」と思えるのである。そしてそれはまた、自分のオタク的側面への肯定にも繋がるであろう。だからこそ「私にはむしろ、それしかないと思」うのである。

先述したように、メイド喫茶は〝趣味と労働の汽水域〟をなしている。単なる仕事の場ではない。単に交流を楽しむ場でもない。その両方の側面を持っているからこそ、オタク的自己の承認の感覚が得られるのである。メイド喫茶では、一見負担と思える〝客との近さ〟の部分がファン的交流として機能している。そしてそのことによって、メイドたちがやりがいと自己肯定感を得られる場になっているのである。

7 オタク女子の「ホーム」

本章は、メイド喫茶で働く女性へのインタビューを通して、彼女たちがメイドとして働くことにどのような意味を見出しているのかを明らかにすることが目的であった。最後に、あらためてまとめておくと、メイドにとって、メイド喫茶という場所は以下のような場所であると結論づけることができる。つまり、メイドたちが、(1)カワイイ服を着て仕事をし、(2)客とのオタク（ファン）的交流を楽しみ、(3)自己のオタク（ファン）的な側面に対する承認の感覚を得ることができる場所である、と。

Hさんは、自分にとってのメイド喫茶を次のように語った。

もう、「家」ですね（笑い）。〔たとえば、他のバイト先でそんな感じにならないですか？〕ならないですね。

〔なぜ「家」のように感じることがあるんでしょうか?〕どうなんですかね、働いている期間、長さとかもあるかもしれませんし、やっぱり帰ったら知っている人とかがいて、仲良くしゃべったりしてると、なんか、居心地がよくなって、そういうところですかね。

Hさんにとって、メイド喫茶は「家」である。この発言を筆者なりに解釈すると、以下のようになる。彼女たちにとって、メイド喫茶は仕事場であると同時に、「オタク(ファン)的交流の場」としても機能している。その両者は、相互に結び付いている。そのことによって、一定のやりがいとオタク的自己の承認された感覚を得ることができるのである。[16] その結果、自分が受容されているように思われ、その場所を「家」のように感じるのではないだろうか。

自分が受容されているような感覚を持つことができる場を、和田崇にならって「ホーム」と呼ぶならば(和田 二〇一四:二八、三二)、われわれにはやはり「ホーム」が必要なのであろう。この「ホーム」は、既存の制度の枠組みで調達可能な場合もあれば、新しい関わり合いの場で初めて得られる場合もあるかもしれない。とくに、〝趣味人としての自分〟を受け入れてくれる場所を探す場合は、なおさらそうであろう。日常的な関係の中では、なかなか得ることができないのが実際ではないだろうか。[17]

はじめに述べたように、メイド喫茶では、「おかえりなさいませ、ご主人様/お嬢様」と挨拶をするのが特徴的である。言われた客側がどう感じるかは分からない。しかし、オタク女子であるメイドたちにとっては(もちろん、そうでないメイドにとっても)、メイド喫茶は確かに「ホーム」なのである。そう考えれば、彼女たちが儀礼的に発している「おかえりなさい」という言葉も、案外、本音なのかもしれない。

注

（1）「儀礼的無関心」とは、社会学者のアーヴィング・ゴッフマン（一九二二～八二）の言葉である。きわめて簡潔に表現すれば、他者との対面的状況の中で、他者に対する無関心をあえて装う態度である（ゴッフマン、一九八〇：九三～九九）。

（2）『デジタル大辞泉』（©Shogakukan Inc.）から引用。

（3）メイド喫茶の初期の歴史に関しては、メイドカフェブック製作委員会編『Maid Cafe Style メイドカフェ・スタイル――お帰りなさいませご主人様』（二〇〇五、二見書房）に詳しく書かれている。この本の巻末の「オタク向けメイド喫茶・コスプレ喫茶の歴史」を参照のこと（ⅰ～ⅵ頁）。

（4）株式会社ブロッコリーは、コンテンツ（アニメ・ゲーム・音楽・映像・カードゲーム）の企画・制作およびキャラクター商品の企画、製作、販売を目的とする会社である。直営の小売店舗として「ゲーマーズ」を運営している。

（5）自由国民社「第22回　2005年」『ユーキャン新語・流行語大賞全受賞記録』、http://singo.jiyu.co.jp/index.html（二〇一五年六月二八日最終アクセス）。

（6）@ほぉ～むカフェ、「完全メイド宣言」公式サイト、http://www.cafe-athome.com/kanmaid/（二〇一五年六月二八日最終アクセス）

（7）「最新秋葉原案内　7　店に行けば会えるアイドル　メイドカフェオリジナルのCD続々登場」『秋葉原完全攻略マップ&ガイド'07』（二〇〇六：九）。「会えるアイドル」という言い方は、二〇〇五年一二月に秋葉原に劇場をオープンした、AKB48を意識したものと思われる。実際、このムック本の最初の記事は、AKB劇場の紹介記事である（四～五頁）。

（8）〝表層〟は、その魅力によって容易に背景や意味づけを超え、新たな文脈を獲得していく。その〝表層〟の魅力を表現する言葉として、〝かわいい〟や〝萌え〟という言葉が使われるのかもしれない。〝かわいい〟という感覚の力は、〝表層〟を自己目的化し、そこで完結させることにあるとも言えるだろう。

（9）ここでは限られた数値しか紹介できない。この冊子の内容に関する詳細な解説は、このデータベースの制作者本人である「たかとら」のウェブサイトを参照してほしい。

(10) たかとら、二〇一一、「全国のメイド・コスプレ喫茶&リフレの店舗数推移」『たかとらのメイド喫茶リスト』、http://d.hatena.ne.jp/TAKATORA/20111225/1324827526（二〇一五年九月一〇日最終アクセス）

(11) この変化については、山田・杉山・徳尾野・奥（二〇〇九）、和田（二〇一四）を参照。

(12) 『Pombashimap（ポンバシマップ）』は、日本橋まちづくり振興株式会社が作るフリーペーパーである。日本橋まちづくり振興株式会社とは、会社の設立に賛同した一九名が一人当たり一〇〇万円を出資して設立した、日本橋の活性化を目的とする街会社である（設立は二〇〇五年五月）。日本橋まちづくり振興株式会社の設立と活動および地域での役割については杉山武志らの説明を参照してほしい（杉山・元野・長尾 二〇一五：一七〇～一七二）。

(13) 各店舗の出店および閉店の情報に関しては、「日本橋ショップヘッドライン」(http://nippon-bashi.biz/)や「おまけ的ポンバシ 大阪日本橋の情報発信基地」(http://blog.goo.ne.jp/omaketeki）の情報に負うところが非常に大きい。ほかにも、関西一円のメイド喫茶の情報を集めた「関西一円メイド喫茶・飲食店総合スレまとめ wiki」の開店および閉店情報も大いに参考にさせてもらった（http://seesaawiki.jp/w/kansai_maid_cafe/)。いずれのサイトも、最終アクセスは二〇一五年九月一〇日である。

(14) なお、より詳しいインタビュー内容については、筆者が別のところでまとめたもの（池田〔二〇一二b／二〇一四、二〇一五〕）を参照してほしい。

(15) 藤山も、メイド喫茶に応募する女性の志望理由の多くは「可愛い服を着てお仕事ができる」ことであると指摘している（藤山 二〇〇六：一二一～一二二）。

(16) ただし、メイドとして働く女性が全員〝オタク〟であるわけではない。またメイド喫茶を訪れる客も、全員がオタク的な趣味を持ち、その話題での会話を求めているわけではない。メイド喫茶は、〝メイドと客とのコミュニケーションを可能にするプラットフォーム〟である。そこでのコミュニケーションの質は、当然多様でありうる。ここでは、あるメイド喫茶で行われていることの一側面を誇張して描いているにすぎない。

(17) 日本の内外でオタク文化の価値が上昇していくにつれて、オタク文化も役立つものとなってきた。その顕著な例が、アニメやゲームなどとタイアップした地域活性化策である。この結果、オタク文化は、一つの重要な文化資本となった（池田 二〇一二a：一三六）。これは、マクロな動きである。他方で、ミクロな視点で見ても、オタク知識は役に立つようになった。自身のオタク知識を活かして働ける場所、それがメイド喫茶なのである。

（17） ガルブレイスは、メイド喫茶でのメイドと客との関係に、家族や職場での関係とは異なるオルタナティブな感情的関係の可能性を見出している（Galbraith 2013）。メイド喫茶という場をそのように位置づける議論はきわめて興味深いし、今後検討されるべき議論である。本章では、これまで述べてきたように、また違った見方を提供した。主にメイド側の意味づけから〝趣味と労働の汽水域〟としてのメイド喫茶という見方である。その〝汽水域〟としての性質が、メイドたちにやりがいとオタク的自己の承認の感覚をもたらすのである。他方で、ファン的な交流もまた、家族や職場での関係とは異なるオルタナティブな感情的関係の場として機能する可能性があることも指摘できよう。

参考文献

赤堀卓士、二〇〇六、『メイド喫茶開業マニュアル』ゴマブックス。

アキバ経済新聞編、二〇〇七、『アキバが地球を飲み込む日――秋葉原カルチャー進化論』角川ＳＳコミュニケーションズ。

池田太臣、二〇一二a、「オタクならざる『オタク女子』の登場――オタクイメージの変遷」馬場伸彦・池田太臣編著『「女子」の時代！』青弓社：一二五〜一五四。

池田太臣、二〇一二b、「オタク女子の楽園――メイドグラフティin大阪日本橋（1）」『女子学研究』Vol.2：七六〜九〇。

池田太臣、二〇一四、「オタク的コミュニケーションの悦楽――メイドグラフティin大阪日本橋（2）」『女子学研究』Vol.4：一四〜二三。

池田太臣、二〇一五、「『癒し』としてのコミュニケーション――メイドグラフティin大阪日本橋（3）」『女子学研究』Vol.5：一～一八。

アーヴィング・ゴッフマン、丸木恵祐・本名信行訳、一九八〇、『集まりの構造――新しい日常行動論を求めて』誠信書房。

渋井哲也、二〇〇五、「萌えとメイド・コスプレ喫茶の社会学」（萌）メイドさんのほん製作委員会『（萌）メイドさんのほん』毎日コミュニケーションズ：一〇〇～一〇五。

杉山武志・元野雄一・長尾謙吉、二〇一五、「大阪の日本橋地区における『趣味』の場所性」『地理学評論』八八巻二号：一五九～一七六。

中川嶺子、二〇一五、『職業としてのアキバ・メイド』中央公論社。

早川清・山崎龍、二〇〇八、「メイド喫茶サイドレポート'98～'08」早川清・山崎龍・木全直弘・清水銀嶺・佐藤楓編著『メイド喫茶で会いましょう』アールズ出版：二五～五〇。

藤山哲人、二〇〇六、『萌える聖地アキバリターンズ――秋葉原マニアックス二〇〇六』毎日コミュニケーションズ。

別所温、二〇一〇、『「メイドさん」になろう！――愛されるメイドになるための七つのテクニック』秀和システム。

堀田純司、二〇〇五、『萌え萌えジャパン』講談社。

宮本直毅、二〇一三、『エロゲー文化研究概論』総合科学出版。

メイドカフェブック製作委員会編、二〇〇五、『Maid Cafe Style メイドカフェ・スタイル――お帰りなさいませご主人様』二見書房。

メイド喫茶データバンク、二〇一二、『mccomplex　メイド喫茶のデータブック vol.0』（第二版）メイド喫茶データバンク。

森川嘉一郎、二〇〇八、『趣都の誕生――萌える都市アキハバラ』増補版、幻冬舎。

山田茉莉・杉山茂一・徳尾野徹・奥俊信、二〇〇九、「大阪日本橋筋商店街の『電気のまち』からの変容過程――業種別推移調査から得た電気街の可能性」『日本建築学会計画系論文集』第七四巻第六三七号：六一一

〜六一六。

和田崇、二〇一四、「オタク文化の集積とオタクの参画を得たまちづくり――大阪・日本橋の事例」『経済地理学年報』第六〇巻：一二三〜一三六。

『コス&メイド――最新全国メイドサービス六六店』、二〇〇五、英知出版。

『メイド探索倶楽部　めいたん』、二〇〇六、エンターブレイン。

『秋葉原　完全攻略マップ&ガイド'07』、二〇〇六、山と渓谷社。

『Ｐｉａ♥キャロットへようこそ!!2　ビジュアルファンブック』改訂版、二〇〇〇、エンターブレイン。

Galbraith, Patrick W., 2011, "Maid in Japan: An Ethnographic Account of Alternative Intimacy," *Intersections: Gender and Sexuality in Asia and the Pacific*, 25. http://intersections.anu.edu.au/issue25/galbraith.htm（二〇一五年九月七日最終アクセス）

Galbraith, Patrick W., 2013, "Maid Cafés: The Affect of Fictional Characters in Akihabara, Japan," *Asian Anthropology*, 12 (2), 104-125.

［謝辞］今回インタビューした九名のメイドさんたちはみんな個性的で、話を聞いていてとても興味深かった。それゆえ、インタビューとそれをまとめる時間は、筆者にとって、とても楽しい時間であった。最後になったが、ご協力いただいた九名のメイドさんたち、そしてそのインタビューの段取りの労を取っていただいたKカフェの元オーナーのG氏、元店長のL氏に、記して感謝の意を表しておきたい。

第9章　島ガールの語られ方と生き方

——自分らしい手作りの島暮らし——

吉光正絵

1 〈カワイイ〉女性像による島のイメージ刷新

本章では、島ガールについて考察する。前半では、雑誌やWeb等のメディアで言及されている島ガールに関する言説や、島で暮らす女性に関する先行研究を検討する。その後に、本章の後半では、五島列島で行った事例研究をもとに実際の島ガールの暮らしや活動について考察する。

自然系ガールの流行

図9－1　『ばらかもん』パネル（筆者撮影）

近年、日本では若い女性を中心とした島ブームである。「島旅楽しむ『島ガール』が増加　四〇年前の離島ブームが復活か」というタイトルのネットニュース記事がある[1]。『地球の歩き方JAPAN島旅』（地球の歩き方編集室 二〇一五）が企画され、第一号の『五島列島』、第二号『奄美大島』、第三号『佐渡』と続刊中だ。二〇一四年には、五島出身の作者が描いたマンガをアニメ化した『ばらかもん』（二〇一四年七月より九月まで日本テレビほか）が放送された。奈留港ターミナルには、『ばらかもん』の登場人物で島に住む少女「奈留」のパネルが設置されている（図9-1）。

島ガールは、森ガール、山ガールに続く、「自然」志向の女子文化の一つである。「森ガール」は二〇〇六年に開設されたmixiコミュニティ発祥で、管理人の身体を締め付けないゆるい服にまるい靴をあわせた服装が「森にいそうだね」と言われたことに由来しており、実際に森に行くわけではない[2]。森ガールの自然は、実際に自然の中で滞在するわけではないが、ハイヒールを脱いで心身の締め付けを廃した服装や、森の自然や動物をモチーフとした雑貨が象徴する「ゆるさ」や「天然」といった「自然体志向のかわいらしさ」を指す。捉えどころがないように見える自然体志向が、ファッションとして成立することに注目が集まった。

山ガールは、二〇〇九年頃からトレッキングやハイキングで山を訪れる若い女性が増加したことに端を発する。これに、はとバスなどの地域観光業者や旅行会社が目をつけツアーを企画し、山ガール向けのオシャレな登山雑誌[3]も創刊された。テレビなどのマスメディアでも特集が組まれ、地方自治体主催の地域活性化イベントも行われた。山ガールは、高齢者や山岳部男子、エコロジストが好み、若い女性のテリトリーではないと思われていた領域に、ファッション性も重視した気楽な気分で若い女性が踏み込んできたことに注目が集まった。山ガール向けの雑誌では、機能性重視のスポーツブランドやアウトドアブランドの雑貨や服装を「かわいいかどうか」といった視点から見直し、登山ルートも快適性や心地よさなど、若い女性が共感できる感性的視点から再検討されている。こうした女性たちの動きは、男性側からの違和感やとまどいを生む一方で、中山間地の自治体では、地域活性化や地域観光の契機として注目された。

森ガールや山ガールの提案するファッションは、ハイヒールを脱いで身体の締め付けを排したナチュラル志向のスタイルである。現在の若者たちは、バブル時代のような派手で顕示的な消費活動や価値観は時代遅れでカッコ悪いものと考えている。旅行も、海外旅行よりも趣味の延長線上で気の合う仲間たちと一緒に、ちょっとした非日常感を味わうことが目的となっている。一泊以上の旅では、コンサートやテーマパークなど都市を目指す派と、海や山といった自然を目指す派が主派閥のようだ[4]。一方で、三・一一以降、安心・安全な暮らしを求めた末の首都圏から地方への移住や二重居住、食べ物の生産地や住む場所にこだわる地域主義やスローライフを好む生活重視の傾向も指摘されてきた（速水 二〇一三：二〇〜二四）。スローライフの運動は、せわしない消費主義的ライフスタイルの見直し、地域社会の伝統的生活の再発見などを通じて、ゆとりのある健康な生活を取り戻そうとする動きである（筑紫 二〇〇六）。自然体の暮らしのイメージが、若い女性たちの想像力や行動力をかきたてる状況は、前記のような価値観の変化を反映したものと考えられる。

島ガールの流行

島ガールは、伊豆七島への船旅を提供している東海汽船の登録商標で、島を訪れる若い女性グループ向けの観光商品名として二〇一〇年一二月から用いられている[5]。小豆島では、「小豆島の暮らしを楽しんでいる女性、小豆島に来てくれる女性」を「小豆島ガール」と呼び、女性の視点で島の魅力を発信するプロジェクトを実施している[6]。小豆島は、ベネッセアートサイト直島らとともに二〇一〇年から始まった瀬戸内国際芸術祭に参加しており、「季節、人、暮らし、アート」が小豆島ガールのサイトのテーマになっている。

また、『島ガール』（角川マガジンズ 二〇一三）というグラビア誌も出版された（図9-2）。この雑誌は、沖縄がテーマで、観光案内と女性アーティストの島暮らしが主な内容である。観光案内では、島ごとに「神」「野生」「癒し」などのテーマがたてられ、テーマごとのアウトドアファッションやリゾートファッションを着たモデルが島の飲食店やお土産物屋、観光地を紹介する。名物店主たちの島への思い入れや

図9－2　雑誌『島ガール』（角川マガジンズ，2013年）

島暮らしでの発見が、数奇な人生譚とともに掲載されている。島の豊かな自然とともに暮らす個性的な人々との偶然の出会いによる旅行者自身の変化も、旅の魅力となっている。女性アーティストの島暮らしのページでは、俳人の俵万智をはじめ都市生活や海外放浪の果てに島に辿り着いた芸術的な女性たちが紹介されている。俵万智は、三・一一をきっかけに息子を連れて石垣島に移住した。彼女たちは、島への移住によって豊かな自然の中で可愛い子供たちとの安心・安全な暮らしや手作り機会、島民との濃密な人間関係を獲得し、美的な感性やコミュニケーション能力を発揮した新しい自分に満足して暮らしている。また、ウォシュレットの使用など都市的暮らしでは欠かせない現代的な習慣の継続も強調されている。

以上から、島ガールには、観光客として都市部から島を訪れた女性と、島で暮らす女性の二種類が想定されていることが分かる。そして、島を訪れる場合にはアウトドアファッションやリゾートファッションを着る楽しみや、島の自然や美食、島にしかない個性的な雑貨の購入や島民との出会いによる感動が強調されている。一方で、島で暮らす場合には、新しい自分の発見や可愛い子供との安心・安全な暮らしによる満足に焦点が当てられていると考えられる。

このような癒しや居場所、スローライフ、アート&クラフトといった都市居住者向けに魅力的にシンボル化された島暮らしのイメージは、二〇〇〇年前後に確立された。沖縄サミット関連の行事、雑誌

『沖縄スタイル』（沖縄スタイル編集部、二〇〇〇）、沖縄・奄美出身の芸能人の活躍などが大きな影響を与えた（金山 二〇〇九：二）。二〇〇〇年代に入ってからの離島ブーム以前にも、一九七〇年代に第一次離島ブームがあった。秘境としての離島に興味を抱いた人々の観光ラッシュを生み出し、リゾートアイランド化に踏み切る島も現れ、観光業や宿泊業で生計をたてる多くの移住者を生み出した（福原・十代 二〇〇六：一）。

雑誌『島ガール』におけるファッショナブルな島ガイドや、女性アーティストらの島暮らし紹介は、第一次離島ブーム期に見られた秘境としての島の探検や自給自足、開墾、開発といった重装備や覚悟を要求されるものではなく、都市生活に慣れた女性でも気軽に旅や島暮らしを始められるのではないかと思わせる構成になっていると考えられる。

〈カワイイ〉女性たちによる島の情報発信と経済活性化

離島の情報を専門に扱うメディアに離島経済新聞社がある。扱う情報は、「日本にある人口の多い大型島（北海道・本州・四国・九州・沖縄本土）を除く約四三〇島の情報」だ。『離島経済新聞』というウェブマガジンの運営とタブロイド誌『季刊 ritokei』（以下、『リトケイ』）を全国の書店や港で販売し、島関連の専門棚を書店に設置する「島 Books」プロジェクトを実施している（グリーンズ 二〇一三：一一八〜一一九）。離島経済新聞社は、編集者や広告ディレクターをしてきた女性が、離島出身の友人に出会ったことをきっかけに、クリエイター仲間と一緒に立ち上げた。読者対象は、「島に興味のある人」「島に縁のある人」「たまたま情報にふれた人」である（鯨本 二〇一四：一）。離島経済新聞社の活動は、島の情報の発信者を増やすことで、島の個性や普遍性を多くの人に伝える機会を創出し、島への訪問者の増加や経済活性化を目指している。

『リトケイ』では、島と関わる女性たちも紹介されている。「島のお母さん」たち以外にも、島で最先端研究に従事する研究職の女性たち、自営業者などとともに、〈カワイイ〉女性たちも紹介されている。

創刊号では、冒頭に挙げた小豆島ガールのうち、「お醤油やオリーブにやたら詳しい女の子」として、公式ホームページの運営やマスコミ対応をしている情報デザイナーの女性が紹介されている。彼女は島の経済活性化の役に立ちたいと述べている。こうした研究、情報発信や芸術活動、経済活性化などに携わる〈カワイイ〉女性たちをクローズアップすることで、「島のお母さん」や「おばあ」以外の島に暮らす女性のイメージを可視化することにも成功していると考えられる。

また、「私、島人です。」のコーナーでは、島に住むクリエイターたちとの交流や祖母との思い出を語る篠原ともえや、島の人たちとの交流や島での子育ての安全性について語る土屋アンナなどが写真つき

図９−３　「私，島人です。」篠原ともえ
『季刊リトケイ』（2012　WINTER　No.01　創刊号：20）

図９−４　「私，島人です。」土屋アンナ
『季刊リトケイ』（2012　SPRING　No.02：20）

で掲載されている（図9-3、図9-4）。篠原ともえは、雑誌『CUTiE』で有名になった「世界を変えるかもしれないへんちくりんな格好」をしたアイドルの元祖で、土屋アンナは映画『下妻物語』や『さくらん』などの主演で世界的にも有名な〈カワイイ〉の象徴である。『リトケイ』では、このような都市生活や消費活動に習熟し、広い世界をよく知っている〈カワイイ〉女性たちが、島と自分の関わりや愛着を積極的に語り、島の情報を外部に発信している状況が可視化されている。〈カワイイ〉女性たちが、そのままの姿で島から受け入れられ、心理的に充足感を感じ、創作意欲を刺激されている様子が目に見える形で発信されることによって、都市で暮らす女性たちにとって、島がより身近で魅力的な存在に感じられるようになったと考えられる。

2　女性が島にもたらす新しい力

海洋文化継承の要から消費力の要へ

島で暮らしている女性たちに関する国際的な研究は、漁村研究や農村研究の文脈の中で蓄積されてきた。島で暮らしている女性たちの伝統的な役割は、子供の社会化に関わるものである。女性たちは、子供たちの生育過程において、自発的な海洋管理責任（marine stewardship）と海洋市民意識（marine citizenship）を教えこむことで、海を守り海とともに生きる文化を継承させてきた（ラムービデシ二〇一四：一〇〇）。

一方で、日本の島で暮らしている女性たちに関する研究は、農山漁村研究の中で取り組まれてきた。初期の研究では、女性の無償労働や低賃金など経済的な不利性に論点があったが、一九九〇年代半ばあたりから、女性たちが農山漁村にもたらす「新しい力」に研究視点がシフトしていく。背景には、農林水産省が一九九四年に実施した「農村女性起業グループ支援事業」や、二〇〇〇年に制定された「男女共同参画基本計画」が大きく関係している。行政が注目した「女性たちの新しい力」とは、女性たちのネットワーク力とネットワークに基づいたビジネスチャンスを開拓する力を指す。女性たちのネットワークは、永続性を重視しない同世代・同境遇の仲間関係から自然発生的に生まれ、集落や町を越えて全国や海外にまで広がっていくところに特徴がある（秋津 二〇〇七：二二）。こうした農山漁村の女性たちの活発な起業やネットワーキングは、一九九〇年代に進んだ農村や漁村への消費的な「まなざし」による生産の多角化を受けて行われたようだ（立川 二〇〇五：一八～二四）。主婦として家計をあずかってきた女性に対する消費の習熟者としての能力も、「新しい力」のうちには想定されている。

島で暮らす女性を対象にした研究では、一貫して「島のお母さん」としての女性へのまなざしが基本となっており、弱者としての女性救済にも重きが置かれていた。しかし、一九九〇年代以降から進んできた農漁村の消費社会化によって、主婦たちの消費力やネットワーキング力に期待が集まるようになった。

愉しさを起点とした手作りの島づくり

このような女性たちの活動は、個々の農・漁業経営の延長線上にあるもので、必ずしも行政区画などで仕切られた「地域」を意識しているわけではない。沖縄県の島の農・漁村の女性リーダーを対象にした事例研究によれば、女性リーダーたちは、自分たちの創造力を発揮でき「愉しみ」となる場を作り出すことで、グループやネットワークを作り出す。そして、それらの場で生活者意識に基づいた労働や情報の交換、経済活動を行うことを通じて、女性リーダーたちの輪は他の地域にまで広がっていく（藤井 二〇一一：九七）。これらの女性たちの活動は、小規模でアマチュアなレベルから出発する。それは、財政的なリスクへの負担能力の問題や家族に対するケアの確保などの女性が置かれた構造的な立場に起因したもので、女性たち自身も家族と起業のバランスをとることに積極的な意義を見出している（Bock 2004：255–258）。

コミュニティデザイナーの山崎亮が手がけ、二〇一〇年度のグッドデザイン賞に選出された海士町の「総合計画」でも、女性の消費能力やコミュニケーション能力が島の地域活動では貴重な資源として機能し、地域を豊かにしていく事例が紹介されている。エステやネイルに興味のある若い女性が保育園跡地利用の企画を立ち上げ、仲間との繋がりができる中でやりがいを見出し、プロジェクトを成功させていく（山崎 二〇一二：一四三～一四六）。

以上から、島の地域活性化や地域貢献の成功事例として紹介される女性の活動は、家族生活の運営に支障のない範囲で、気の合う仲間たちとの交流や手作りの愉しさによって活動が始められ、趣味や生活上の関心が一致する場合には居住地域を越えて広がっていく傾向が見られた。そして、女性たちの愉しさに基づく協働により島にも新しい活力がもたらされていく。

島にとっての女性の価値と女性にとっての島の価値

農村や漁村への消費的な「まなざし」を意識したうえでの島に暮らす女性への期待は、同時期の離島振興法検討会議でも見られる（日本離島センター 二〇〇二：四〇）。まず、「女性を感受性の高いセンサーとして位置づけ、女性が納得する地域づくり、観光地づくりになっているかどうかを常に確認していく必要性」が議論されている。背景には、女性たちが「住みたい」「もう一度行きたい」と思わない地域は衰退に繋がりやすいといった視点がある。次に生活の快適性の基本となるインフラや人間関係、心性の近代化が提案されている。具体的には、トイレの水洗化や漁業定休日の設定といった都市生活との違和感の縮減、親との別居、住宅賃借の容易化や保育、介護、食事などの必要なサービスが入手できる状態の準備、多様な仲間と評価基準を持つ世界の広がりなどである。一方で、交流・観光目的として離島が女性から選択されるための整備についても議論されている。具体的には、本物指向、雰囲気づくり、地域全体のホスピタリティ、プロの人材など、観光、交流の王道の追求である。

そして、離島に女性が来ることに対する離島側、女性側のメリットについても検討されている。離島側が女性に期待することは、(1)稀少性、(2)消費力、(3)情報発信力、(4)生活能力、(5)世代継承力、(6)自由な協働体制の構築、の六つである。女性側にとっての離島の可能性は、(1)隔絶性・狭小性による都市では実現できない独特のライフスタイルの獲得、(2)若い女性の稀少性による「自分を必要とする人がいること」、(3)自分のやっていることの効果が目に見えやすいための手作りの向上の機会の三つである。

島が女性に向ける期待は、漁業中心の時代には、「島のお母さん」として子供たちに海洋文化を継承させていくことが中心だった。しかし、島への消費文化の流入に従って、女性たちが日々の暮らしの中で培ってきた消費能力や新しい人間関係を築くコミュニケーション能力、新しいビジネスチャンスを開拓していく能力が貴重な資源として意識されるようになった。第二次離島ブームの基層が形づくられる二〇〇〇年前後からは、離島側でもなんとかして女性たちに来てもらうことを真剣に考え始め、都市生活との差の縮減や都市生活では味わえない島独自の魅力を考え直すことに取り組んできた。

以上のように、近年では、森ガールや山ガールに続いて、自然志向の女子文化として島ガールが注目されている。森ガールは服飾スタイル、山ガールは観光といった消費や娯楽が話題の焦点だったが、島ガールは、移住を射程に入れていることから服飾スタイルや観光だけの流行ではなく、都市的ライフスタイル全体を見直す視点が含まれていると考えられる。

島と島ガールの関係

雑誌『島ガール』によれば、女性たちは、都会暮らしの末に辿り着いた島で、可愛い子供たちと安心・安全な暮らしを送っている。また、『リトケイ』では、篠原ともえや土屋アンナら日本の〈カワイイ〉を代表する女性アーティストたちが、島暮らしの魅力や島で刺激される創作意欲などを語っている。芸能人以外でも、実際に島で活躍する情報デザイナーの若い女性など、「島のお母さん」や「おばあ」ではないスタイルの若い女性が紹介されている。こうした新しい女性像が、島ガールの流行によって普及していることが分かる。

次節からは、島ガールたちの実際の暮らしについて、五島列島で実際に生活している島ガールたちの事例をもとに考察する。この場合の島ガールとは、現在、島に住んでいること、都市生活の経験があること、情報発信や芸術活動、モノづくりや店舗経営など、島の魅力を外部に伝える仕事や経済活動をしていることの三点を満たしている女性たちを指す。また、考察する場合には、先行研究で言及されていた女性たちが行う活動の特徴とともに、都市生活経験者としての島ガールたちが島に与える影響についても仔細に検討していく。先行研究によれば、女性たちの地域活動は、気の合う女性たちとの愉しみや趣味の延長として始まり、家庭との両立が基本である。暮らしの中の発見や気の合う仲間たちとの趣味的活動の延長であっても、彼女たちの活動により島に新しい活力や繋がりが生み出される。こうした活動を行う中で、女性たちも、都会では体験できない自分らしい個性的な生活を手に入れる。一九九〇年代に農村や漁村で女性が新しい活力源として注目され始めたのは、結婚で村の外部から入ってきて、家事や育児を担う「島のお母さん」としての役割に付随した消費やネットワーキングの力であった。島ガールには、未婚者も多く含まれており、家事や育児の能力以外の女性たちの能力も、島の貴重な資源として捉えられ、活用されているのではないかと考えられる。島ガールたちの感性、すなわち都市生活で培われる〈カワイイ〉センスや能力、スマートフォンやパソコン、デジタル機器やインターネットを駆使した情報発信能力、島にはない大学や専門学校で身につけた高度な専門技能や知識などが、島にとっての資源として利用されている状況があるのではないかと考えられる。

一方で、島の方でも女性に選ばれる島づくりを目指して、都市生活との差の縮減や都市生活では味わえない島独自の魅力の開発などが話し合われてきたが、都市生活を経験した女性にとっての実際の島暮らしは、快適なばかりではなく違和感などもあると考えられる。そうした違和感から島ガールたちの活動の独自性や個性が生まれている現状もあると考えられるため、島暮らしの魅力と共に違和感についても考察する。

3　五島列島の島ガールたち

世界遺産の教会群と椿の島

島ガールたちの事例を検討する前に、彼女たちが暮らす五島列島の概況と調査経緯を示す。五島列島は九州の最西端にあり、全島が長崎県に属す大小あわせて一四〇あまりの島々が連なる列島である。人口は約七万人。三・三人に一人が七五歳以上、二〇代から三〇代の女性が人口の六・五%と、若い女性が非常に少ない地域である。ほぼ全域が西海国立公園に指定される豊かな自然に恵まれており、近年は、世界遺産登録を目指す取り組みが進められている。また、「地域資源である『椿』を活用した地域に根差した地域密着型の六次産業化のモデルケースの構築」を目指した「椿による五島列島活性化特区」指定を受け[7]、五島列島全体に自生する椿の木を利用した様々なプロジェクトが進められている。たとえば、新上五島町産の椿油が使用されている資生堂のヘアケアブランド「TSUBAKI」とのプロジェクトでは、資生堂社員による新上五島町での椿の植林・保全ボランティア活動[8]が行われ、資生堂（中国）投資有限公司とタイアップした中国向けのPR事業「長崎×TSUBAKIツアー[9]」なども行われている。また、大型旅客船「日本丸」の寄港もあり、五島列島では、観光客や交流人口の増加による島独自の特産物の開発や、急速な六次産業化に対応できる人材育成が急務の課題とされている。

五島列島を対象にした研究は、離島振興法制定の根拠でもある離島特有の物資や人材の不足や条件不利制に焦点を当て行われてきた。叶堂隆三によれば、五島列島では、離島特有の物資や人材の剝奪が、離島住民の一人ひとりの地域や社会全体に対する責任感を高め、社会関係や生活拠点施設の運営能力の発揮に繋がり、離島特有の福祉社会が構築されている（叶堂 二〇〇四：二九七～二九八）。叶堂の指摘は、筆者が二〇〇九年から現在まで五島列島の新上五島町における地域SNSの利用調査などの様々なプロジェクトや研究でも確認できた（吉光 二〇一二）。なかでも、UターンやIターンで島に住んでいる女性たちは、島外生活を熟知しているため島の条件不利性に敏感であり、島外生活で身につけた感覚や能力によって島の魅力を発見し、島内者と島外者の文化的な通訳としての役割を果たしていた。とくに女性たちは、彼女たち自身が地域SNSの魅力の源泉となりネットワーク・ハブとして機能していた（吉光 二〇一二）。五島列島では、地域SNSの運用や島独自の雑誌類の発行が盛んである。それらのメディアでは、一定の都市生活を経た後に島で暮らしながらモノづくりやショップ経営、情報発信活動をしている若い女性たちが紹介されている。筆者はこれらの女性たちと、プロジェクトを実施してきた。本章では、女性八人に対して一人当たり二時間から三時間程度の半構造化面接調査を各二回実施した。調査期間は、二〇一五年八月から一二月にかけてである。質問項目は、島ガール的暮らしの現状を知るのに必要だと考えられる「島暮らしの経緯」「島の魅力」「現在の活動」「将来やってみたいこと」の四項目である。これら四項目の聞き取り結果を綜合して、島ガールたちの島暮らしの一端を明らかにしたい。

アートとデザインによる島の活性化

まず、芸術やデザイン、情報発信による島の活性化を目的として島に来た女性たちの事例を示す。

事例1　島の自然とおばあちゃんとのふれあいから生まれた作品を世界中で展示

Aさんは、現代アートによる島の活性化プロジェクト推進のために、廃校を流用して開設された美術館常駐の学芸員として来島した。七年前の二八歳の時で任期は二〇年である。関西にある芸術大学の博士課程在学時に、所属している美術団体からの推薦を受けたからだ。プロジェクトは頓挫し、他のアーティストたちは島を出たが、Aさんは一人、島に残った。現在の夢は、二〇年間の美術館運営期間が満了した時に記念画集を出すことだ。

Aさんは、島に赴任する教師向けの独身寮で暮らし、美術館の一階にあるアトリエで絵を描くかたわら、美術館主催の絵画教室や絵手紙教室の講師、中学校の美術講師、島の美術館のブログ更新やポストカード制作をしている。ポストカードは、島の物産展が開催された時に「若い女の子向けの商品がない」ことに気づいて制作したところ、飛ぶように売れた。Aさんの作品群は、ピンクを中心にした色使いがとても特徴的だ。日本では銀座の画廊で展示され、アメリカや韓国など世界各国のギャラリーでも定期的に展示されている。

マゼンダピンクが好きなんですね。マゼンダピンクは気分がとても高揚する色です。島といって思い浮かぶ色は緑や青だけれど、ピンクは、美しい海や豊かな自然に触れて気分があがる感じや太陽の光によって喚起されるあたたかなエネルギーを表現できる色です。絵を描くときには、女の子がほほえむことや、作品を見て笑うことを思い浮かべています。島に来てから、茶色を使うところに赤を使うといったふうに、使う色が明るくなりました。島の中を自転車で爆走したりおばあちゃんたちに畑を教えてもらうことで、生活リズムが整い元気になったし、開き直ったんですね。それが絵に現れてるんだと思います。島の風景はパノラマすぎて画面におさめるのがとても難しいのです。まだ、目と頭がついていってないです。大事に描きたいので、目になれてから、意気込みを感じてから描きたいです。

以上からアートプロジェクトは頓挫したが、近代的な寮暮らしと満足に絵が描けるアトリエ、花や野菜を育てることで知り合った島の高齢者たちとの穏やかなコミュニケーションによって生じた画風の良い変化に対する喜びや満足、島への敬意が伝わってくる。一方で、島の若者に絵を教えたり、若い女性向けの商品開発が成功したりと、Aさん自身の存在や感性、技能が、島にとっても稀少な資源として有効に活用されており、島との良い相互作用が築かれていることもよく分かる。

事例2　島と都市の文化的通訳者として活躍

Bさんの主な活動は、「情報発信と体験型観光の推進」である。ブログやfacebook運営、関西地方のラジオ番組出演などもしてきた。赴任当初の活動目標には「特産品の開発」もあったが、担当者がいたので取り組まなかった。

とくに力を入れて取り組んだのは、島の良いところを紹介する冊子の制作です。島に住む赤ちゃんからお年寄りまでの手のひらの写真を実物大で掲載した小冊子を作りました。島で面白いのは人だから。大阪在住時から知っていた、いろんな地域に住んでいるデザイナー達が自分にとって大切な町を紹介する冊子の展示⑩を見たのでやってみようかなと。県のやってるサイト⑪でも見れますよ。あとは、マップ制作、ビーチの壁画の修復。マップは港にも置いてありますよ。あとは世界遺産候補の教会をゴールにした「サンタラン⑫」をします。参加費の一部を教会の補修費にします。

Bさん制作の地図は、五島列島間を繋ぐ船の時刻表、島の見どころ、おすすめの時間帯などがユーモラスに意匠化されたマップの上にコンパクトに掲載されており、都市から来た人間にとってはとても便利である。また、「サンタラン」は、参加者がサンタの服装をして目的地まで走るチャリティイベントで、街全体が世界遺産のイギリスのエジンバラで始まり、日本でも大阪をはじめとして様々な場所で開催されている。当日は筆者も参加したが、島内、島外から多くの参加者があり盛況であった。また、普通の民家が休憩所として提供されるなど、島ぐるみの協力体制が見られた。こうしたイベントの成功は、日頃から地域の会合やイベントにしっかり出席して、島民からの理解と信頼を得るための地道な努力の成果である。Bさんは、他の町で行われている先進的な地域活動を島でも実施することで、島に新たな考え方や繋がり方を作り出すことに成功している。

AさんとBさんは、世界遺産認定に向けて観光客増加の期待に沸く五島列島で、交流・観光目的で選択される島づくりに必要な本物指向や雰囲気づくりに欠かせないプロの人材として招聘された。島にとってみれば、Aさんの芸術的能力や教養、Bさんのデザインや情報発信の能力、都会的なセンスや人を繋ぐ能力は稀少性が高い。そのため、島の中で重宝され、彼女たちの技術や能力を十分に活かした仕事や活動が広がっていったと考えられる。また、Aさんのポストカード制作やBさんのマップ制作、サンタランなど、島で初めての新しい取り組みをして成功した場合にはその効果が分かりやすいことも、やりがいを感じる一因になっていると考えられる。

夢の実現と家族の幸せの両立

ここでは、自分のやりたいことと、家族と幸せに暮らすことを、島に住むことによって両立させている女性たちの事例を示す。

事例3　家族の夢の食堂が地域の絆を結ぶ場所になってほしい

Cさんは、二年前の三一歳の時に夫とともに食堂を経営するために島に来た。島に来てから開業までの準備期間には、情報誌の編集も手伝った。Cさんは、東京都内で生まれ育ったが、中学生から高校生までの時期を母と二人で父方の祖母の介護をするために島で過ごした。その後、Cさんの両親は退職後の暮らしを島で過ごすことを選び、Cさんより先に東京都内から暮らしの拠点を移していた。そのため、Cさんは、飲食店経営という夫婦の夢と、子育てや介護といった家族生活の両立を考えて、島で開業することを決意した。

島ではみんな顔見知りで、大家族の中にいる感じです。両親の家では、朝起きたら近所のおばさんが居間にいたこともあります。今回も、島に戻ってきた時点で、向こうがすべて知ってるんですよ。店開店してから一番記憶に残っているのは、結婚式の披露宴で、ケーキ入刀は本当に感動しました。店で会ったお客さん同士が盛り上がっているのもすごく嬉しい。この店が地域の絆を結ぶ場所になればと思います。「接客業でもかしこまらずに」を心がけてます。都会ではフレンドリーと思われるくらいでちょうどいいみたいで、かげんが難しい。「外食ならば肉」という風土なので、魚でもカルパッチョにして「外」を意識したメニューづくりをしています。

Cさんは、島で暮らすようになってから、「夜更かしをしなくなって何でも自分で作るようになった」「通勤がないため自分のために使える時間が多くなった」などの生活の良い変化を感じている。Cさんの店と住居は、祖父母の家があった伝統的な集落とは少し離れた旅行客向けの施設も多い新興住宅地にあり、島の中でも比較的都市化された地域にある。顧客層もホテルの宿泊者や消費に活発な四〇代から五〇代の女性たちといった地元に密着しすぎた層ではない。Cさん自身も店の運営で島の外と内を意識したメニューづくりや雰囲気づくりを行っており、島の伝統的な人間関係や風土とは意図的に距離を置いた暮らしや食堂運営を行っている。Cさんの場合には、自分のやりたいことと、家族の幸せ、豊かな自然や自分のための時間の増大、手作り機会の向上といった島暮らしの良さとプライヴァシーの尊重などの都市的な暮らしの両立が可能になっていることで、より島暮らしの快適性が保たれていると考えられる。

事例4　島に残ってやりたいことができる道を模索

Dさんは一九歳の時に母親の急病をきっかけに大学を中退して島に戻ることを決めた。三九歳になった現在、平日の昼間は小学校の特別支援員として勤め、夜間は英会話などの教室を開き、週末などの空き時間は中国茶・雑貨のお店を経営、魚の鱗やアジアン結びで作ったストラップやアクセサリーの製作・販売と多様な活動をしている。二〇代後半になってから長崎市内の大学に再度進学して仕事に必要な資格を取得し、在学中に中国への語学研修も体験できた。

島に残る人も必要なので島に残ることを選びました。島にいたら生活費がある程度おさえられるので自分のやりたいことを優先に考えられます。島の中でできること、島の中にないものに気づいて他の人がやってないようなことを自分でやってみる。鱗は、五島といえば魚だし、鱗がスパンコールに似ていると思って始めました。五島にはかわいい民芸品がないのでお土産として販売してみました。手近なところで売ってみて、商品が売れたら徐々に大きくしていく。島では形がないと話を聞いてもらえないので、まずは形にしてみることが重要。島はいろいろな繋がりが近く、なかなか認めてもらえず、縦社会が基本。Iターンの人たちは、田舎の人ではないアピールでカラ回っている人も多い。自分が何をしたいのかどうしたら受け入れてもらえるのかを考えるのがすごく重要なんです。

Dさんは、「島に残ることと自分がやりたいこと」の両立のために、「島になくて自分だけができること」を必死に模索し実践してきた。その結果、島で稀少価値の高い資格や技能の習得、モノづくりに努めてきた。また、事業を進める場合には、島特有のモノづくりや商売の作法、協働体制について慎重に検討している。繋がりが喧伝される現代日本社会だが、世間が狭く人間関係が濃い島で自分らしく生きていこうとした場合には、繋がりをいったん切って自分から定義して結び直していくことが重要だということがよく分かる。

Cさん、Dさんは自分のやりたいことと、自分の両親らとの暮らしの両立のために、島での暮らしを積極的に選んでいる。自分の両親との島暮らしは、暮らしにかかる基礎的なコストが抑えられるので、自分のやりたいことに集中できる環境が実現できる。そして、自分のやりたいことをする場合には、「島にないもの」と「島から受け入れてもらえること」、島の土着の文化や人間関係とのバランスを慎重に見極めながら実施している。

介護から始まる島暮らしの中で出会ったモノづくりや地域活動

ここでは、介護を目的に始まった島暮らしではあるが、島で暮らしているうちに暮らしの中での発見や出会いによってモノづくりや地域活動の担い手として活動することになった女性たちの事例を示す。

事例5　波が運んでくる縁を活かしたモノづくり

福岡県で生まれ育ったEさんは、一一年前の三一歳の時に舅の世話をするために島に来たが、舅が亡くなり、現在は夫と二人で島で暮らしている。情報系の専門学校を出てプログラマーやCADオペレーターの仕事をしてきたEさんは、島に来る前から勤めていた会社の仕事を島に来てからしばらくの間は続けていた。現在はその仕事を辞めて、主にシーグラスや貝殻、椿、古綿など島にあるモノたちを使った雑貨やお土産物を製造して販売している。

海が好き。海がなかったらキビシイ。ネットがあればなんでも買えるし。ネットがなくてもキビシイ。サーフィンは波があれば乗る。波待ちの間に落ちてる貝殻やシーグラスを拾ってて。無料のサーフスクールで出会った友達と二人でストラップにして知り合いがいる港の売店に置いてみたら売れたんですよね。島にはかわいい土産物がないから。ストラップを編むための紐を自分で染められたらいいなと思ってたら、サーフィン仲間に古綿工房に連れて行かれて、それが古綿のきっかけ。古綿の作品は展示会で売ってるけど、八割は楽しみで二割は在庫入れ替えのため。自分で使うのはたかがしれているから。最近は、椿木工でスプーン作ってます。元大工さんとかの先輩達がすごい技術をもって新しいことも知れて楽しい。

古綿工房は重くて使わなくなった古い布団から紡ぎ直した糸を、自然染料で染めて織物や手編み作品にする団体だ。在庫管理システムをEさんが、糸車をEさんの夫が製作した。「椿木工」とは、五島市と新上五島町が椿特区の助成金で運営している物産開発プロジェクトだ。Eさん製作のスマイルマークを描いた取り分けスプーンはコンテストで優秀賞を受賞し、ふるさと納税の謝礼品にも選ばれた。観光客向けの商品開発が火急の課題となっている五島で、Eさんのサーファー特有の視点や都会暮らしで培われたセンス、技術者としての能力、企業勤務で培われた思考力や事務能力、技術の応用能力が稀少価値としてモノづくりの場でも活かされて活動範囲が広がり、島との良い関係が構築されていると考えられる。

事例6　島で癒す人・看取る人も必要

五島で生まれ育った現在三二歳のFさんは、長崎市内の高校で音楽を学び、関西地方の大学で音楽療法を学んだ。大学卒業直後に父の兄弟たちからの説得に負けて祖母の介護のために島に帰ってきた。島では、椿油を使ったアロマテラピーのワークショップ、NPO法人が運営するホーム・ホスピスの庶務理事など癒しに関わる活動をしてきた。

おばあちゃんの介護が終わったら就職しようと思ってたんですが、気付いたら一〇年たってました。椿オイルは、転勤で島に来た人にたまたまアロマテラピーを教えたい人がいたのと、輸入品のキャリアオイルの代わりに地元の椿油を使ってみたらどうかと思っていたことで始めました。ホーム・ホスピスとのかかわりは、おばあちゃんの看取りが、病院付きの訪問看護師とのコミュニケーション不足から希望どおりにいかなかった不満を話す機会があったことがきっかけで始まりました。話の流れから手伝いに来てほしいと言われたので手伝い始めました。私がピアノを弾いて入居者と一緒に歌を歌ったりもしてます。学生時代も慰問に行ってたので現場での歌は一期一会だと思ってます。最近、孤独死した叔父を関東から引き取ってきたんですけど。警察での遺体確認やお骨にしている間に、叔父のように島から外に出て、日本が豊かになるためにがんばった末に孤独死してる人は多いんだろうなと思いました。島では孤独を意識することが多いせいか、そんな人たちのことを私たちは忘れてはいけないんだなと改めて思いました。

Fさんは、職歴を積む前に島での介護生活に入った。一方で、音楽療法を大学で学んだFさんの知識や技能、長い介護経験の中で蓄積されたケアの能力が、親族集団や島の地域社会の中で重宝されてきた。

一見するとFさんは、親族集団や地域社会のニーズに合わせた人生を送ってきたようにも見えるが、母の跡を継いで島でピアノ教師をやるようにとの周囲からの説得は固辞し続けている。親族集団や地域社会からの期待をそのまま受け入れることを拒むことで、自分らしい生活を保っていると考えられる。

Eさんと F さんの島暮らしは、介護の担い手として始まった。介護活動は、子育てとは違って、介護される側の死とともに終了するため終わりが予測できない。長期化した介護を担う女性たちが、専門技能を活かした職業キャリアを継続したり、正規に就労する機会は限定されてくる。しかし、女性たちが、限られた島の暮らしの中で、なんとか自分のしたいことやできることと人間関係や生活との折り合いをつけていく中で、自分の生き方を構築していることが分かる。そして、そのことから島の内部に、新しい文化や視点、繋がりが生まれていることが分かる。

島の自然と文化の発信と次世代への継承　ここでは、島外で専門性が高い職業に従事していたが、島で子供を産み育てるうちに、地域活動の重要な担い手として活躍することになった女性たちの事例を示す。

事例7　自然体で泳がないで生きる

Gさんは、大学院修了、研究所勤務後、植物学の青年海外協力隊員としてボリビアに派遣され、二九歳の時に出産のため両親の住む島に戻ってきた。関西地方生まれのGさんだが、自給自足生活を営むために島に移住した両親と一緒に、小学生から高校生までを五島で過ごした。島に戻ってきてからは、フェアトレードショップの経営をしながら議員も経験した。議員時代に住民からイノシシやシカによる田畑被害の陳情があったことをきっかけに狩猟免許を取得し、獲っても捨てられることが多いイノシシやシカの肉を燻製にして販売している。

五島に住もうと決心したことはとくにないけどずっといる。流れに流されているわけではないが泳がない。自然の摂理とタイミングに逆らわず自然体で生きてる。住んでいる土地に責任を持って暮らしたいから、ノマドにはなれない。初めて選挙に出たのは息子が生まれて七カ月の時。入れたい人が誰もいなかったから。議会であったことを町民にお知らせする通信（フリーペーパー）を議会ごとに作成して全島に配ったのが主な成果。「モノがある方が伝えに行ける」という教訓を守ってイノシシ・シカの加工でも通信は出してます。店は、息子が生まれたのをきっかけに食や生活について考えるようになり、母が始めたミニ生協を引き継いで始めました。商売をする時は、無理、借金、ヤマはり、流行りモノに手を出さないことを心がけてます。作る人と買う人、双方の信頼関係が資本です。

植物学の研究者として海外でもキャリアを積んできたGさんの高度な知識や深い教養と、Iターン者一世で「よそ者」ながら島で生計をたててきた両親から伝授された島暮らしの心得の遵守が、Gさんの島暮らしを助けている。Gさんが島で子育てをすることが、島への啓発活動になっている側面もあり、Gさんを含めたGさんの家族自体が島に外部者からの知恵や視点をもたらす「通信」の働きをしているのではないかと考えられる。

事例8　潜伏キリシタンの伝承から平和を発信

Hさんは、潜伏キリシタンの信仰を継承してきた熱心なカトリック教徒が住む地区で生まれ育ち、高校は、長崎市内のカトリック系の学校に通った。短大卒業後も島外でキャリアを積んでいたが身体をこわし、三〇歳で両親の住む島に帰ってきて八年になる。島で保育士のバイトをしていたところ、世界遺産に教会群が登録される動きを受けて「長崎巡礼」が始まり、二〇〇七年に発足した巡礼センターで二〇〇九年一〇月から巡礼ガイドとして働き始めた。巡礼センターは、長崎県と教区との連携、情報発信のための調査や案内、グッズ販売が主な業務だ。同じ頃に地域SNSで知り合った相手と結婚し子供を授かった。Hさんの夫は子育てにも協力的なので、家庭とガイドの両立で忙しい日々を送っている。

巡礼ガイドは、教会に恩返しできるのではないかと思い嬉しかったです。はじめはパンフレットどおりに説明してたんですが、局長から「自分なりのエピソードや思いをこめて伝えるように」と助言がありました。生まれ育った地区のガイドをする時には、「私の旧姓はキリスト教徒への嘲りをこめてつけられた苗字なんですが、この苗字が五島のキリスト教徒の誇りであることに気づかされました」と話すことにしました。そうしたら、ご案内したお客様方から「感動した」「励みになった」「来てよかった」といったお手紙やお言葉をいただくようになって、差別体験がある方が涙を流してお礼を言って下さったこともあり、ガイドとしての自信がつきました。他にも、潜伏キリシタンへの迫害の歴史を話すことで、この島を見る様々な見方を学んでもらうことと、今の時代を生きる人たちに「復讐しない」ことも平和に繋がる道なんだということが伝わるように心がけてます。五島は、すごく狭い町内に、教会、寺、神社が同時にあるから、宗教の域を超えた「平和を学ぶ」百箇所巡礼ツアーをやってみたいです。

Hさんは身体を壊して島に戻ってきたが、Hさんが持っている地元のキリスト教関連遺産に関する言い伝えを島の外部の人に対して説明する能力が、世界遺産認定に向けて島外からの巡礼者が増える五島列島では非常にありがたい能力として重宝されていることがよく分かる。Hさんの地元の潜伏キリシタン信仰に関する知識は、生まれ育った地区で自然に授かったものだが、島外に出て受けた教育や経験によって、島外者にとっても感動的な普遍的な物語として話すことができるようになったと考えられる。

Gさんと日さんは、島外で教育を受け専門性の高い職業キャリアを積んできたが、自分の両親の住む島で子育てをすることになった。二人が島外で身につけた専門性の高い知識やコミュニケーション能力は、島で自分らしく豊かに暮らすために活かされているとともに、島特有の課題を解決するための貴重な資源として活用されている。

都市で培った能力やセンスをもとにした自分らしい島暮らし

以上、一定の都会暮らしを経験した後に、それぞれ異なる動機や背景から五島列島で暮らしている八名の島ガールには、大きく分けて職業として島に来た場合と、家族の維持のため島に戻ってきた場合の二通りがあることが分かった。そして、後者の場合には、自分のやりたいことと家族の生活のバランスを考えた場合、介護要員として親族集団から必要とされた場合、出産・育児の場合などがあることが分かった。これらの例は、島に女子が暮らす理由の一例にすぎないかもしれない。しかし、先行研究で言及されていたように、女性の場合には、自分の生まれ育った家族や親族、地域の事情によってライフコースが決められてしまう現状があることも分かった。ただし、それぞれの生活スタイルは異なるものの、いずれの女性たちも、都市部で受けた教育や培った職業キャリア、都市生活で身につけた消費文化のリテラシーやセンスなどが島にとって稀少性が高い技術や能力だったため、島の中で重宝され、彼女たちの技術や能力を十分に活かした仕事や活動が広がり、暮らしの方途が開けていく状況があった。島の暮らしは都市の暮らしに比べてお金と時間がかからない分、自分の好きなこと、やりたいことに時間を使うことができ、ある意味で「コスパの良い暮らし」とも言える。五島列島の島ガールたちは、島外で培った経験や知識から、島にないものとあるもの、島でしかできないこと、島にあった方がよいものなどを、冷静に分析しつつ、自分の興味関心と自分に向けられている家族や地域といった周囲の期待とのすり合わせの中で、無理がない形で堅実に実行していた。彼女たちの作品や商品群は、島との相互作用によって生まれてきており、都市で培った知識や教養から島特有の環境を解釈して作り出したものである。世界遺産登録や椿特区指定によって島外に大きく開かれていく過渡期にある五島列島では、彼女たち自身や彼女たちが作り出したモノたちが、島と島外を繋ぐ役割を担っていることが分かった。

4　島ガールが繋ぐ世界

北海道、本州、四国、九州、沖縄本島の本土五島を含む島の数は全部で六八五二島。本土を除いた離島は六八四七島で、そのうち有人島は約四三〇島。本土のうち一番小さい沖縄本島でも人口一〇〇万人以上なのに対して、離島に住む人口はすべてあわせても七〇万人ほどである。日本では、人口の向都現象や親族交流を基盤にした都市と地方との社会統合や、地方交付税・公共事業・米価支持制度による都鄙間の経済的平等性が実現されてきたが、生涯を都市で過ごす者が大半を占めるようになるにつれて都市と地方が分断され、国家政策も都市中心の政策に転換している（叶堂 二〇〇四：二三）。GDPへの貢献が低いところは政府から切り捨てられ、過疎化がより深刻になる傾向があるため、地方のコミュニティは生き残りをかけた情報発信を火急の課題としている（津田 二〇一二：一五五）。

ジェイン・ジェイコブズによれば、都市との繋がりを喪失し最低生存の暮らしに落ち込んだ人々は、その生活に適応しているうちに、以前の実践経験や技術の多くを捨て去り失ってしまうが、都市との繋がりを持つようになると、経済の回復や多様化が見られ、消滅寸前の伝統工芸が復活し外部の人の助けで機能不全が解消される（ジェイコブズ 二〇一二：一九五～二〇二）。また国全体の経済的発展や衰退のダイナミズムは、都市のダイナミクスに起因するので、諸都市が相互に創造的、共生的なネットワークを備え、とりわけ住民の創意を活かす過程（インプロビゼーション）を経験する場合にはその国は成長・発展するのに対して、それらを欠く場合には衰退を免れえないと国全体に対する影響力を指摘する。地方の過疎化や衰退は、地方だけの問題ではなく、やがて、国全体への衰退に繋がっていく。

ICTの普及やソーシャルメディアの定着は、時間や空間、立場によるコミュニケーションの隔絶性を減少させ、同じような悩みや問題を抱えるコミュニティや行政、NPO／NGO、メディア、企業、個人や団体の連携をうながした。連携を基に地方から情報発信することで外部からの注目を集め、都市からのリターンの可能性を生んできた（ソーシャルデザイン会議実行委員会 二〇一三：一五）。旅行や移住を通じて、島に若い女性の関心が向き、それをメディアが取り上げることで、都市地域への観光客や移住者が増える。都市と島との間に交流が生まれ、都市部からの関心が得られ、失われかけた伝統文化や産業、技術や衰滅の危機にある集落への移住に繋がる。島の住民の心にも地域活性化の動機が生まれ、意識してこなかった能力の開花が生じる場合もある。本章で言及した島ガールに関する言説と、現実の人生概略から、これらの情状が実際に生まれていると考えられる。

島に暮らす女性のスロー&クローズなライフスタイルを学ぶことで都市部の生活や仕事を見直すソーシャルワークシフトの視点の獲得やソーシャルデザインの取り組みが紹介されており、都市部に住む女性たちに生活や労働を見直す新たな視点を提供していると考えられる。

一方で、生まれ育った島や愛着を持った島のためになることがしたいという動機から島にちなんだプロジェクトや経済活動も多数生まれており、限界集落を多数抱え各種の条件不利地域の代表である離島と経済圏の中核となる都市部の交流によって、双方にとって新しい経済発展や文化創造の芽が生まれている。平成二五年からの実施を目指して離島振興法が改正された[13]。ここでは、島内への定住と島の経済的な自立を目指した就業支援や生活支援といったソフト面が強化されている。(14) 国内の後進地域への援助は、援助を受ける地域の諸都市の創造的、共生的な関係を作り出すようなものでなければ有効とは言えないだけでなく、しばしば当初の意図とは逆の悲惨な結果をさえもたらすことが示されている（ジェイコブズ 二〇一二：三八九〜三九〇）。島に関わる人々や島に住む人々の多様で内発的な動機に基づいた情報発信や様々な活動によって、より効果的な経済発展や文化の継承、他地域との繋がりを生み出すことが理想的な島の発展や新しい世界観や生き方を創発するのではないだろうか。

注

（1）マイナビニュース「島旅楽しむ『島ガール』が増加　四〇年前の離島ブームが復活か」より。http://news.mynavi.jp/news/2013/05/04/009/（二〇一六年九月二五日最終アクセス）

（2）『森ガール fashion & style BOOK』毎日コミュニケーションズ、二〇〇九年。

（3）『ＪＴＢのMOOK　山ガールデビュー――はじめての山登り　関東版』ＪＴＢパブリッシング、二〇一〇年。

（4）「『若者の旅行離れ』は過去のもの!?　20代の7割以上が、過去2年間で旅行を経験」http://woman.mynavi.jp/article/130820-079/（二〇一四年一月三一日最終アクセス）

（5）東海汽船「島ガール.com　at 伊豆七島」より。http://www.shimagirl.com/tour/index.html（二〇一四年一月三一日最終アクセス）

（6）「小豆島ガール」より。http://shimagirl.jp/?page_id=2（二〇一四年一月三一日最終アクセス）『島ガール　ウォーカームック No.三二二』角川マガジンズ、二〇一三年。

（7）内閣府地方創生推進室「椿による五島列島活性化特区」、https://www.kantei.go.jp/jp/singi/tiiki/sogotoc/toc_ichiran/toc_page/t32_tsubaki.html。特区の指定によって、所有者の分からない土地の椿の実を採集する際の規制緩和などが行われるほか、年間、最大で五億円の財政支援を受けることができる。（JC-NET「五島のヤブ椿が国の『つばき特区』に指定される」http://n-seikei.jp/2012/08/post-10380.html）（二〇一六年

九月二五日最終アクセス）

（8）資生堂ではCSR活動の一つとして、二〇一一年度から新上五島町で資生堂の社員とその家族による椿の植林・保全ボランティア活動が継続して行われている。（資生堂HP「生物多様性保全への取り組み」、http://www.shiseidogroup.jp/csr/env/diversity.html）（二〇一六年九月二五日最終アクセス）

（9）長崎県「資生堂（中国）とのタイアップ『長崎×TSUBAKIツアー』」、http://www.pref.nagasaki.jp/press-contents/213340/（二〇一六年九月二五日最終アクセス）

（10）日本全国のクリエイターが自分の大切な町を冊子にして配る企画。二〇一一年の春に、瀬戸内海の島で、女性クリエイターが自分のふるさとに関する冊子を制作して配布したことから始まり、その後、日本全国に広がった活動。（「my home town　わたしのマチオモイ帖」、http://machiomoi.net/）（二〇一六年九月二五日最終アクセス）

（11）『nagasaki ebooks』（ながさきイーブックス）（長崎県の電子書籍を無料で閲覧できる、地域特化型電子書籍ポータルサイト。二〇一四年一〇月プレオープン、一一月月には正式オープン）

（12）サンタランHP　http://www.santa-run.com/about/（二〇一六年九月二五日最終アクセス）

（13）総務省「離島振興法の概要」より。http://www.soumu.go.jp/main_content/000166444.pdf（二〇一六年九月二五日最終アクセス）

（14）海洋政策研究財団「改正離島振興法の概要について」より。http://www.sof.or.jp/jp/news/251-300/296_1.php（二〇一六年九月二五日最終アクセス）

参考文献

秋津元輝、二〇〇七、「克服か回避か——地域女性リーダーの歩む「場」の構築」秋津元輝・藤井和佐・澁谷美紀・大石和男・柏尾珠紀『農村ジェンダー——女性と地域への新しいまなざし』昭和堂。

鯨本あつこ、「情報コミュニケーション分野における『離島』」海洋政策研究財団ニューズレター、第三三七号、OPRI 海洋政策研究所、二〇一四年八月二〇日発行　https://www.spf.org/opri-j/projects/information/

newsletter/backnumber/2014/337_3.html（二〇一六年九月二五日最終アクセス）

岩崎由美子編著、二〇〇五、『女性の参画と農業・農村の活性化――女性農業者の声を地域につなぐ』（全国農業ブックレット No. 4）全国農業会議所。

叶堂隆三、二〇〇四、『五島列島の高齢者と地域社会の戦略』九州大学出版会。

金山智子、二〇〇九、「離島のコミュニティ形成とコミュニケーションの発達――隠岐中ノ島編」（『Journal of Global Media Studies 5』2009-09, 1～18）。

筑紫哲也、二〇〇六、『スローライフ――緩急自在のすすめ』岩波書店。

津田大介、二〇一二、『情報の呼吸法』朝日出版。

グリーンズ編、二〇一三、『日本をソーシャルデザインする』朝日出版社。

財団法人日本離島センター、二〇〇二、『しま』第三九巻。

ジェイン・ジェイコブズ、中村達也訳、二〇一二、『発展する地域　衰退する地域――地域が自律するための経済学』ちくま学芸文庫。

庄司昌彦・三浦伸也・須子善彦・和崎宏、二〇〇七、『地域SNS最前線――ソーシャル・ネットワーキング・サービス』アスキー。

ソーシャルデザイン会議実行委員会編著、電通ソーシャル・デザイン・エンジン監修、二〇一三、『アイデアは地球を救う。希望をつくる仕事ソーシャルデザイン』宣伝会議。

立川雅司、二〇〇五、「ポスト生産主義への移行と農村に対する『まなざし』の変容」農山漁村文化協会『村落社会研究』（四一）、二〇〇五―一一：七～四〇。

中沢明子・古市憲市、二〇一一、『遠足型消費の時代』朝日新書。

ロバート・D・パットナム、柴内健康文訳、二〇〇六、『孤独なボウリング――米国コミュニティの崩壊と再生』柏書房。

速水健朗、二〇一三、『フード左翼とフード右翼――食で分断される日本人』朝日新書。

福原裕介・十代田朗、二〇〇六、「与論島観光におけるブーム後の展開に関する研究」http://www.soc.titech.

ac.jp/publication/Theses2006/graduate/02_20776.pdf（二〇一六年九月二五日最終アクセス）

藤井和佐、二〇一一、『農村女性の社会学――地域づくりの男女共同参画』、昭和堂。

間々田孝夫、二〇〇七、『第三の消費文化論――モダンでもポストモダンでもなく』ミネルヴァ書房。

三浦展、二〇一三、『日本人はこれから何を買うのか？――「超おひとりさま社会」の消費と行動』光文社。

山崎亮、二〇一二、『コミュニティデザインの時代――自分たちで「まち」をつくる』中公新書。

山中守、二〇一三、『地域情報化で地域経済を再生する』ＮＴＴ出版。

吉光正絵、二〇一〇、「離島における地域ＳＮＳの利用」『県立長崎シーボルト大学国際情報学部紀要』（一一）、三三一～三四〇。

吉光正絵、二〇一一、「離島における地域ＳＮＳの利用効果に影響を与える機能の検討」『県立長崎シーボルト大学国際情報学部紀要』（一二）、三五九～三六九。

吉岡陽子、二〇〇四、「女性パワーを生かした新しい地域づくりへの取り組み」『人と国土21』二〇〇四年一月、第二九巻五号、二二頁。

離島振興法改正検討会議、二〇〇一、「女性が選ぶ島――老若男女、一人ひとりが選びたくなる島への戦略的第一歩」『しま』47（1）、日本離島センター、31-40
ヴィナ・ラムービデシ、池田知世訳、二〇一四、「太平洋島嶼の漁村における海洋管理責任と女性の役割――原点からの再考」藤田陽子・渡久地健・かりまたしげひさ編『島嶼地域の新たな展望』九州大学出版会。

『季刊リトケイ　二〇一二　WINTER　No.〇一　創刊号』離島経済新聞社：二〇。

『季刊リトケイ　二〇一二　SPRING　No.〇二』離島経済新聞社：四～五。

『季刊リトケイ　二〇一三　SUMMER　No.〇五』離島経済新聞社：三〇。

『季刊リトケイ　二〇一三　AUTUMN　No.〇六』離島経済新聞社：三〇。

『島ガール　ウォーカームック No.三三二』角川マガジンズ、二〇一二。

Bock, B. B., 2004, "Fitting in Multi-tasking: Dutch Farm Women's Strategies in Rural Entrepreneurship", *Sociologia Ruralis*, 44 (3) : 245-260.

あとがき

「カワイイは作れる」という言葉がある。これは、花王エッセンシャルが二〇〇六年からブランド戦略に用いた言葉であるが、一〇年経った現在では、良くも悪くも日本の女性文化を象徴する言葉となっている。現代の女性たちは、高度で繊細なヘアメイクやデジタル写真の撮影・加工技術を駆使して作り上げた〈カワイイ〉自己像を様々なコミュニケーションメディアを利用して他者と共有し自分なりの〈カワイイ共同体〉を構築している。〈カワイイ〉自己像や共同体を必要としない女性もいるが、心惹かれる対象を見つけた時に咄嗟に発する第一声は、たいてい〈カワイイ〉である。〈カワイイ〉は、自分が心を寄せることができるかどうかを見分ける際の基準点であると同時に、自分と他者や世界を繋ぐ関係性の起点となっている。

本書の第1章でも検討したが、〈カワイイ〉が日本の女性を象徴する言葉となり始めた一九九四年に出版された増淵宗一の『かわいい症候群』（日本放送出版協会）の最終章で「ポストかわいい文化・社会」について二つの未来が予見されている。一つは、日本の企業中心社会が変わり余暇を楽しむ大人の男性が増え大人向けの成熟文化が花開く傾向であり、もう一つは働き続ける女性が増え「かわいい文化」が「広く日本の女性たちに愛され続ける」傾向である（増淵 一九九四：二一九）。たしかに日本の企業中心社会は変わり働き続ける女性も増え、文化も多様化した。しかし、〈カワイイ〉が包み込む領域は果てしなく広がり続け、新たな文化が日本で版図を広げる際にあらゆる領域で鍵となるのは、現在でも〈カワイイ〉である。〈カワイイ〉は、「美しい」や「カッコイイ」とは異なり、論理的整合性や性能の良さ、完璧さよりも感情移入できる親近感や即時的コミュニケーションのきっかけを創り出すインパクトを優先する。そのため、消費やコミュニケーションのサイクルが高速化しあらゆる関係性で気楽さや気軽さを何より求められる現代人のライフスタイルとの相性がきわめて良い。現代社会において〈カワイイ〉は訴求力を持つ即自的／即時的コミュニケーションを誘発させる際にきわめて有効なシステムとして作動している。

「カワイイは作れる」のプロモーションは、Webサイトをコミュニケーションハブにし、現実空間では「Tokyo Girls Collection（TGC）」でブランドを体験できるPR戦略が立てられ、メインキャラクターには、アスリート級の長身と筋肉質の身体を持つお笑い芸人の南海キャンディーズのしずちゃんが選ばれていた（守口剛・中川宏道、二〇〇八、「「カワイイはつくれる」――花王エッセンシャルのブランド再活性化」『マーケティングジャーナル』二八‐二、九三〜九四）。その後、インターネットを介したコミュニケーションの双方向性と情報の共有・拡散力は飛躍的に進化し、二〇一六年現在のブランド戦略はインスタグラム（instagram）を筆頭とするソーシャルメディアを中心に行われるようになった。日本の有名人インスタグラムのフォロワー数の首位は、一〇〇キロ超えの身体を誇るお笑い芸人の渡辺直美である。丸い目に丸いお腹といったキャラクターめく体型に極彩色の〈カワイイ〉ファッションやピカチュウなどのキャラクターを装着した渡辺直美は存在そのものが〈カワイイ〉の象徴であり、「美しい」や「カッコイイ」を創り出すグローバル・ブランドの祭典のミラノ・コレクションにも招待された。ここから、〈カワイイ〉の始祖である内藤ルネのキーコンセプトであった「夢色ショック」が日本の〈カワイイ〉の中で大きく育ちながら息づいていることが確認できる。

こうした〈カワイイ〉の普及には、〈カワイイ〉自体の多様化・細分化、それらに関わる様々な主体の意図や思惑が複雑に錯綜しているため、情報化や消費化とそれらが肥大させてきたナルシシズム社会の単なる帰結だと捉えきれるものではない。本書では、そのような〈カワイイ〉に関わる直接的・間接的な営みや様々な主体間の関係性について、異なる視点や経歴を持つ著者らの個性に即した多様な視点から論究した。心踊ることや心囚われることに尽きない現代人の暮らしであるが、この本を手に取っていただいた皆様方に、何かしらの共感やインスピレーション、日々の会話のきっかけ等を提供できたら編者・著者冥利に尽きる。

本書の企画は、二〇一四年の初春に立ち上がった。勤務先の大学の研究室でボンヤリしていた時にノックがあって扉を開けると、見知らぬお洒落な男性が立っていた。それがミネルヴァ書房営業部の神内冬人さんで、「最近は魅力的で面白い女性の研究者や書き手と会う機会がたくさんあって楽しい」といった内容の立ち話をした。そして数カ月後に編集部の田引勝二さんから、「面白い女子文化の話を書きませんか?」と電話がかかってきて驚いた。企画当初から、「女性」「メディア」「ポピュラー文化」が主なキーワードで、男性視点の論考も必要だろうと考え執筆者を求めたが、三つすべてに興味を持っている書き手を見つけるのに難航した。様々な方面からご紹介いただき、新たな出会いと縁を繋ぐ機会にも恵まれた。出版までに長い期間がかかってしまい、共編者・共著者で何度も議論を重ねてきたが、それらのことも今では良い思い出となった。ご紹介いただいた方々、共編者・共著者の方々に深く感謝したい。最後に、出版のきっかけをくださった神内さん、最後までいろいろとご心配をおかけしてしまった田引さん他、ミネルヴァ書房の皆様方に、この場を借りて深く感謝したい。

二〇一六年九月

吉光正絵

や 行

山ガール　264
山梨シルクセンター　25
ヤマンバ　31, 212
ユニバーサルデザイン　29

ら・わ 行

ライオット・ガールムーヴメント　152, 154, 155
ラフォーレ原宿　13, 16, 18, 19
離島経済新聞社　267
離島振興法改正　289
歴女　171-193
ロックフェス　109-113, 130-132
ロック文化　141-164
ロリータ・ファッション　8, 19
ワールドカップ　217
若者文化　143, 145, 217

は　行

『ハーパース・バザー』　57, 64
バービー人形　90
『ハイ！ハイ！パフィー・アミユミ』　6
『Violetta』　21, 22
『薄桜鬼』　181-183
PATTY & JIMMY　25, 26
ハナコジュニア世代　55, 66, 69, 70, 73
ハナコ世代　55
ばなな世代　54, 55, 63, 64, 70, 73
『バベル』　10
『ばらかもん』　263, 264
原宿　17-19
原宿ガール　4-6, 19, 30
原宿カワイイ大使　8
原宿系古着リメイク　8
原宿プラザ　18
ハロウィン　201-223
Hello Kitty　4, 6, 24, 26, 29, 30
パワースポットブーム　172
パンク　12, 15
『Pia♥キャロットへようこそ!!』　238, 239
『ぴこぷり』　86, 92-106
ビジット・ジャパン・キャンペーン　7
『美少女戦士セーラームーン』　31, 68
姫キャラ　51
姫系　51, 56, 57, 60, 66, 68
姫サバ　65-67
ファンアート　229, 230
フェスファッション　121-123
フェミニズム　142, 143, 149, 151-153, 155, 156, 158, 159, 160, 164, 167-170
腐女子　37, 41
フジロックフェスティバル　109-114, 118-131
フラッシュモブ　215-217
『プリキュア』　31, 86
『ブリジット・ジョーンズの日記』（ヘレン・フィールディング）　170
プリンセス　51-73
文化資本　117, 134
平成バンドブーム　13
ボーイズラブ（BL）　37, 40, 41
ホーム　257, 258
ポスト団塊ジュニア世代　71-73
ポストフェミニズム　150, 155, 164, 167-170
ポップスピリチュアリズム　189, 190, 192
『炎の蜃気楼』（桑原水菜）　176-181
ホモソーシャリティ　142, 146, 148, 157
ポリティカル・コレクトネス（PC）　160

ま　行

マルイワン　13, 16
『マレフィセント』　73
ミラージュツアー　176-181, 187
MILK　18, 20
メイド喫茶　233-257
メイド喫茶データバンク　243, 247
メイドのアイドル化　242, 243
メイドブーム　241, 245, 246, 248
めちゃ♥モテ　33
萌え　36-42, 44, 242, 251-253
モダンデザイン　29
モッズ　15
モテ　71
モテカワ　32-34
森ガール　264

243, 245-248
コスプレ喫茶　236, 238, 239, 241
五島列島（長崎県）　274-288
コミックマーケット　210
婚活　80
コンテンツツーリズム　173, 176, 178, 182, 183, 187, 188, 190-193

さ　行

サブカルチャー　27
サンリオ　5, 23-26
『JJ』　32, 54, 56, 65-68, 71
ジェンダー　84, 85, 87-89, 91
資生堂　9
渋谷109　11, 16
渋谷ハロウィン　206-209
島ガール　263-290
『島ガール』　265-267
『下妻物語』　6, 7, 15, 269
社会運動　138
ジャパンエキスポ　6, 226-228
主体性　104, 105
『ジュニアそれいゆ』　20-22
小豆島（香川県）　265
女子高生ブーム　10
女子向けゲーム　89, 90, 92
女児向け雑誌　86-106
女子力　150
女性オタク（文化）　36, 37, 40, 44
ジン　152, 154, 155
スーパー高校生　10
ステレオタイプ　91, 105
『STORY』　55, 57
スピリチュアリズム　187-189, 192
スマートフォン　209, 218-220
聖地巡礼　187
制服ファッション　8
世界遺産登録　274, 278, 286, 288
『セックス・アンド・ザ・シティ』（キャンディス・ブシュネル）　170
セレブリティ　51, 56, 60
『戦国BASARA』　181-183
セントラルアパート　17, 18
潜伏キリシタン　285, 286
ソーシャライト　51, 56, 58, 60
ソフト・パワー　7

た　行

大規模オフ　216
『宝島』　13
宝島社　12
宝島少女　13
団塊ジュニア世代　13, 54, 55, 63, 65, 70, 73
男性中心的文化　141, 142, 149, 154, 156, 157, 159, 163
地域SNS　275
『地球の歩き方 JAPAN 島旅』　263
「ディスカバージャパン」　174
ディズニー　52, 58, 60, 69
ディズニーランド　204, 212
『電車男』　242
読者投稿欄　97, 102-106
『とびだせどうぶつの森』　96-101, 103
『TRINITY』　63

な　行

夏フェス　109-134
日本テレビ「年末時代劇スペシャル」　175
日本橋（大阪）　245-249
ネオリベラリズム的政治経済状況　150, 155
『non・no』　56, 57, 66, 67, 69

事項索引

※「カワイイ」は頻出するため省略した。

あ　行

愛され　32, 67, 69
アイドル　243
アイドル語り　135-137
秋葉原　241
アキバブーム　241, 242
『アナと雪の女王』　73
『甘い蜜の部屋』　21
海士町（島根県）　271
『an・an』　20
『アンジェリーク』　91
アンノン族　174
池袋ハロウィン　212-215
インターネット　128, 158, 210, 218, 229, 230
インディーズ　12
『25ans』　54-56, 62
ヴィジュアル系バンド　14
『With』　59
ウーマン・リブ　151-153, 156, 157
h.NAOTO　14
SNS　218-220
『S Cawaii』　11, 12
NHK 大河ドラマ　175
『オシャレ泥棒』　21
『おしゃれ魔女ラブ and ベリー』　92
お嬢様　51, 52, 57
オタク（ファン）的交流　253-257
オタク文化　210, 213, 214
お姫様　52
『Olive』　17-21
オリーブ少女　19

か　行

海外で働く　78
家父長制　144-146
『Cawaii』　9, 16
カワイイ解釈共同体　9, 32, 34, 42, 43
カワイイ共同体　8, 9, 42, 43
カワイイ至上主義　20, 21, 27
カワイイ大使　8, 43
カワイイデザイン　28, 29
かわいい美術　27, 28, 43
ガングロ　16, 31, 212
『季刊 ritokei』　267-269
キャラ　221, 222
ギャル　31
ギャル系ショップ　11
『CanCam』　32-34, 71, 72
『CUTiE』　12, 13, 16, 19, 269
キューティ少女　16
儀礼的無関心　236
クイーン　71-73
クール・ジャパン現象　17
クール・ブリタニア　9
ゲーム　83-106
『KERA』　13, 14, 16
コギャル　31, 71, 217
ゴシック＆ロリータ　14-16
『ゴシック＆ロリータバイブル』　13, 14
ゴス　12
コスプレ　206-214, 235, 236, 239-241,

リチー，D.　2
リプキン，E.　105
レディー・ガガ　4
ローリング・ストーンズ　156
和田崇　257

高山宏　22
滝川マリ　157
嶽本野ばら　6, 17
伊達政宗　182, 185
俵万智　266
長宗我部元親　185, 186, 191, 193
辻泉　220
辻信太郎　24-26
辻大介　221
土屋アンナ　268, 269
藤堂平助　183

な　行

ナイ, J.　7
内藤ルネ　21-23
直江信綱　177, 178
中川翔子　36, 41
中川嶺子　255
中島梓　41
仲宗根梨乃　5, 6
中原淳一　22
中村明日美子　39, 40
中村伊知哉　7
中森明夫　21
奈良美智　27, 28, 43
成美弘至　16

は　行

パーカー, S.J.　58, 59
パーリア, C.　149
馬場伸彦　200
PUFFY　6, 7
林真理子　168, 169
ビートルズ　146
ピープマイヤー, A.　155
東村アキコ　36
日高正博　112
廣岡直人　14
福田里香　36
藤山哲人　235
ブラウン, H.G.　168, 169
ブルデュー, P.　117
ブレア, T.　9
別所温　237, 238
堀田純司　235
本多忠勝　182

ま　行

真壁智治　28, 29
マクロビー, A.　150
雅子妃　60, 64
増田セバスチャン　22
増渕宗一　2, 3
松井みどり　27, 28
松谷創一郎　71
美甘子　171
水越真紀　157
水森亜土　24, 25
美智子皇后　59, 60
南田勝也　113
三原ミツカズ　14, 15
宮本直毅　239
村上隆　27, 43
村上龍　10
モートン, L.　204, 205
森川嘉一郎　241, 242, 245
森茉莉　21

や　行

山崎亮　271
佳川奈未　190
吉澤夏子　42
吉光正絵　14, 148
淀川美代子　20
四方田犬彦　2, 15

ら・わ　行

ラヴィーン, A.　4, 8

人名索引

あ　行

赤堀卓士　237
秋山道男　9
池田太臣　39
石田三成　185, 186, 191, 193
IKKO　67
井上貴子　112, 113
井上陽水　157
忌野清志郎　157
上杉景虎　176-178
蛯原友里　32, 33, 71
遠藤薫　2
大垣有香　154
大川ひとみ　18
太田恭子　146
岡田宏介　113
沖田総司　175, 176, 183
奥恵美子　58
小野原教子　8
小原直花　54, 55

か　行

柏木博　29
片倉小十郎　183, 185
叶堂隆三　274, 275
金子功　20
香山リカ　189
ガルブレイス，P.　234, 254, 255
河原和枝　68
菊地夏野　150
菊地凛子　10
北川純子　147
キム，H.　91, 92
キャサリン妃（キャサリン・ミドルトン）　55, 58, 59
きゃりーぱみゅぱみゅ　8, 22
桐原三恵子　57
黒岩比佐子　52
桑原水菜　177
恋月姫　14, 15
古賀令子　19
小島アジコ　40
小嶋さちほ　149
小谷真理　14

さ　行

斎藤環　180, 181
斎藤美奈子　52
サカモトルミ　189
佐藤勝久　18
佐藤ナオキ　29
真田幸村　182
ジェイコブズ，J.　288
篠原ともえ　268, 269
柴那典　110
渋井哲也　254
ジャガー，M.　156
真保みゆき　149
杉山知之　6
鈴木謙介　219
ステファニー，G.　4, 5, 8
関川誠　12, 13

た　行

ダイアナ元妃　64
高橋靖子　18
高原英里　21

吉岡愛子（よしおか・あいこ）**コラム5**

2004年　オーストラリア La Trobe University 大学院 Cinema Studies 博士課程修了。博士（Doctor of Philosophy）。
現　在　青山学院大学，上智大学，明治学院大学，立教大学非常勤講師。
著　作　「境界線上のアイデンティティ　女優　Shirley Yamaguchi/ 山口淑子——他者をめぐる言説と主体の交差」『比較文化研究』No.73, 2006年。
“Fashion, Self, Postmodern Consumer Culture and *Sex and the City*,” Parissa Haghirian ed., *Japanese Consumer Dynamics*, Palgrave Macmillan, 2011.
「Sex and the City とポストモダン消費文化——サラ・ジェシカ・パーカー／キャリー・ブラッドショーをめぐるファッション，身体，ファンダム」武田佐知子編『着衣する身体と女性の周縁化』思文閣出版，2012年。

反橋希美（そりはし・きみ）**コラム6**

2003年　神戸大学法学部卒業。
現　在　毎日新聞神戸支局記者。

上松恵理子（うえまつ・えりこ）**コラム7**

2010年　新潟大学大学院現代社会文化研究科人間形成文化論専攻博士後期課程修了。博士（教育学）。
現　在　武蔵野学院大学国際コミュニケーション学部准教授，東京大学先端科学技術研究センター客員研究員，早稲田大学情報教育研究所招聘講師・研究員，東洋大学非常勤講師。
著　作　「モバイルメディアと学校教育？——学びと学力観の新たなグローバルスタンダード」『ポスト・モバイル社会——セカンドオフラインの時代へ』世界思想社，2016年。
“Mobile Media and School Education” “*The Post-Mobile Society: from the Smart/Mobile to Second Offline*” Routledge，2016.
「こども・学校・ケータイ」『ケータイ社会論』有斐閣，2012年。

パーワン・カーンソンジャイ　**コラム8**

タイ人の日本のポピュラー文化研究者。

2011～13年，日本留学の間，タイ絵師を対象にして日本のポピュラー文化について研究を始動。

現在は母国にて通訳者・翻訳者として活動中。

須川亜紀子（すがわ・あきこ） **第6章**

2012年　英国ウォーリック大学（University of Warwick）大学院映画テレビ学部博士課程修了。PhD（Doctor of Philosophy）.

現　在　横浜国立大学大学院都市イノベーション研究院教授。

著　作　『少女と魔法——ガールヒーローはいかに受容されたのか』NTT 出版，2013年。

Japanese Animation: East Asian Perspectives, 共著，University Press of Mississippi, 2013.

Contents Tourism in Japan: Pilgrimage to "Sacred Places" of Popular Culture, 共著，Cambria, 2017.

松谷創一郎（まつたに・そういちろう） **第7章**

中央大学大学院文学研究科社会情報学専攻博士前期課程修了。修士（社会情報学）。

現　在　ライター，リサーチャー，武蔵大学非常勤講師。

著　作　『ギャルと不思議ちゃん論——女の子たちの三十年戦争』原書房，2012年。

『SMAP はなぜ解散したのか』SB 新書，2017年。

『文化社会学の視座——のめりこむメディア文化とそこにある日常の文化』共著，ミネルヴァ書房，2008年。

濱田真里（はまだ・まり） **コラム1**

2011年　早稲田大学教育学部社会科社会科学専修修了。

現　在　『なでしこ Voice』代表，株式会社ネオキャリア海外事業部『ABROADERS』編集長。

中村綾花（なかむら・あやか） **コラム2**

2003年　長崎県立シーボルト大学（現：長崎県立大学）国際情報学部情報メディア学科卒業。

現　在　フランスにてフリー・ジャーナリストとして取材・執筆活動中。

著　作　『世界婚活——恋愛のガラパゴスから抜け出す』朝日出版，2012年。

西森路代（にしもり・みちよ） **コラム3**

現　在　フリーライター。

著　作　『Ｋ・ＰＯＰがアジアを制覇する』原書房，2011年。

『女子会2.0』共著，ＮＨＫ出版，2013年。

『大人アイドル——プロフェッショナルとしてのＶ６論』共著，サイゾー，2016年。

陳　怡禎（ちん・いてい） **コラム4**

2011年　東京大学大学院 情報学環・学際情報学府修士課程修了。

現　在　日本大学国際関係学部助教。

著　作　『台湾ジャニーズファン研究』青弓社，2014年。

執筆者紹介（執筆順，＊は編者）

＊池田太臣（いけだ・たいしん）**はしがき，第8章**

編著者紹介欄参照。

＊吉光正絵（よしみつ・まさえ）**第1章（1～5，8），第9章，あとがき**

編著者紹介欄参照。

＊西原麻里（にしはら・まり）**第1章（6・7），第2章**

編著者紹介欄参照。

秦美香子（はた・みかこ）**第3章**

2010年　神戸大学大学院総合人間科学研究科博士後期課程修了。博士（学術）。
現　在　花園大学文学部准教授。
著　作　『私が変われば世界が変わる――学生とともに創るアクティブ・ラーニング』共著，ナカニシヤ出版，2015年。
『マンガ文化55のキーワード』共著，ミネルヴァ書房，2016年。
『多元化するゲーム文化と社会』共著，ニューゲームズオーダー，2019年。

永田夏来（ながた・なつき）**第4章**

2004年　早稲田大学大学院人間科学研究科修了。博士（人間科学）。
現　在　兵庫教育大学大学院学校教育研究科講師。
著　作　『生涯未婚時代』イースト新書，2017年。
「若者と『軽く』なる性」『どこか〈問題化〉される若者たち』共著，恒星社厚生閣，2008年。
『入門 家族社会学』共編，新泉社，2017年。

荒木菜穂（あらき・なほ）**第5章**

2011年　神戸大学大学院総合人間科学研究科博士後期課程修了。
現　在　関西大学ほか非常勤講師。
著　作　『今月のフェミ的！』インパクト出版会，共著，2007年。

《編著者紹介》

吉光正絵（よしみつ・まさえ）

1999年　奈良女子大学人間文化研究科博士後期課程単位取得退学。
現　在　長崎県立大学国際社会学部准教授。
著　作　『女子の時代！』共著，青弓社，2012年。
『よくわかる社会情報学』共著，ミネルヴァ書房，2015年。

池田太臣（いけだ・たいしん）

1997年　神戸大学大学院文化学研究科博士課程（社会文化専攻）単位修得満期退学。博士（学術）。
現　在　甲南女子大学人間科学部教授。
著　書　『ホッブズから「支配の社会学」へ』世界思想社，2009年。
『女子の時代！』共編著，青弓社，2012年。

西原麻里（にしはら・まり）

2011年　同志社大学大学院社会学研究科メディア学専攻博士後期課程退学。博士（メディア学）。
現　在　愛知学泉大学家政学部講師。
著　作　『マンガ文化55のキーワード』共編著，ミネルヴァ書房，2016年。
『マンガ研究13講』共著，水声社，2016年。

叢書・現代社会のフロンティア㉕

ポスト〈カワイイ〉の文化社会学
——女子たちの「新たな楽しみ」を探る——

2017年４月20日　初版第１刷発行
2019年７月20日　初版第２刷発行

〈検印省略〉

定価はカバーに
表示しています

編著者　吉光正絵
　　　　池田太臣
　　　　西原麻里
発行者　杉田啓三
印刷者　藤森英夫

発行所　株式会社　ミネルヴァ書房

607-8494　京都市山科区日ノ岡堤谷町１
電話代表　(075)581-5191
振替口座　01020-0-8076

亜細亜印刷・新生製本

ISBN978-4-623-07830-1
Printed in Japan